Günther Bittner

Tiefenpsychologie und Kleinkinderziehung

Sammlung Zebra

Schriften zur Entwicklung und Erziehung im Kleinkind- und Vorschulalter

Herausgegeben von Winfried Böhm

Reihe A   Forschungen

Band 1   *Friedrich Ch. Sauter*
Diagnose und Förderung kognitiver und sprachlicher Fähigkeiten bei Vorschulkindern auf dem Lande. Bestell-Nr. 13101

Band 2   *Maria Fölling-Albers*
Kollektive Kleinkind- und Vorschulerziehung im Kibbutz. Bestell-Nr. 13102

Band 3   *Sigurd Hebenstreit*
Der Übergang vom Elementar- zum Primarbereich. Best.-Nr. 13103

In Vorbereitung:

Giuseppe Flores d'Arcais: **Schulvorbereitende Erziehung in Italien**
Karl Renner: **Der Fröbel-Montessori-Streit**

Reihe B   Bücher für die Ausbildung und Weiterbildung der Erzieher

Band 1   *Günther Bittner*
Tiefenpsychologie und Kleinkinderziehung. Bestell-Nr. 13151

In Vorbereitung:

Klaus Arnold: **Kindheit und Familie in Mittelalter und Renaissance.** Beiträge und Texte zur Geschichte der Kindheit
Sergio Baratto: **Mathematik im Vorschulalter**
Winfried Böhm: **Theorien der frühkindlichen Erziehung**
Wilhelm Brinkmann: **Der Beruf der Erzieherin**
Michael und Susan Durojaye: **Kindererziehung in Schwarzafrika**
Giuseppe Flores d'Arcais: **Audiovisuelle Medien in der vorschulischen Erziehung**
Daniela Silvestri: **Religiöse Erziehung im Kindesalter**
Bianca Maria Barzon-Caldanazzo: **Das Bilderbuch in der vorschulischen Erziehung**

Reihe C   Bücher für Eltern und Erzieher

In Vorbereitung:

Winfried Böhm (Hrsg.): **Kindererziehung.** Ein Lesebuch

Günther Bittner

Tiefenpsychologie und Kleinkinderziehung

Reihe B · Band 1

Ferdinand Schöningh — Martin Lurz

CIP-Kurztitelaufnahme der Deutschen Bibliothek

Bittner, Günther:
[Sammlung]
Tiefenpsychologie und Kleinkinderziehung / Günther
Bittner. — Paderborn: Schöningh; [München]:
Lurz, 1979.
    (Sammlung Zebra: Reihe B, Bücher für d.
Ausbildung u. Weiterbildung d. Erzieher; Bd. 1)
ISBN 3-506-13151-6

Alle Rechte, auch die des auszugsweisen Nachdrucks, der fotomechanischen Wiedergabe und der Übersetzung, vorbehalten. Dies betrifft auch die Vervielfältigung und Übertragung einzelner Textabschnitte, Zeichnungen oder Bilder durch alle Verfahren wie Speicherung und Übertragung auf Papier, Transparente, Filme, Bänder, Platten und andere Medien, soweit es nicht §§ 53 und 54 URG ausdrücklich gestatten.

Gesamtherstellung: Ferdinand Schöningh, Paderborn.

Einbandgestaltung: Günther Hoppe und Günter Schlottmann.

© 1979 by Ferdinand Schöningh at Paderborn. Printed in Germany.
ISBN 3-506-13151-6

Inhaltsverzeichnis

I. Grundsätzliches zum Entwicklungsverständnis 7
   1. Entwicklung in tiefenpsychologischer Sicht 7
   2. „Entwicklung" oder „Sozialisation"? 13

II. Die Bildung des Grund-Ich im ersten und zweiten Lebensjahr . . . 21
   1. Das vorgeburtliche seelische Leben. Das „Geburtstrauma" 21
   2. Früheste Erschütterungen: Erschrecken und Fallengelassenwerden . . 29
   3. Das grundlegende Körpergefühl 38
   4. Sich entwickeln — ein aktiver Vorgang? Die Verselbständigungskrise im zweiten Lebensjahr 44

III. Entwicklungs- und Erziehungsprobleme des Kindergartenalters . . . 53
   1. Das „gespaltene Ich" des Kindes und seine Sprache 53
   2. Gehorsam und Ungehorsam 61
   3. Die Entstehung männlicher und weiblicher Charaktere 70
   4. Kinderängste 78
   5. Zur pädagogischen Theorie des Spielzeugs 88

IV. Die Erziehungsfelder 99
   1. Über die sogenannte „Sozialisation" in der Familie 99
   2. Vorschulerziehung und kindliche Identität 106
   3. Was bleibt von der „antiautoritären Erziehung"? 116

Anhang: 126
Erklärung von Fachausdrücken 126
Quellennachweise 128

I. Grundsätzliches zum Entwicklungsverständnis

Die klassischen Autoren der Kinderpsychologie (Charlotte und Karl Bühler, William Stern, Oswald Kroh, Jean Piaget) sprechen von „Entwicklung": sie betrachten das Aufwachsen des Kindes als einen Prozeß, bei dem mehr oder weniger gesetzmäßig bestimmte Stufen oder Phasen durchlaufen werden. Diesem Modell von „Entwicklung" ist in den letzten Jahren das Sozialisationsmodell gegenübergestellt worden: das Aufwachsen des Kindes sei immer Hineinwachsen in eine gegebene Gesellschaft; nichts, was das Kind erwerbe (z. B. Sprache, logisches Denken, soziale Verhaltensweisen), erwerbe es ohne die maßgebliche Mitwirkung der erziehenden Umwelt.

Gewiß war es notwendig, die einseitig biologische Orientierung der klassischen Entwicklungspsychologie zu korrigieren. Doch ist „Sozialisation" in der modernen Pädagogik vielfach zu einem ideologisch aufgeladenen Schlagwort geworden. Gerade die psychoanalytische Kinderpsychologie läßt es sich angelegen sein, „Reifungsprozesse und fördernde Umwelt" (W. D. Winnicott) in ihrem unlösbaren Zusammenhang zu betrachten.

Dieser Absicht dienen die beiden nachfolgenden Abhandlungen: es wird zunächst das Eigentümliche des psychoanalytischen Entwicklungsverständnisses von dem der klassischen Entwicklungspsychologie abgehoben; und es wird sodann, etwas polemisch zugespitzt, gegenüber den Sozialisationstheoretikern das Eigenrecht des Entwicklungsgedankens verteidigt.

1. Entwicklung in tiefenpsychologischer Sicht

Alles, was lebt, entwickelt sich und bleibt nie auf einem Punkte stehen. So auch der Mensch. Ich werde zunächst einige grundlegende Tatbestände der kindlichen Entwicklung behandeln, über die unter Tiefenpsychologen der verschiedenen Schulrichtungen weitgehende Übereinstimmung herrscht, werde sodann zeigen, unter welchen speziellen Gesichtspunkten Sigmund Freud die Erscheinungen des Kindeslebens erforschte, und möchte schließlich einige Fragen erörtern, die heute im Mittelpunkt des analytischen Forschungsinteresses stehen.

1. Der Mensch entwickelt sich von den allerersten Lebenskeimen, von der befruchteten Eizelle an. Manches ist der direkten Beobachtung und exakten Messung zugänglich, vor allem im körperlichen Bereich: schon im vierten oder fünften Schwangerschaftsmonat fühlt die Mutter die Bewegungen des Kindes, und der Arzt kann die Herztöne hören. Das Kind wird geboren, es wächst, nimmt zu an Gewicht, macht den Zahnwechsel durch, kommt in den Stimmbruch usw. Auch die Entwicklung mancher geistig-seelischen Lebensäußerungen läßt sich leicht exakt feststellen: Die Bewegungsgeschicklichkeit nimmt zu, der Wortschatz, die Fähigkeit zu lernen und aus Beobachtungen Schlüsse zu ziehen, kurz: die Intelligenz.

Was die Tiefenpsychologen über die Entwicklung des Kindes erfahren wollten, war nicht so leicht zu beobachten: sie haben vor allem erforscht, wie Kinder fühlen, von welchen Wünschen und Motiven sie geleitet werden, was für Phantasien sie sich ausmalen, was sie ganz im geheimen bei sich selber denken. Dies alles ist aus verschiedenen Gründen nicht leicht festzustellen. Erstens kann man die Kinder nicht direkt danach fragen: sie würden entweder keine Antwort geben, weil sie es nicht gut ausdrücken können; die älteren würden ihre Gedanken vielleicht auch absichtlich vor dem neugierigen Frager verbergen. Der Erwachsene muß die Kinder daher lange kennen, aufmerksam beobachten und vor allem fähig sein, aus seinen Beobachtungen Schlüsse zu ziehen. Die weitere Schwierigkeit besteht darin, daß die meisten Erwachsenen selber vergessen haben, was sie als Kinder dachten und fühlten, und auch um keinen Preis daran erinnert werden möchten, weil sie selbst als Kinder so viel gelitten haben. Darum schließen sie die Augen und wollen gar nicht wissen, was Kinder bewegt.

Was das Kind im Mutterleib empfindet, ist uns nicht bekannt. Immerhin können wir auf Grund lerntheoretisch orientierter Experimente annehmen, daß auch der Embryo schon auf lustvolle und unlustvolle Reize unterschiedlich reagiert. Der Säugling jedenfalls spürt vom ersten Lebenstage an die Gefühle seiner Umwelt, vor allem seiner Mutter: ob sie ihn zum Beispiel sicher im Arm hält oder ob sie Angst hat, ihn anzufassen. Es ist oft beobachtet worden, daß Babys schreien, wenn Vater und Mutter Spannungen miteinander haben. Wenn die Spannungen sich lösen, vielleicht in einem reinigenden Donnerwetter, wird das Baby sogleich ruhig. Säuglinge können vom Kummer ihrer Mutter richtig krank werden, zum Beispiel eine Erkältung bekommen, für die es sonst keine Gründe gibt. Besonders schlimme Folgen treten ein, wenn sich überhaupt niemand richtig um das Baby kümmert, wie dies erstmals René Spitz in seinen bekannten Untersuchungen an Kindern in einem mexikanischen Findelhaus gezeigt hat. Der Säugling, können wir etwas vereinfacht sagen, wird in seiner Entwicklung von zwei Grundkräften entscheidend beeinflußt: von Liebe und Nicht-Liebe, das heißt genauer: Selbstverliebtheit des Erwachsenen, mit dem wissenschaftlichen Fachausdruck „Narzißmus" genannt.

Die ganze Entwicklung scheint nun darauf angelegt zu sein, das Kind vom Lebensstrom und auch von den lebenszerstörenden Wirkungen von seiten der Mutter immer unabhängiger zu machen: Durch das Gehen- und Sprechenlernen, durch die zunehmende Beherrschung von Darm und Blase löst sich das Kind vom mütterlichen Einfluß. Besonders bei der Sauberkeitsgewöhnung kann das Kind schon starken Eigenwillen entwickeln. Die Sprache dient zuerst allein dazu, Wünsche auszudrücken. Manchmal ist es aufschlußreich, welches Wort ein Kind als erstes lernt: viele Kinder beginnen mit „Haben" oder „Essen", andere lernen zuerst „Nein"-Sagen.

Das Kind ist von Anfang an ein Forscher. Es will nicht nur die äußere Welt, sondern auch sich selbst, seinen Körper kennenlernen. Natürlich untersucht es den Körper vor allem hinsichtlich der in ihm angelegten Lustmöglichkeiten. Schon das Saugen und Lutschen bereitet offensichtlich Lust; nicht zufällig nehmen viele Kinder gern zum Einschlafen und auch sonst den Schnuller oder den Daumen. Vielfach schon mit ein, zwei Jahren entdecken die Kinder aber noch eine andere, stärkere Lustquelle: ihr Glied oder ihre Scheide. Sie fassen mit den Händen hin und finden es schön, kitzelnd, aufregend. Vom Entwicklungsstandpunkt aus ist es keineswegs bedenklich, sondern sogar notwendig, daß sich Kinder auf diese Weise die Lustquellen ihres Körpers zu eigen machen.

Und diese Entdeckung, daß schon kleine Kinder sexueller Lustempfindungen fähig sind, stand im Mittelpunkt der Kinderforschung Sigmund Freuds. Sie war es vor allem, die den Widerstand gegen die Psychoanalyse beflügelte; denn sie zerstörte das Bild von der Unschuld des Kindes, das man bis dahin gehegt hatte. Nun war Freuds Interesse an der Psyche des Kindes nicht rein theoretisch-wissenschaftlicher, sondern vor allem ärztlich-praktischer Natur; er suchte den Ursachen der seelisch bedingten Erkrankungen, der sogenannten Neurosen bei Erwachsenen, auf die Spur zu kommen und fand dabei, daß sich die Entstehungsgeschichte aller schweren Neurosen bis in die frühe Kindheit zurückverfolgen ließ, ja er meinte sogar, im Neurotiker das „wenig verändert fortlebende Kind" wiederzutreffen. Da Neurosen vor allem Gefühlskonflikte enthalten, ist es folgerichtig, daß sich Freud, im Unterschied zur akademischen Entwicklungspsychologie, vor allem für die Gefühle und die Triebwünsche des Kindes interessierte.

Entwicklung als Veränderungsreihe, die man datenmäßig erheben und aus deren Daten man gegebenenfalls allgemeinere Gesetzmäßigkeiten und Modelle konstruieren kann — das ist der Betrachtungspunkt der allgemeinen Psychologie. Es ist eine Betrachtung des menschlichen Lebenslaufs und seiner Gesetzmäßigkeiten gleichsam von außen her. Analytische Interpretation geht darauf aus, die innere Logik einer Entwicklung faßbar zu machen: also dem Patienten beispielsweise erkennen zu helfen, daß sein Leben nicht zusammenhanglos als zufällige Anhäufung von Daten verlaufen ist, sondern daß da Konstrukteure, Organisatoren — um mit René Spitz zu sprechen — am Werke waren. Es geht darum, einen roten Faden im Gewirr der Fakten zu finden, und zwar nicht als von außen herangetragene Gesetzmäßigkeit, sondern als innerlich erfahrene Kontinuität.

2. Sigmund Freud lernte nun als erstes, die neurotischen Störungen im Zusammenhang mit der Lebensgeschichte seiner Patienten zu begreifen: Die Kranken, sagt er, leiden an Reminiszenzen, an Erinnerungen. Und was sind Erinnerungen anderes als innegewordene, vom Individuum erlebte Entwicklung? So wird in der Analyse, wenn sich eine Erinnerung an die andere reiht, dem Patienten zugleich der „rote Faden", der eine Erinnerung mit der anderen verbindet, die innere Kontinuität seines Werdegangs in die Hand gegeben. In diesem Sinne schreibt Freud über eine seiner frühesten Patientinnen, Elisabeth v. R., sie sei von ihm zur Reproduktion ihrer Leidensgeschichte, einer aus mannigfaltigen schmerzlichen Erlebnissen gewebten, veranlaßt worden.

Die zweite unaufgebbare, von einer bloß von außen her das äußerlich Sichtbare registrierenden Entwicklungspsychologie uneinholbare Entdeckung Freuds besagt, daß alle diese „roten Fäden" in einem oder mehreren Knoten zusammenlaufen, die in der frühen Kindheit geschlungen worden sind. Die frühe Kindheit ist kein beliebiger Zeitabschnitt im Kontinuum des menschlichen Lebensablaufes, sondern der Schlüssel zum Verständnis des Ganzen. „Es rückt mir jetzt alles mehr in die erste Lebensepoche bis zu drei Jahren", schrieb er schon 1897 aufgrund seiner frühesten Beobachtungen an seinen Freund Wilhelm Fließ (Freud 1962, S. 158).

Die dritte und umstrittenste Behauptung Freuds geht nun dahin, daß in dieser kindlichen Vorgeschichte der Neurosen das sexuelle Entwicklungsschicksal die bedeutendste Rolle spiele. Freud beobachtete schon früh, daß alle seine Patienten in irgendeiner Weise am Sexuellen litten. „Wo ich einen Fall zur gründlichen Reparatur übernommen habe", schreibt er 1893 an W. Fließ, „bestätigt sich alles, und manchmal findet der Sucher mehr, als er zu finden wünschte." Er sah nun seine Aufgabe vor allem darin, die biographische Vorgeschichte der Sexualität zu rekonstruieren, bis in die frühe Kindheit zurückzuverfolgen. „Es ist gewiß nicht so", schreibt er einmal etwas drastisch, „daß der Sexualtrieb zur Pubertätszeit in die Kinder fährt wie im Evangelium der Teufel in die Säue. Das Kind hat seine sexuellen Triebe und Betätigungen von Anfang an, und aus ihnen geht durch eine bedeutungsvolle, an Etappen reiche Entwicklung die sogenannte normale Sexualität des Erwachsenen hervor" (Freud VIII, S. 43). Auf der Suche nach kindlichen Vorstufen der Sexualität des Erwachsenen konnte er gewisse Regelhaftigkeiten aufzeigen: daß dem Kinde in verschiedenen Entwicklungsstufen bestimmte Körperstellen, sogenannte erogene Zonen, als bevorzugte Lustquellen zur Verfügung stehen: der Mund zuerst, der Darmausgang und schließlich das Genitale. Das Lutschen führt schon beim Säugling nach Freuds Beobachtungen zu „einer Art von Orgasmus" (Freud V, S. 81); ähnliches gilt später von den Empfindungen am After bei der Stuhlentleerung.

In diesen letzteren Gedankengang ist bei Freud schon ein Stückchen Konstruktion hineingeflossen. Aus welchem Grunde bezeichnet er das Lutschen als „eine Art von Orgasmus"? Wenn er sagt: „Eine Art von ...", so drückt dies aus, das Lutschen sei nicht genau dasselbe wie ein Orgasmus, aber nahe damit verwandt durch die Lustintensität. Soweit handelt es sich um Beobachtung, die von jedermann nachvollzogen werden kann. Nun sagt Freud weiter, alle diese Lust, auch die des Saugens, sei sexuell. Er verwendet den Begriff Sexualität also in einem weiteren Sinne, als es die Umgangssprache tut. Dies war sozusagen eine strategische Entscheidung. Oft ist es in der Wissenschaft so, daß wir mit den Begriffen, die wir wählen, eine Vorentscheidung über die Lösung treffen, die wir nachher mit Hilfe dieser Begriffe finden.

Freud hatte als das eine Ende des roten Fadens die gegenwärtige sexuelle Misere seiner Patienten in der Hand, er rollte die Entwicklungsgeschichte also folgerichtig von diesem Punkt her auf. Je nach persönlichem Interesse und therapeutischem Erfahrungskreis kann man die menschliche Entwicklung von verschiedenen Punkten her aufrollen. Heute beschäftigen uns in der psychotherapeutischen Praxis andere Krankheitsbilder, als Freud sie vorfand. Es sind vor allem Störungen des menschlichen Ich: des Selbstwertgefühls, des Lebensmutes, der inneren Freiheit. Darum interessieren wir uns in erster Linie für die Entwicklungsgeschichte des Ich.

3. Zum Psychotherapeuten kommen manchmal Menschen, die darüber klagen, daß sie sich überhaupt nicht als ein Ich, als handelnde Personen fühlen können. Sie tun alles mögliche, um ihre Umgebung zufriedenzustellen, fühlen sich dabei jedoch wie Sklaven oder Marionetten, völlig willenlos. Ich hörte einmal, wie ein Mann sagte, er fühle sich innerlich wie ein Sieb, könne kein Gefühl, keinen Entschluß festhalten, alles laufe wie Wasser durch ihn hindurch.

Solche oder ähnliche Zustände sind gerade unter jüngeren Leuten nicht selten anzutreffen: quälende Gefühle der Abhängigkeit, sei es von einem Partner, von einer Autorität, einem Stipendium oder was sonst — und gleichzeitig ein starker, schier unersättlicher Wunsch nach Freiheit, ein tiefer Haß gegen dieses Objekt, von dem man abhängig ist. Diese Menschen suchen verzweifelt einen Ort in der Welt, wo niemand sie abhängig macht. Sie müssen geradezu aus der menschlichen Gemeinschaft auswandern, weil alles und jedes sie an ihre Abhängigkeit erinnert. So wollte ein rauschgiftsüchtiger Jugendlicher um keinen Preis zu einer Therapeutin zurückkehren, die er an sich liebte und schätzte, aber: „Ich will sie nicht mehr, denn meine Eltern haben sie ausgesucht."

Zum besseren Verständnis dieser und ähnlicher Störungen will ich im folgenden den Entwicklungsverlauf von zwei widerstreitenden Tendenzen im Kindes- und Jugendalter genauer vergegenwärtigen: der Wünsche nach Abhängigkeit und nach Selbstbestimmung. Der Prototyp eines abhängigen Wesens ist der Embryo im Mutterleib, der extreme Wunsch nach Selbstbestimmung ist in gewissen kindlichen Allmachts- und Beherrschungsphantasien enthalten. Der einfacheren Verständigung wegen will ich daher diese beiden Tendenzen als *embryonal* und *infantil* bezeichnen. Der Embryo ist ganz und gar lebensunfähig ohne den schützenden Mutterschoß, also muß er sich, wenn er ein Ich, ein eigener Mensch werden will, um jeden Preis aus diesem warmen Nest, das ja zugleich ein Gefängnis ist, herausarbeiten. Dieses Sich-Herausarbeiten aus Abhängigkeiten, das Sprengen schützender und zugleich beengender Hüllen, ist eine der Grundforderungen des Lebens, die auf den verschiedenen Entwicklungsstufen immer wiederkehrt: nicht umsonst hat Adolf Portmann seinerzeit vom „extrauterinen Frühjahr" gesprochen, also von einer Zeit, in der das physiologisch gesehen „zu früh geborene Kind" noch des „sozialen Mutterschoßes" bedürftig sei. Gegen Ende des ersten Lebensjahres beginnt das Kind nun damit, sich dem sozialen Mutterschoß zu entreißen, vom Nesthocker gleichsam zum Nestflüchter zu werden — und dieses Sich-Herausreißen schafft mannigfache Krisen (Trotzanfälle, Labilität, Krankheitsanfälligkeit des Kindes im zweiten Lebensjahr). Oft mißlingt die Ablösung auch, das Kind bleibt in der Symbiose stecken, gibt die Anstrengung auf, ein Ich zu werden. „Symbiose und Individuation" — mit diesen beiden Polen hat die amerikanische Kinderanalytikerin M. Mahler das Lebensgesetz der Ablösung treffend bezeichnet, da beim Jugendlichen bzw. beim jungen Erwachsenen ähnliche Entwicklungsprobleme wiederkehren. Die „Gesellschaft" ist heute zum Inbegriff für Abhängigkeit schlechthin geworden. Gesellschaft wird erlebt als eine Art Lebensgrund, von dem man schlechthin abhängig ist, aus dem man nicht herauskann, der unmerklich und subkutan die Wertvorstellungen, die Sprache, die Verhaltensmuster des einzelnen bestimmt. Individualität, persönliche Freiheit erscheinen in diesem Vorverständnis als Illusion, als bloße „Charaktermaske". „Gesellschaft" ist in solchen Vorstellungen konzipiert nach dem Denkmuster eines „sozialen Mutterschoßes", eines umhüllenden Gefängnisses, aus dem kein Weg herausführt, weil wir keinen Raum der Freiheit jenseits der gesellschaftlichen Zwänge kennen.

Das Gegenstück zur embryonalen ist die infantile Weltauffassung. Das gesunde Kleinkind hat ein ausgeprägtes Gefühl seines Wertes. Es nimmt nichts wichtiger als seine Gefühle, seine Bedürfnisse, seinen eigenen Willen. Wiederum war es Freud, der als erster diesen Sachverhalt beschrieb: der Narzißmus des Kindes ebenso wie des Primitiven oder des Neurotikers sei der Grund für die „Überschätzung der seelischen Vorgänge gegen die Realität". Auch die infantile, narzißtische Überschätzung der eigenen Person, das übertriebene Wichtignehmen der eigenen Gefühle, die übertriebene Hochschätzung der eigenen Fähigkeiten ist nicht etwa auf eine einzelne Phase der kindlichen Entwicklung beschränkt, sondern zieht sich als roter Faden durch den gesamten Entwicklungsprozeß: schon das ein- bis zweijährige Kind ist beeindruckt von allem Erstaunlichen, Kraftvollen, Auffallenden — in seinen Lautmalereien ahmt es mit Vorliebe schnelle Bewegungen, erstaunliche Wirkungen nach: das fahrende Auto, den Donner, den Düsenjägerknall. Es ist beeindruckt davon, was man alles „machen" kann.

Später nimmt es sein Spiel, seine Phantasie oftmals wichtiger als die Realität, zum Beispiel, wenn ein Spiel abgebrochen werden soll, weil die Mutter zum Essen ruft. Oder, wie ich an einem vierjährigen Jungen beobachtete, der von draußen immer mit großem Anlauf in seine Strandburg sprang. Als sich nach einiger Zeit seine Schwester in die Strandburg setzte, sagte er nicht etwa: „Geh weg", sondern sprang einfach auf sie drauf und verletzte sie dabei. Als man ihm Vorhaltungen deswegen machte, sagte er nur: „Sie brauchte sich ja nicht dahinzusetzen."

Beim Heranwachsenden und beim jungen Erwachsenen sind es unter anderem die sexuellen „Spielphantasien", die narzißtisch übersetzt werden: als ob der Orgasmus und die Bestätigung der eigenen männlichen Potenz das einzig Wichtige auf der Welt wäre, nach dem seinerzeit berühmten Ausspruch des Kommunarden Kunzelmann: „Was kümmert mich Vietnam, wenn ich Orgasmusschwierigkeiten habe." Immerhin hat er ehrlich gesagt, was er dachte, und schon das tun die wenigsten Leute.

Beide Entwicklungslinien zusammen, die embryonale und die infantile, sind insofern auf einen gemeinsamen Nenner zu bringen, als sie Versuche sind, sich in einer Welt zu behaupten, in der man sich nicht wohl fühlt, nicht geliebt fühlt. Es sind beides Versuche des Ich, sich vor den Folgen des Liebesmangels in der Kindheit zu schützen, solche fehlende Liebe durch übersteigerte Selbstliebe zu ersetzen; es sind sogenannte „narzißtische" Tendenzen. Der Entwicklungsgeschichte dieser narzißtischen Strebungen gilt heute das besondere Interesse der Psychoanalyse. In diesem Sinne bezeichnet H. Kohut (1973), dem wir die wichtigste neuere Untersuchung zu diesem Fragenkreis verdanken, als das Objekt der narzißtischen Libido das archaische Selbst und die von ihm genannten „Selbst-Objekte": damit sind Liebesobjekte, also Personen oder Idealbilder gemeint, die „nicht als getrennt und unabhängig vom Selbst erlebt werden".

Ursprünglich bestehe zwischen Mutter und Kind, meint Kohut, ein vollkommener Gleichklang der Bedürfnisse. Dieses „Gleichgewicht ... wird durch die unvermeidlichen Begrenzungen mütterlicher Fürsorge gestört, aber das Kind ersetzt die vorherige Vollkommenheit a) durch ... das Größen-Selbst; und ... b) die idealisierte Elternimago"

Kohut 1973, S. 43. Dieser Vorgang ist recht früh in der menschlichen Entwicklung anzusetzen, etwa um die Wende vom ersten zum zweiten Lebensjahr. Die menschliche Lebensgeschichte kann demnach als eine Geschichte der Gestaltungen und Umgestaltungen des Narzißmus verstanden werden.

So bedeutsam die Einsichten Kohuts auch sind, müssen doch vier Einwände vorgebracht werden:

Erstens: Der anfänglich völlige Gleichklang von Mutter und Kind, von dem Kohut ausgeht, ist wohl nur ein Wunschbild. Das Kind erwirbt seinen Narzißmus unter Umständen schon im Mutterleibe als Antwort auf erkältende, lebenzerstörende Gefühlsströme von seiten der Mutter.

Zweitens: Kohut bezeichnet die seelische Struktur, die sich narzißtisch auflädt, als das archaische Selbst. Dieser Ausdruck erscheint nicht glücklich: richtiger müßte man vom archaischen Ich oder vom Basis-Ich sprechen und dabei eingestehen, daß die bisherige psychoanalytische Auffassung des Begriffs Ich eine zu enge und lebensferne Konstruktion war, die durch neuere Erkenntnisse wie eben die von Kohut überholt ist.

Drittens: Kohut faßt den Narzißmus in mancher Hinsicht statischer auf als Freud: während Freud Narzißmus und Objektliebe gleichsam als zwei kommunizierende Röhren ansah — wenn in der einen die Besetzung zunimmt, nimmt die in der anderen ab —, meint Kohut, daß Narzißmus und Liebe verschiedenen Lebensbereichen angehörten und im Grund unabhängig voneinander seien. Narzißmus erscheint ihm daher nicht als etwas, das im Laufe der Entwicklung zur menschlichen Reife überwunden, sondern differenziert, neutralisiert und in reifere Formen umgewandelt werden muß. Kohuts Therapie bringt daher nur gewisse Schönheitskorrekturen am Narzißmus an, vermag ihn aber nicht in der Tiefe zu überwinden. Und damit hängt auch der vierte Einwand zusammen:

Viertens: Freud hatte erkannt, daß Entwicklung nur dort vorangeht, wo Gegensätze ausgeglichen werden müssen: Eros und Todestrieb, Ich-Liebe und Objektliebe sind solche Gegensätze, die das menschliche Sein in Bewegung halten. Bei Kohut hingegen fehlt der Gegenpol zum Narzißmus, und darum vermag er nicht wirklich sichtbar zu machen, wie menschliche Entwicklung von Stufe zu Stufe voranschreitet. Ich möchte daher versuchen, Kohuts Vorstellungen über die Entwicklung des Narzißmus zu ergänzen.

Der Narzißmus heftet sich an das archaische Ich, das Basis-Ich. Was die Psychoanalyse bisher als Ich bezeichnete, der bewußte und der Realität zugewandte Teil der menschlichen Persönlichkeit, ist nur ein kleiner Teil dessen, was unser Ich ausmacht. Was man bisher das Es nannte, das ist im wesentlichen das Ich. Es ist archaisch, grausam, es denkt nach den Regeln des Primärprozesses, das heißt, es setzt sich schrankenlos über die Gesetze der Logik hinweg, es fühlt sich allmächtig, als der Mittelpunkt des Weltalls — nicht ganz zu Unrecht übrigens, denn jeder Mensch ist ein kleiner Kosmos in sich, ein Mikrokosmos, wie die alten Philosophen sagten. Das Basis-Ich ist bald infantil, indem es seine Wünsche für die einzig maßgebende Wirklichkeit ansieht, bald embryonal, indem es sich begierig in alles einspinnt, was Wärme und Geborgenheit zu verheißen scheint.

Welches ist nun der Gegenspieler im Spiel des Lebens, der das archaische Ich dazu zwingt, sich nolens-volens doch von der Stelle zu rühren, sich zu entwickeln? Dieser Gegenspieler hat viele Namen: in Träumen erscheint er oft als der Weg, die Straße oder als Fluß, als Lebensstrom. Oder als das Gesetz, wie es in Kafkas Novelle heißt: „Vor dem Gesetz steht ein Türhüter. Zu diesem Türhüter kommt ein Mann vom Lande und bittet um Eintritt in das Gesetz." Der Mann müßte nun an dem Türhüter vorbei von Saal zu Saal gehen; aber er fürchtet sich, bleibt an der gleichen Stelle. Freud nennt diesen Gegenspieler gern „Schicksal" oder auch personifiziert: Göttin Ananke.

Ein wenig anthropomorph könnte man Entwicklung im tiefenpsychologischen Verständnis beschreiben als Spiel auf einer inneren Bühne, als Dialog der Psyche mit sich selbst, genauer: als Dialog zwischen dem Basis-Ich und dem Lebensstrom, wobei mit zunehmender Verstandesreife das bewußte Ich als beobachtende Person hinzutritt. Oder weniger anthropomorph gesprochen, kann man Entwicklung bezeichnen als eine Abfolge von Gleichgewichtszuständen, die sich immer einpendeln zwischen den Wünschen des Ich und den Anforderungen des Lebens.

Literatur:

Freud, S.: Gesammelte Werke, London-Frankfurt 1940 ff.
Freud, S.: Aus den Anfängen der Psychoanalyse. Frankfurt 1962.
Kohut, H.: Narzißmus. Frankfurt 1973.
Spitz, R.: Hospitalismus I. In: G Bittner und Edda Schmid-Cords (Hrsg.), Erziehung in früher Kindheit. München ⁶1976.

2. „Entwicklung" oder „Sozialisation"?

Unter „Sozialisation" fassen wir „jene Lernvorgänge zusammen, deren Ergebnisse einen menschlichen Organismus als Mitglied einer Gesellschaft konstituieren", bzw. da Gesellschaft nicht als Ganzes gegeben ist, sondern nur in Gruppen, Institutionen und sozialen Positionen, muß die Definition spezifischer lauten: „... Sozialisation faßt jene Lernprozesse zusammen, durch die ein menschlicher Organismus diejenigen Qualifikationen des Verhaltens erwirbt, die erforderlich sind, um in Gruppen, Institutionen und als Inhaber sozialer Positionen mit anderen Mitgliedern der Gesellschaft kommunizieren zu können" (Mollenhauer 1971, Spalte 1069).

Wir stutzen bei den Bestandstücken dieser Definition. In ihren beiden Varianten erscheint zunächst einmal die ominöse Vokabel „menschlicher Organismus". Warum spricht Mollenhauer nicht von „Lernvorgängen, durch die der *Mensch* diese oder jene Qualifikationen erwirbt"? Schon in dieser Wortwahl offenbart sich das zugrundeliegende fragwürdige Denkmuster von der „Menschwerdung des Menschen" durch Erziehung: Bevor die Sozialisation ihre segensreiche Arbeit vollendet hat, ist das ja offenbar noch gar kein Mensch, von dem da gesprochen wird, sondern nur der Rohstoff zu einem solchen — ein menschlicher Organismus, ein Halbfabrikat der Natur sozusagen. Eine solche Definition erweist ihre Gefährlichkeit, wenn wir an schwachsinnige, idiotische oder auch sozial schwerstgestörte, autistische, schizophrene, verwahrloste Kinder denken. Diese bleiben offenbar „menschliches Halbzeug", insofern sie das Klassenziel der Sozialisation nicht erreichen; sie bleiben Halb- oder Viertelmenschen, je nachdem, wie weit sie es mit der Sozialisation gebracht haben.

Die Ergebnisse von Lernvorgängen sind es, hören wir weiter, die einen menschlichen Organismus „als Mitglied einer Gesellschaft konstituieren". Die Gesellschaft scheint also eine Art Klub zu sein, in der man Mitglied wird, wenn man die nötige Anzahl von Lernkärtchen abgeben kann. Auch das stimmt natürlich nicht ganz, denn man wird ja gesellschaftliches Subjekt — Rechtssubjekt beispielsweise — spätestens mit dem Zeitpunkt der Geburt, vielleicht sogar schon früher, wie die Diskussion um den Schwangerschaftsabbruch deutlich macht.

Und schließlich das Wort „Sozialisation" selbst. Welches unterschwellige Denkmodell wird mit ihm rein sprachlogisch mitgeliefert? „Sozialisation" ist vom Wort her analog gebildet zu „Zivilisation", „Sterilisation", „Kanalisation" etc: das Suffix „-isation" bedeutet etwa, daß in einem Organismus, einem gewachsenen Körper, ihn durchdringend, etwas bewirkt werden soll; „Zivilisation" meint mehr äußerlich technologische Bewirkungen, „Sozialisation" Bewirkungen am inneren Kern des Menschen. Auch dieser wird gedacht als durch Penetration von außen her „gemacht". Kein Wunder, daß die Pädagogen diesen Begriff begierig aufgegriffen, daß sie sich als Priester dieser quasi religiösen

Heilslehre (Illich 1972) angeboten haben! Man „ist" nicht Mensch, sondern man „wird" es erst durch Erziehung. Welch glänzender Berechtigungsnachweis der professionellen Pädagogen! Wenn A. Portmann vorausgesehen hätte, was er mit dem Begriff „Menschwerdung des Menschen" anrichtete, hätte er sich gewiß vorsichtiger ausgedrückt.

Mit diesen Anmerkungen zum Sozialisationsbegriff sollte zunächst nur eines aufgewiesen werden: Wir meinen oft, Begriffe prägen und sie definieren — das sei gewissermaßen die wissenschaftliche Vorarbeit, danach fange erst die eigentliche Forschung an. In Wirklichkeit ist das Prägen und Definieren der Begriffe der eigentlich fruchtbare Moment der Forschung: Steht einmal das sprachlogische Modell mitsamt seinen unerkannten Konnotationen und seinen heimlich begleitenden Modellvorstellungen fest, dann läuft der Rest wie geschmiert — die Sozialisationsforschung reproduziert sich am laufenden Band. Das Denken läuft in den Gleisen des vorgegebenen Sprachspiels unaufhaltsam, weiter.

Der Zugriff durch wissenschaftliche Terminologie hat eine zwiespältige Funktion: Er dient einerseits dazu, bestimmte Probleme zu formulieren, untersuchbar zu machen — andererseits unerkannterweise dazu, andere Probleme zu verdrängen, zu verschleiern, unter den Teppich zu kehren. Der Physiker Pauli drückte dies so aus: „Es ist der Wahl des Experimentators überlassen ..., welche Kenntisse er gewinnen und welche er einbüßen will; oder, populär ausgedrückt, ob er A messen und B ruinieren oder ob er A ruinieren und B messen will. Es ist ihm aber nicht anheimgestellt, nur Kenntnisse zu gewinnen, ohne auch welche zu verlieren" (zitiert nach C. G. Jung 1965, S. 138).

Welche Sachverhalte lernen wir kennen und welche ruinieren wir nun mit Hilfe der Sozialisationsforschung? Als W. Brezinka vor nunmehr 20 Jahren den Sozialisationsbegriff in die deutsche pädagogische Diskussion einführte, beabsichtigte er damit zweierlei:

1. die Erkenntnis ins Blickfeld zu rücken, daß das Kind in weitaus stärkerem Maße, als dies bis dahin gesehen worden war, ein auf Lernen angewiesenes Wesen sei und daß dieses Lernen sich vor allem in pädagogisch nicht geplanten Bereichen vollziehe, als unbewußte „Anformung": „Wie das Kind die physische Luft einatmet und dadurch seinen Leib am Leben erhält, ebenso atmet es vom ersten Tage an die sozial-kulturelle Luft ein und wird erst dadurch zum vollen Menschen" (Brezinka 1957, S. 44).

2. Die Erziehungswissenschaft als Sozialwissenschaft, als empirische Wissenschaft zu etablieren. Der Begriff „Sozialisation" (bzw. „Sozialisierung", wie Brezinka sagte), den er der amerikanischen Sozialpsychologie entlehnte, schien diesen Anschluß zu ermöglichen (vgl. Brezinka 1968).

Mit der Einführung dieses Begriffs war zunächst nur ein Stichwort ohne inhaltliche Füllung gegeben. H. Fend, der die erste systematisch-pädagogische Abhandlung über diesen Gegenstand schrieb, bemerkt mit Recht, daß mit dem Begriff allein noch wenig gewonnen, daß es vielmehr nötig sei, die lerntheoretischen, tiefenpsychologischen, ethnologischen etc. Modelle aufzuarbeiten, in welchen sich die Sozialisationskonzepte konkretisierten. „Forschungen und Theorien über Sozialisierung sind ... ein Versuch, die ‚Menschwerdung des Menschen' zu erklären ...: Aus dem Kind, das nicht gehen kann, die Sprache nicht beherrscht, nicht fähig ist, zu mehreren Menschen Kontakt aufzunehmen, seine Hände nicht gebrauchen kann, wird vielleicht ein Mann, der Automobile baut, der Bücher schreibt, der einen genau geregelten Tagesslauf hat und der für eine Überzeugung ins Gefängnis geht. Auch in der modernen Kultur findet jeden Tag eine Invasion von Barbaren statt. Täglich werden Kinder geboren, die noch nicht fähig sind, am Leben der Umgebung teilzunehmen" (H. Fend 1970, S. 11).

Dies ist also das spezifische Staunen, das am Anfang der Sozialisationsforschung steht: Wie werden aus all diesen kleinen Barbaren erwachsene Kulturmenschen? Die Kultur nimmt gleichsam vor sich selber den Hut ab, daß sie es Tag für Tag fertigbringt, so viele kleine Wilde zu sozialisieren. Indessen kann man auch von der anderen Ecke her mit dem Staunen beginnen: Ist es nicht noch viel wunderbarer, was die Kinder da fertigbringen, wenn sie den Kulturprozeß mitmachen?

Die erste Stufe der pädagogischen Sozialisationstheorie war durch den Versuch gekennzeichnet, den Blick zu weiten auf die Vielzahl von Prägungsprozessen, denen die Kinder im Laufe ihrer Entwicklung unterworfen sind, operationale Modelle zu entwickeln, um diese Prozesse zu erfassen. Charakteristisch für diese erste, unpolitische Auffassung von Sozialisation bei Brezinka und seinen Schülern ist es, wenn Fend etwas treuherzig bemerkt, „Sozialisierung" in seinem Sinne habe nichts mit der „Überführung in Gemeineigentum" zu tun (Fend 1968, S. 12).

Wir haben es heute mit einem zweiten Schub von pädagogischer Sozialisationstheorie zu tun, der „Sozialisation" von einem angebbaren und abgrenzbaren pädagogischen Problemfeld zu einer Art „Letztkategorie" mit einer umfassenden, ins Weltanschauliche hinüberspielenden Valenz umgeformt hat. Die Arbeiten von Krappmann und Lorenzer mögen als Beispiele für diesen Theorietypus dienen: Sie nehmen im Unterschied zu den älteren Sozialisationskonzepten die Frage nach der Identität, nach der persönlichen Individualität und Einmaligkeit des Menschen ausdrücklich auf, beantworten sie jedoch im Horizont ihres theoretischen Konzepts. Selbst die persönliche Identität wird noch als durch die gesellschaftlichen Verhältnisse hervorgebracht, schon von „sozialstrukturellen Gegebenheiten abgeleitet" (Krappmann 1971, S. 10) interpretiert. Dies scheinen mir Mausefallentheorien der Sozialisation zu sein, die „alles" erklären, ohne eine Frage über ihren Systemhintergrund hinaus zuzulassen. Noch einmal: Wir haben die Wahl, ob wir A erforschen und B ruinieren oder A ruinieren und B erforschen wollen. Was ist A und was ist B im vorliegenden Zusammenhang? *Wenn A die Sozialisation, das Lernen der gesellschaftlichen Rollenmuster ist — dann ist B die autonome Entwicklungsleistung des Kindes.*

Ich möchte an zwei Beispielen das Gemeinte verdeutlichen. Ein Mädchen von zweieinhalb Jahren hat im Winter zum ersten Mal mit Bewußtsein eine dicke, verharschte Schneedecke von einem halben Meter Mächtigkeit gesehen. „Schnee" kannte sie wohl, aber als Flocken, die vom Himmel fallen. Für eine solche Masse Schnee fehlte ihr der Begriff. Die Eltern trauten ihren Ohren nicht, als sie in den Schnee hineinstapfte und verkündete: „Ich geh' jetzt in den Kühlschrank".

Auf den ersten Blick handelt es sich hier um ein kleines, sprachliches Defizit. Dem Kind ist das Wort Schnee nicht in seinem ganzen Bedeutungsspektrum verfügbar. Diese Art von Defiziten ist beim zwei- bis dreijährigen Kind unausbleiblich; kein Kind, auch nicht das bestgepflegte, besitzt einen Wortschatz, der seinem Mitteilungsdrang entspricht. Die Entwicklungsaufgabe besteht nun für das Kind darin, seine Allmachtswünsche, sein „Alles-ausdrücken-wollen" anzuklinken an die ihm bruchstückhaft zuhandenen Wörter — die Empfindung von tiefer Kälte in unserem Falle an das bekannte Wort „Kühlschrank". Darin liegt der schöpferische Prozeß dieser Assimilation, daß etwas eigentlich noch nicht Sagbares — weil das entsprechende Wort fehlt — durch einen kühnen Analogieschluß doch sagbar wird. Ist das „Sozialisation"? Sollte man es nicht eher „Inkarnation" nennen? Sozialisationsforscher würden sich im wesentlichen mit dem soziokulturellen Rahmen beschäftigen, aus dem das Kind seine sprachlichen Materialien nimmt und an denen es seine Denkmuster bildet — natürlich könnte es das Wort Kühlschrank nicht brauchen, wenn es keinen gesehen hätte. Wichtiger ist aber doch die andere Frage: Was macht das Kind mit den Materialien, mit den Denkmustern, die seine Umwelt ihm zuspielt?

Ein anderes Beispiel aus dem Munde eines anderen, etwas älteren Mädchens: Sie hat geweint; die Mutter hat ihr einen Keks gegeben und gesagt: „Mit einem Keks ist das Leben doch gleich wieder schöner, gelt?" Die Kleine antwortet darauf: „Wenn das Leben nicht schön ist, dann möchte ich tot sein." Auch zu diesem Beispiel ließe sich eine Reihe wissenschaftlich begründeter Plattheiten äußern. Die Wenn-dann-Sätze legen die Vermutung nahe, daß es sich um ein Mittelschichtkind handelt. Man könnte ferner darüber nachdenken, was ein Dreijähriges unter Totsein versteht. Oder die Lerntheoretiker könnten sich in ihrer Meinung bestätigt fühlen, daß Kekse, Bonbons usw. eben doch gute Mittel seien, um dem Kind das Leben wieder schöner zu machen.

Doch ist der Kern der Sache wohl der, daß das Kind einfach etwas Wahres sagt: „Wenn das Leben nicht mehr schön ist, dann wäre man besser gleich tot". Und das Kind drückt diesen Sachverhalt mit seinen einfachen Denkmitteln treffender aus, als es der Erwachsene mit seinen komplizierteren könnte.

Ich möchte versuchen, an diesen beiden Beispielen einen Gedankengang zu veranschaulichen, der vielleicht etwas absurd erscheint: Zumindest das, was das zweite Kind äußert, ist irgendwie gescheiter, tiefsinniger, richtiger als das, was ein Erwachsener oder ein älteres Kind bei einer solchen Gelegenheit normalerweise äußern würde. Es bleibt einem doch zunächst einmal fast der Atem stehen, so sehr reißt die Antwort einen Abgrund auf im Vergleich zum gegebenen Anlaß. Dies ist auch der Hintergrund für die vielen Witze über den Kindermund, der unvermuteter- und konventionell peinlicherweise Wahrheit spricht, bis hin zu den gelegentlich recht zynischen Geschichten von Klein Erna.

Man könnte nun geneigt sein, diesen scheinbaren Hintersinn kindlichen Denkens für eine Täuschung zu erklären — hervorgebracht durch mangelnde Sprachbeherrschung, die manchmal unpassende, komisch-gravitätische, ungewollt freche oder sonstige Effekte gewissermaßen zufällig hervorbringt. Solches mag eine Rolle spielen, wird aber dem Sachverhalt etwa beim Kühlschrank-Beispiel doch nicht erschöpfend gerecht. Es ließen sich die Beispiele häufen, wo Kinder vor allem in bezug auf ihren Körper und auf ihre nächste soziale Umgebung sich intelligenter, d. h. zweckmäßiger verhalten, als es Erwachsene tun. So entdeckte ein Kind aus meinem Beobachtungskreis mit etwa eineinhalb Jahren einen überraschenden und wirksamen Abschluß des „Heile, heile Segen"-Rituals. Wenn man es eine Weile gestreichelt und „Heile, heile Segen" gesagt hatte, erklärte es plötzlich: „Schon besser" oder gar: „Schon viel besser" und hörte auf zu weinen. Vielleicht hatte es diese Wendung das eine oder andere Mal gehört. Aber niemand hatte es gelehrt, daraus ein autosuggestives Ritual zu machen, um dessen Funktionieren manche Erwachsene das Kind beneiden könnten. Oder, daß Kinder die Stimmung von Erwachsenen erspüren, ehe diese sie selbst noch wahrgenommen haben. Ich habe das öfters bestätigt gefunden, wenn ich mich fragte: Meine Tochter will nichts von mir wissen — sollte ich etwa schlechter Stimmung sein? Und auch die Entstehung der Neurosen in der frühen Kindheit kann man wohl nicht als einen Vorgang passiver Prägung durch die Erwachsenen ansehen. Die Neurose ist sozusagen jedesmal eine individuelle Erfindung des Kindes, mit der es nicht etwa die Neurose des Erwachsenen kopiert, sondern mit der es eine deformierte Kommunikationsstruktur entwickelt, die genau zu den Defekten des Erwachsenen paßt, die es ihm gestattet, mit dem Erwachsenen, auf den es ja angewiesen ist, trotz dessen Neurose in Beziehung zu bleiben.

Solche Beobachtungen bestimmter lebenspraktischer Überlegenheiten des Kindes über den Erwachsenen werden zumeist anekdotisch geäußert. Es bleibt auch, genau betrachtet, keine andere Wahl, denn ein logisches System kann nur durch ein System höherer Ordnung beschrieben werden, nicht durch eines niedrigerer Ordnung. Indem wir Entwicklungspsychologie mit hypothesenprüfenden Verfahren betreiben, machen wir stillschweigend die Voraussetzung, daß unsere Hypothesen über die logischen Operationen des Kindes einer höheren Ordnung angehören als die logischen Operationen des Kindes selbst. Das wird sicher in vielen Hinsichten zutreffen, aber man kann es nicht generell voraussetzen.

2. „Entwicklung" oder „Sozialisation"?

Es halten sich ja hartnäckig im menschlichen Denken jene mystikverdächtigen Traditionen wie das Jesuswort: „Wenn ihr nicht werdet wie die Kinder ..." oder Fröbels Aufforderung: „Laßt uns unseren Kindern leben" und die Erwartung, daß aus dieser „Lebenseinigung" mit dem Kinde eine „Lebenserneuerung" für den Erwachsenen hervorgehen soll; oder Korczaks Fantasien über „König Hänschen" und sein Kinderregiment — alles das wird als pädagogische Kryptotradition, als unverbindliche Tiefsinns-Arabeske mitgeschleppt. Mit Entwicklungspsychologie oder Sozialisationsforschung scheint es wenig zu tun zu haben. Doch ist der Grundgedanke evident: Wir brauchen nur die Möglichkeit zu realisieren, es könnte Lebensbereiche geben, in denen die Kinder nicht von uns, sondern wir von den Kindern lernen, um solche Annahmen plausibel und stimmig werden zu lassen.

Wenn wir die Möglichkeit auch nur an einer Stelle zulassen, das Kind könnte klüger sein als der Erwachsene, kommt theoretisch und methodisch in der Kinderforschung manches ins Wanken. Entwicklungspsychologien und Sozialisationstheorien implizieren einsinnig progressive Veränderungsrichtungen: Wie wird aus dem „kleinen Barbaren" ein gesittetes Mitglied der menschlichen Kultur? Oder in Piagets bekannten Untersuchungen über „das moralische Urteil beim Kinde": Dieses moralische Urteil entwickle sich vom heteronomen zum autonomen Moralbegriff, meint Piaget. Impliziert wird dabei, daß der Erwachsenenstandpunkt der „richtige" sei, daß die moralischen Normen wirklich so konventionell festgelegt seien wie die Spielregeln des Murmelspiels. Wie, wenn die Moral des Erwachsenen gar nicht so autonom wäre, wie Piaget es darstellt? Und wenn es Moralprinzipien gäbe, die nicht auf Konvention beruhen? Dann wäre der Ansatz Piagets seines Fluchtpunktes beraubt, und das ganze Buch hätte anders geschrieben werden müssen.

Die Psychoanalyse spricht davon, daß das Kind im zweiten Lebensjahr eine Phase von Allmachtsgefühl durchlaufe, die mit animistischen und magischen Vorstellungen durchsetzt sei. Dieses psychoanalytische Konzept des kindlichen Allmachtsgefühls wäre vielleicht geeignet, um eine Entwicklungspsychologie im Gegenzug zur einseitig progressionsorientierten Sozialisationstheorie zu formulieren. Allerdings bedarf es dazu auch noch einer Weiterentwicklung eben dieses psychoanalytischen Modells vom Allmachtsgefühl: Die Analytiker stellen das Allmachtsgefühl als etwas durchaus Unreales hin — vom typisch erwachsenen Überlegenheitsstandpunkt aus. Es ist zu fragen, ob das Allmachtsgefühl des Kindes nicht etwas Reales und Berechtigtes sei: Daß der Mensch sich nie mehr so als Mittelpunkt seines kleinen Kosmos, als erfolgreich, gut, richtig, in Ordnung erleben kann wie das ein- bis zweijährige Kind, angemessene Mutterpflege einmal vorausgesetzt. Das Kind in diesem Alter ist wirklich ein kleiner Gott. Von daher kann Entwicklung oder Sozialisation auch studiert werden als eine Geschichte des Abstiegs, der Rückbildung erreichter Gleichgewichte.

Wir haben zwei Beispiele davon gegeben, wie das Denken des Kindes dem Denken des Erwachsenen unter bestimmten Umständen und bei bestimmten Leistungen überlegen ist: Im ersten Fall handelt es sich um eine mehr technische Überlegenheit; die Mängel des Wortschatzes wurden durch eine geradezu atemberaubende Fähigkeit des Analogisierens ausgeglichen. Das Wort „Schnee" ist nicht verfügbar, also sagt das Kind einfach „Kühlschrank". Im zweiten Falle sagte das Kind anläßlich der Keksepisode etwas sehr Gescheites und Treffendes, was dem Erwachsenen bei so banalem Anlaß kaum eingefallen wäre.

Es gibt demnach Äußerungen des Denkens und vor allem des Fühlens beim kleinen Kind, die an Differenziertheit und Klarheit denen des Erwachsenen überlegen scheinen. Halten wir dagegen Mollenhauers Definition von „Sozialisation": „Lernvorgänge, deren Ergebnisse einen menschlichen Organismus als Mitglied einer Gesellschaft konstituieren", oder Fends Gleichnis von den „kleinen Barbaren", die Tag für Tag in unsere Kultur

2 Bittner, (Ausbildung), Tiefenpsychologie (13151)

hineingeboren werden und assimiliert werden müssen. Man *ist* nicht Mensch, sondern *wird* es erst — durch die Segnungen von Kultur und Gesellschaft. Wie mir scheint, ist dies eine höchst parteiliche Betrachtungsweise des menschlichen Werdens, eine anti-kindliche. Ich komme noch ein letztes Mal zurück auf den Satz: Man kann nicht Erkenntnisse gewinnen, ohne zugleich welche zu verlieren. Die Sozialisationsforschung hat uns reiches Datenmaterial gebracht über die Verschiedenheit von Entwicklungsverläufen unter verschiedenartigen sozio-kulturellen Bedingungen; und dieses Verdienst wird ihr bleiben. Sie hat sich aber in das theoretische Prokrustesbett gezwängt, Kultur als die unabhängige, kindliche Entwicklung als die abhängige Variable zu betrachten. Und damit ist ihr Sprachspiel zu Ende gespielt. Sie wird in allen neuen Forschungen immer nur noch herausbringen, was sie schon an Vorannahmen hineingesteckt hat.

Es wird vielfach übersehen, daß wir unsere wissenschaftlichen Paradigmata nicht frei wählen, sondern daß diese unbewußt motiviert sind durch unser Selbstkonzept. Alle unsere wissenschaftlichen Begriffsbildungen und Theorien im anthropologischen Bereich geben unter anderem Aufschluß darüber, was uns selbst das Wichtigste im Leben, was unser Idol, was unser höchster Wert ist. Unsere wissenschaftlichen Konzepte sind aus demselben Stoff gemacht wie wir selbst.

Ich meine nun, daß das Konzept „Entwicklung" dem Konzept „Sozialisation" unter anderem deswegen vorzuziehen sei, weil es uns einen größeren Spielraum der Selbstdefinition offenläßt. Es mag naiv und allzu einfach klingen: Schon das kleinste Kind sollte als ein ganzer Mensch betrachtet werden, bei dem alle Fähigkeiten und Fertigkeiten angelegt sind, die es im Leben brauchen wird. Die Erziehung muß phasengemäß sein, dem Kind auf seine einfachen Fragen kindgemäß antworten. Erst in zweiter Linie kommt dann die gesellschaftliche Einwirkung hinzu, die das Wachstum in dieser oder jener Richtung stimuliert oder verkümmern läßt. Hier haben dann die wertvollen Untersuchungen über Sozialisation (z. B. auf sprachlichem Gebiet, in den Werthaltungen) ihren legitimen Platz.

Wenn wir beginnen, anders über Kinder zu denken als die bisherige Entwicklungspsychologie, wird dies auch in veränderten Methoden der Forschung seinen Niederschlag finden. „Kinderforschung" im hier gemeinten Sinne hätte gegenüber derzeitigen pädagogischen und psychologischen Forschungsgewohnheiten eine Alternativ-, vielleicht auch eine Korrektivfunktion wahrzunehmen: Während entwicklungspsychologische Forschung ihre kindlichen Objekte in aller Regel dem Zugriff hypothesenprüfender Verfahren aussetzt, ohne diese Hypothesen selbst als interpretationsbedürftige Vor-Urteile zu explizieren, und während pädagogische Machbarkeitsforschung Kinder unter dem Zugriff stark vorstrukturierter Curricula und Methoden studiert, ohne daß diese mit hinreichender Evidenz auf ein außerhalb ihrer eigenen Konstruktionslogik liegendes Stimmigkeitskriterium aufgebaut sind — solchen Verfahrensweisen gegenüber hätte Kinderforschung, wie sie hier angeregt wird, eine diametral entgegengesetzte Funktion: Unter sparsamster Verwendung von Hypothesen und pädagogischen Zugriffen Beobachtungsfelder zu schaffen, in denen Kinder Gelegenheit haben, den Beobachter über sich selbst (d. h. in diesem Falle beides: Über die Kinder ebenso wie über den Beobachter!) zu belehren. Pädagogische Zugriffs- und Machbarkeitsforschung dagegen schafft sich mit einer gewissen verfahrensimmanenten Zwangsläufigkeit ihren „homo paedagogicus", dem letzten Endes gar nichts anderes übrigbleibt, als irgendwie im Sinne der geprüften Hypothesen zu reagieren (und zwar meistens bestätigend). Statt einer Kinderforschung, die uns nur durch mehr oder weniger eindrucksvolle Korrelatitonen bestätigt, was wir uns ohnehin schon gedacht haben, sollte eine andere, behutsamere Art von Forschung treten, die imstande ist, von den Kindern Neues zu erfahren, was man sich bisher noch nicht ohne weiteres denken konnte, und damit gleichzeitig Aufklärung über den Sinn und Wert pädagogischer Programme und vielleicht auch noch weitergehende Aufklärung über Kind- und Erwachsensein überhaupt zu erlangen.

Literatur:

Brezinka, W.: Erziehung als Lebenshilfe, Wien 1957.
Brezinka, W.: Von der Pädagogik zur Erziehungswissenschaft, Zeitschrift für Pädagogik 14, 1968.
Fend, H.: Sozialisierung und Erziehung, Weinheim $^{2\,3}$1970.
Illich, I.: Entschulung der Gesellschaft, München 1972.
Jung, C. G.: Welt der Psyche (Kindler-Tb.), München 1965.
Krappmann, L.: Soziologische Dimensionen der Identität, Stuttgart 1971.
Lorenzen, A.: Grundprobleme einer materialistischen Sozialisationstheorie. In: Sozialisationsforschung, hrsg. v. H. Walter, Stuttgart 1973.
Mollenhauer, K.: Sozialisation. In: Neues Pädagogisches Lexikon, Stuttgart 1971.

II. Die Bildung des Grund-Ich im ersten und zweiten Lebensjahr

Die Erkenntnis, daß den ersten Lebensmonaten und -jahren im menschlichen Leben eine geradezu schicksalhafte Bedeutung zukommt, ist ausschließlich der Psychoanalyse zu verdanken. Noch nicht vor allzu langer Zeit sah die Wissenschaft den Säugling als ein „Reflexbündel" ohne tiefere seelische Erfahrungsmöglichkeiten an. Vor allem René Spitz hat in seinen berühmten Hospitalismus-Studien gezeigt, daß eine ausreichende mütterliche Zuwendung die unabdingbare Voraussetzung für das seelische und sogar für das körperliche Gedeihen des Säuglings darstellt. Neben René Spitz war es vor allem die eigenwillig-geniale Freud-Schülerin Melanie Klein, die uns das Verständnis dieser frühesten menschlichen Lebensstadien erschlossen hat. Ihre Ausführungen sind allerdings in einer Sprache gehalten, die den meisten Pädagogen — und auch vielen Psychoanalytikern — unzugänglich und befremdlich erscheint.

An die Arbeiten dieser beiden großen psychoanalytischen Forscher knüpfen die nachfolgenden Überlegungen an. Es wird die Frage erörtert, ob auch schon im Mutterleibe eine seelische Wechselbeziehung und Einflußnahme zwischen Mutter und Kind denkbar sei; es wird das „Erschrecken" als eine der ersten und grundlegenden seelischen Reaktionen des Neugeborenen beschrieben. In einem weiteren Kapitel wird aufgewiesen, daß „seelische" und „körperliche" Reaktionen beim Säugling noch eine undifferenzierte Einheit darstellen, in die sich Erwachsene nur schwer hineinzudenken vermögen. Die abschließenden Überlegungen dieses Abschnitts behandeln die Wende vom ersten zum zweiten Lebensjahr — den Zeitpunkt, zu dem die „Mutter-Kind-Dyade" (R. Spitz) sich aufzulösen beginnt.

1. Das vorgeburtliche seelische Leben. Das „Geburtstrauma".

Eine altüberlieferte volkstümliche und auch medizinische Anschauung besagt, daß ein Kind schon vor der Geburt von seinen Eltern in seinem Werden beeinflußt wird. In einer medizinischen Abhandlung aus dem Jahre 1815 fand ich zwei engbedruckte Seiten mit Literaturangaben zu der Frage, ob der Gemütszustand der schwangeren Frauen einen Einfluß auf die Entwicklung des neugeborenen Kindes habe (Kluge 1815, S. 297 ff). Alle Lehrbücher der Frauenheilkunde gingen damals auf diesen Punkt mehr oder weniger ausführlich ein. Dabei dachte man sich die Einwirkungen ganz materiell: man stellte sich z. B. vor, daß körperliche Mißbildungen wie auch Muttermale etc. beim Kind durch Gemütserschütterungen bei der Mutter hervorgerufen werden könnten. Ernsthafte Mediziner schrieben damals „physikalische Abhandlungen von der Einbildungskraft der schwangeren Weiber" (Mauclerc 1756).

Die Medizin geriet dann frühzeitig in das Fahrwasser der heraufkommenden rein naturwissenschaftlichen Denkweise. Als beweisbar galten fortan nur noch solche Vorgänge im menschlichen Organismus, die ein faßbares materielles Substrat besaßen, meßbar und experimentell reproduzierbar waren. Dabei fielen so subtile Vorgänge wie die Gemütszustände der Mutter, ihre Ängste, ihre Einbildungen natürlich durch die Maschen des grobgestrickten Netzes. Man hörte im Rahmen der materialistisch-mechanistischen Medizin des 19. Jahrhunderts auf, sich für solche subtilen Gegebenheiten zu interessieren.

Was nicht exakt meßbar war, gab es nicht. Auch die wissenschaftlich-experimentelle Psychologie, die in der zweiten Hälfte des 19. Jahrhunderts begründet wurde, war zunächst — und ist weithin auch bis heute — von einem Interesse für die subtileren menschlichen Lebenszusammenhänge weit entfernt. Erst die Psychoanalyse hat die Frage nach frühesten Formen menschlichen Erlebens und Aufeinanderbezogenseins wieder zum Gegenstand der Erörterung gemacht. Sie war es auch, die — wenigstens tastend, ansatzweise — das noch ungelöste Problem der vorgeburtlichen seelischen Beeinflussungen wieder ins wissenschaftliche Gespräch brachte.

1. Das „pädagogische Poem" der Maria Montessori

Wenn auch nur A. S. Makarenko sein berühmtes Buch „Der Weg ins Leben" ausdrücklich als ein „pädagogisches Poem" bezeichnete, so haben doch oftmals große Pädagogen sich dichterischer Ausdrucksformen bedient, um fundamentale Einsichten in der Weise zu vermitteln, daß sie nicht nur den Verstand des Hörers und Lesers, sondern zugleich sein Gefühl, seinen Glauben, seine Überzeugungskraft ansprachen. In einem solchen Poem, einem geradezu hymnischen Text hat Maria Montessori den vorgeburtlichen Zustand und das Erleben einer Geburt aus der Sicht des neugeborenen Kindes zu gestalten versucht:

Von einem Menschen habe ich gehört, der in der tiefsten aller Finsternisse gelebt hatte. Niemals hatten seine Augen auch nur den Schimmer eines Lichtes gesehen, als läge er auf dem Grunde einer tiefen Schlucht.

Von einem Menschen habe ich gehört, der in der Stille gelebt hatte. Kein Geräusch, nicht einmal das leiseste, war je an sein Ohr gedrungen.

Von einem Menschen habe ich gehört, der wahrhaftig dauernd unter Wasser gelebt hatte, in einem seltsam lauen Wasser, und der dann mit einem Male in eisige Kälte emportauchte.

Und er entfaltete seine Lungen, die nie zuvor geatmet hatten (die Arbeit des Tantalus war leicht, verglichen mit der seinen!). Und er lebte. Mit einem einzigen Atemzuge füllten sich diese Lungen, die seit Anbeginn zusammengefaltet gewesen waren.

Dann schrie dieser Mensch.

Und man vernahm auf der Erde eine bebende Stimme, die nie zuvor gehört worden war. Sie drang aus einer Kehle, aus der nie zuvor ein Laut gedrungen war.

Es war der Mensch, der geruht hatte.

Wer vermag sich auszudenken, was völlige Ruhe ist? Die Ruhe dessen, der nicht einmal zu essen braucht, weil ein anderer für ihn ißt;

jede Faser seines Leibes ist entspannt, weil andere lebende Gewebe alle Wärme hervorbringen, deren er zum Leben bedarf;

und dessen Eingeweide ihn nicht gegen Gifte und böse Keime zu verteidigen brauchen, weil andere Gewebe dies für ihn tun.

Einzig das Herz arbeitet in ihm. Es schlug bereits, ehe er noch war. Ja, während er noch nicht existierte, schlug sein Herz schon, doppelt so schnell, wie andere Herzen schlagen. Und ich wußte, dies war das Herz eines Menschen.

Und jetzt ... tritt er hinaus:

Verwundet von Licht und Ton, erschöpft bis in die letzte Fiber, nimmt er alle Arbeit seines Daseins auf sich.

Und er stößt einen lauten Schrei aus:

„Warum hast Du mich verlassen?"

Und das ist das erste Mal, daß der Mensch in seinem Dasein den sterbenden Christus wie auch den Christus der Auferstehung widerspiegelt!

(M. Montessori 1952, S. 33 f.)

„Von einem Menschen habe ich gehört..." — schon in diesem Satz zu Anfang steckt eine zweifache Mystifizierung: „Von einem Menschen..." Wir denken natürlich zuerst an einen Erwachsenen, und erst aus der Schilderung seiner Lebensumstände im einzelnen entnehmen wir dann, daß es sich um einen Embryo und um den Vorgang der Geburt

1. Das vorgeburtliche seelische Leben. Das „Geburtstrauma"

handeln muß. Ach so, denken wir, und fragen uns hinterher vielleicht verärgert, ob wir nicht einer Bauernfängerei aufgesessen sind. Ist das denn schon ein Mensch, was da im „lauwarmen Wasser" lebt? Eine Frage, die angesichts der schweren Auseinandersetzungen um den Schwangerschaftsabbruch von großer praktischer Bedeutung ist.

Und dann: „Von einem Menschen habe ich *gehört* ..." Die Verfasserin des Poems, Maria Montessori, ist Ärztin. Sie hat also gewiß nicht nur gehört von einem solchen Menschen, sondern hat ihn leibhaftig gesehen — die Formel „habe ich gehört" dient auch der Mythisierung des Vorgangs, ähnlich wie das Wort Jesu am Kreuze „warum hast du mich verlassen", das dem neugeborenen Kinde in den Mund gelegt wird. Was da erzählt wird, ist mit voller Absicht ein Mythos, die Mythenerzählung vom Geborenwerden des Menschen.

Was mag der Embryo, der Lebenskeim im Mutterleib fühlen, wie mag seine Welt aussehen? Das Poem der Maria Montessori ist ein Versuch, sich in das Befinden des Embryos, in den Geburtsakt, die ersten Eindrücke des Neugeborenen einzufühlen. Natürlich sind die sprachlichen Metaphern, in denen sie das tut, hoffnungslos adultomorph, d. h. sie tun so, als ob der Embryo die Erlebnisweise eines Erwachsenen hätte. Doch wie soll man sich eine vorsprachliche Erlebnisweise einfühlbar machen, wenn nicht durch sprachliche, vom Erwachsenen-Standpunkt ausgeliehene Metaphern?

Wir können uns die Erlebnisweise des Ungeborenen sprachlich nicht angemessen vergegenwärtigen. Alle unsere sprachlichen Formulierungen sind höchstens ungefähr richtig. Trotzdem ist es sinnvoll, eine sprachliche Vergegenwärtigung dieser unsagbaren Tatbestände wenigstens zu versuchen. Denn in diesen Leerraum, den wir sprachlich nicht angemessen ausfüllen können, projiziert jeder gewisse Vorstellungen hinein, auch dann, wenn er sich für einen exakten Wissenschafter hält. Als Beleg und Gegenstimme zu Maria Montessoris „Poem" möge das Anti-Poem eines modernen, behavioristisch orientierten Kinderpsychologen stehen, der sich auf die rationale Begründung seiner Aussagen viel zugute hält. Über angebliche metaphysische Vorstellungen der Psychoanalytiker vom vorgeburtlichen Zustand spottet er folgendermaßen:

> Das Leben im Uterus werde als paradiesischer Zustand erfahren, in dem der Fötus ein mystisches und unbegrenztes Einssein mit der Mutter teile; die Sehnsucht nach der Rückkehr in die Ruhe des Mutterleibes durchziehe das Verhalten bis zum Tod ... Es braucht kaum betont zu werden, daß ein Individuum, um die Wonne des Mutterleibes und das „Einssein" mit der Mutter zu genießen oder auf die Folgen der Trennung traumatisch reagieren zu können, über einen bestimmten kognitiven Entwicklungsstand und die spekulativen Fähigkeiten und Neigungen eines Philosophen verfügen müßte. Das Leben im Uterus könnte einem lebensüberdrüssigen und philosophisch eingestellten Lebensveteran sehr attraktiv erscheinen. Leider hat jedoch das Neugeborene weder die Erfahrung noch die intellektuelle Ausrüstung, um sein angebliches Glück genießen zu können (Ausubel/Sullivan 1974, S. 208 f.).

Die zitierte Passage zeigt einen Argumentationstypus, der unter Humanwissenschaftlern nicht selten und leider typisch für eine Art von wissenschaftlich sanktionierter, törichter Polemik ist, auf die manche Empiriker noch stolz sind. In dem ganzen zitierten Abschnitt ist ein einziger sachlicher Satz enthalten: Der Neugeborene besitze noch nicht die Erfahrung und intellektuelle Ausrüstung, um das Dasein im Mutterleibe als besonders glücklich empfinden zu können. Ich glaube zwar, daß dieser Satz nicht richtig ist, daß man ihn mit Argumenten widerlegen kann — doch zweifellos muß dieser Einwand geprüft werden. Alles andere in der zitierten Passage ist billige Spöttelei, die nichts anderes verrät als das eine, daß dem Verfasser der Gedanke an die Harmonie im Mutterleib nicht sonderlich sympathisch zu sein scheint. Vielleicht hätte er Angst, sich für einen „abgetakelten Lebensveteranen" halten zu müssen, wenn er sich auf solche Gefühle einließe. Wir sehen: auch der exakteste Wissenschaftler kommt nicht daran vorbei, zu den Grundfragen des menschlichen Lebens gefühlsmäßig Stellung zu nehmen, selbst wenn die

Tatsachen noch nicht hinreichend geklärt sind — wenn schon nicht hymnisch wie Maria Montessori, dann antihymnisch wie Ausubel. Vielleicht haben Maria Montessori und Ausubel auch selber recht unterschiedliche Mutterleibsschicksale durchlaufen.

2. Die Funktion der „biochemischen Zeichensprache" im seelischen Austausch zwischen Mutter und Fötus

Was können wir über das innere, psychische Leben des Embryo bzw. des Fötus Gesichertes wissen? Es gibt Konditionierungsexperimente an 6—8 Monate alten Föten im Mutterleibe. Der Fötus kann dahin gebracht werden, bei einem lauten Ton den Greifreflex auszuführen. Ob es sich hier um ein einfaches Assoziationslernen oder um einen unlustvollen Bestrafungsreiz handelt — in jedem Falle beweist dies das Vorliegen einer einfachen psychischen Struktur, ein einfaches Vermögen der Reizklassifizierung. Aus psychoanalytischer Sicht läßt sich aufgrund dieser Befunde auch bereits eine Steuerung nach dem Lust-Unlust-Prinzip vermuten.

Nun ist diese Konditionierung mit dem lauten Ton künstlich; entsprechende Situationen kommen in der normal fötalen Umwelt selten vor. Auf welche Arten von Reizen reagiert nun der Fötus normalerweise, d. h. unter nicht-experimentellen Bedingungen? Bekanntlich ist das intrauterine Milieu ausgesprochen reizarm. Druck- und Temperaturverhältnisse sind konstant; die äußeren Sinnesorgane sind zwar entwickelt, vor allem das Gehör ist funktionsfähig; sie werden aber kaum beansprucht.

Die Hauptumschlagstelle für Informationen zwischen dem ungeborenen Kind und seiner Umwelt ist die Placenta, die Gebärmutterschleimhaut, über die das Kind mit Blutkreislauf und Stoffwechsel der Mutter verbunden ist. Die Informationen, die auf den fötalen Organismus einwirken, sind daher vor allem biochemischer Art. Mit den Blutkörperchen der Mutter kommt der Fötus (normalerweise) nicht in Berührung. Alles hingegen, was das Blutplasma der Mutter verändert, wird als Information vom fötalen Organismus aufgenommen. Daher sind Medikamentenschädigungen und bestimmte Infektionskrankheiten intrauterin übertragbar. Der Funktionszustand der Placenta und damit das Gedeihen des Fötus wird durch psychisch mitbedingte Alterationen der Mutter beeinflußt: bei psychosomatischen Krankheiten (z. B. Hochdruck und Diabetes) der Mutter ist die Gefahr von Fehlgeburten statistisch signifikant erhöht. Auch durch Überaktivität, Müdigkeit, Emotionen der Mutter (z. B. Furcht, Wut) wird der Fötus in physiologisch meßbarer Weise beeinflußt.

Zwischen dem Fötus und seiner Mutter findet demnach ein intensiver Austausch, eine psychische „Zwiesprache" statt: die Mutter wird über den Zustand des Fötus unterrichtet vor allem durch seine motorische Aktivität, die „Kindsbewegungen"; der Fötus über den Zustand der Mutter durch eine biochemische Zeichensprache. Alle seelischen Regungen, die sich in biochemischen Prozessen niederschlagen, werden vom ungeborenen Kind „verstanden".

Welches sind die Organe, mit denen das ungeborene Kind die „biochemische Sprache" versteht? Am besten ausgebildet sind beim Fötus die sog. propriozeptiven Sinnesorgane, also jene Sinne, mit denen er seinen eigenen Zustand wahrnimmt: Spannungsempfindungen in den Muskeln, Lageempfindung, Hautsensibilität, Temperaturempfindung, vielleicht auch schon Schmerzempfindung. Der Fötus kann also offenbar sich selbst intensiv fühlen, und, indem er sich angenehm oder unangenehm empfindet, empfindet er den Zustand seiner Umwelt mit.

Der Erwachsene hat es im allgemeinen verlernt, sich mit dem propriozeptiven System zu orientieren, jedenfalls tut er es nicht häufig: in der Liebe vielleicht, oder z. B. bei Wetterfühligkeit. Man fühlt sich müde und abgespannt und schließt aus diesem wahrgenommenen eigenen Befinden auf einen bevorstehenden Wetterumschwung. Ähnlich kann man sich das Welterfassen des

Embryos bzw. Fötus vorstellen: ich fühle mich nicht gut heute, würde er sagen, wenn er reden könnte, zieht dort oben bei der Mutter vielleicht ein Gewitter auf?

Die soeben angeführten Tatsachen sind größtenteils dem vorhin kritisch erwähnten Buch von Ausubel und Sullivan entnommen (S. 185 ff.). Wenn Ausubel trotz dieser von ihm selber angeführten, vielfältigen Austauschprozesse zwischen Mutter und Kind davon ausgeht, das Ungeborene könne noch keine Glücks- oder Unglücksgefühle haben, so beruht dies auf der von ihm selbstverständlich vorausgesetzten und nicht weiter diskutierten Überzeugung, psychische Vorgänge könnten sich nur im Gehirn abspielen. Wenn noch keine ausgereifte Großhirnrinde vorhanden sei, könne es auch keine psychischen Empfindungen geben. Dies ist eben der einseitig bewußtseinspsychologische Standpunkt. Bewußtsein, wie wir es vom Erwachsenen und vom älteren Kinde her kennen, ist an das Funktionieren der Großhirnrinde gebunden. Unbewußt Seelisches hingegen kann sich über alle physiologischen Funktionen, z. B. über biochemische Prozesse verständlich machen. Es ist die unselige und für das moderne Verständnis des Menschen grundlegende Zweiteilung in ein denkendes Großhirnwesen auf der einen Seite und eine seelenlose Körpermaschine auf der anderen (vgl. Bittner 1974, S. 149 ff.), die dem Verständnis der menschlichen Frühstadien im Wege steht. In diesen Frühstadien ist das Psychische *nicht neben, sondern nur im Organischen zufinden.*

Wenn das Kind geboren wird, ist es schon längst kein „unbeschriebenes Blatt" mehr. Es ist durch vielfältige biochemische Austauschprozesse mit der Mutter bereits in seinen Erlebnis- und Reaktionsweisen nachhaltig geprägt. Daraus ergibt sich eine pädagogische Konsequenz: Das Gerede, es sei völlig gleichgültig, ob das Kind bei der Mutter oder bei einer anderen „Dauerpflegeperson" aufwachse, muß von daher fragwürdig erscheinen. Der Embryo und seine Mutter haben doch schon ein ganzes Stück gemeinsamer Geschichte durchlebt. Müßte man dem Embryo dann nicht logischerweise, wiederum in Erwachsenensprache ausgedrückt, den Gedanken unterlegen: „Wie sich die Mutter von innen anfühlt, das weiß ich jetzt; nun möchte ich mal wissen, wie sie aussieht?" Und es wäre denkbar, daß das neugeborene und heranwachsende Kind auch bei der besten Pflegemutter manchmal eine Fremdheit empfindet: „Meine Mutter hat doch anders gerochen, anders geschmeckt, sich anders von innen angefühlt?"

3. Für und wider das „Geburtstrauma"

Maria Montessori interpretierte den ersten Schrei des Neugeborenen auf eine sehr direkte Weise, wenn sie ihm das Jesus-Wort unterlegte: „Warum hast du mich verlassen?" Über solche Interpretationen des Geburtsschreis haben medizinisch aufgeklärte Leute später viel gespottet, weil sie meinten, dieser Geburtsschrei habe nicht mit Verzweiflung über das Erdendasein, sondern nur mit dem Sauerstoffmangel während der Geburt zu tun. Trotzdem ist das ein billiger Spott, denn Verzweiflung und Sauerstoffmangel brauchen einander nicht auszuschließen.

Über den tatsächlichen Ablauf einer Geburt, von Preßwehen, Austreibungswehen etc. kann hier nicht im einzelnen berichtet werden. Zur Information darüber stehen gute, auch für den medizinischen Laien verständliche Aufklärungsbücher zur Verfügung (Nilsson 1967; Dick-Read 1968;). Der entscheidende Moment der Geburt ist der Durchgang des Kopfes durch die Scheidenöffnung; alle geburtshilflichen Maßnahmen zielen letzten Endes darauf ab, diesen schwierigen Moment zu erleichtern und zu überbrücken.

Was können wir über das Befinden des Kindes unter der Geburt aussagen? Ich muß noch einmal in Erinnerung rufen: wenn wir überhaupt von einem „Befinden", einem „Erleben" beim Fötus und beim Neugeborenen sprechen wollen, müssen wir uns von der Vorstellung eines reflektierten Erlebens nach Art des Erwachsenen freimachen. Ein solches reflektiertes Erleben ist tatsächlich an Funktionen des Großhirns gebunden, die beim Neugeborenen noch nicht ausgereift sind. Wenn wir hingegen Seelisches nicht allein im Gehirn suchen, sondern dem gesamten Organleben eine Beseeltheit zusprechen, wie dies vorhin begründet wurde, können wir auch von einem Befinden und Erleben eines Neugeborenen sprechen.

Die Organfunktionen des Neugeborenen sind unter der Geburt erheblichen Schwankungen und Belastungen unterworfen. Schon die starken Pulsfrequenzschwankungen des Nasciturus im Zusammenhang mit den Wehen der Mutter zeigen an, daß sich das Kind während der Geburt in einer Streßphase befindet. Dies läßt sich physiologisch noch an weiteren Befunden ablesen: Die CO_2-Spannung und die Harnstoffwerte im Blut nehmen zu. Die Hauptursache aller dieser Streß-Erscheinungen ist der Sauerstoffmangel. Das Kind wird ja bis zur Geburt von der Mutter mit Sauerstoff versorgt, mit dem berühmten „ersten Schrei" des Kindes beginnt die Eigenatmung. Die eigentlich kritische Phase der Geburt ist jener Zwischenzeitraum, in dem das Kind nicht mehr genügend mit Sauerstoff von der Mutter versorgt wird und andererseits noch nicht selbst atmen kann.

Die Geburtshelfer und Kinderärzte sprechen daher von einem *Geburtsstreß*. Dies ist eine ganz normale Erscheinung, die sogar nützlich für das Kind sein kann. Wenn der Sauerstoffmangel ausgeprägt ist, setzt die Atmung um so kräftiger ein — selbstverständlich nur bis zu einer kritischen Grenze, von der ab der Sauerstoffmangel Schäden verursacht. Nach kinderärztlichen Erfahrungen ist es aber nicht empfehlenswert, dem Kind den natürlichen Geburtsstreß ohne zwingende Notwendigkeit zu ersparen. Wenn das Kind z. B. durch Kaiserschnitt geholt wird, sich also nicht durch den engen Geburtsgang hindurchplagen muß, findet man häufig das sog. Kaiserschnitt-Syndrom: Die Kinder haben noch nicht richtig unter Mangel gelitten, sich nicht anstrengen müssen, sind sozusagen zu leicht auf die Welt gekommen und sind nun vielfach antriebsarm und faul im Atmen, Schreien und Trinken.

Der Psychoanalytiker Otto Rank schrieb 1924 ein Buch „Das Trauma der Geburt". Er suchte darin den Nachweis zu führen, daß alle Neurosen und seelische Störungen sich letztlich zurückverfolgen lassen bis zu jenem Ur-Trauma des Geborenwerdens, der nicht bewältigten Trennung von der Mutter. Freud lehnte diesen Gedanken nicht ganz ab, warnte nur davor, die Lehre vom Geburtstrauma für eine Totalerklärung der Neurose zu nehmen. Geboren werden ja alle Menschen, und doch bekommen nicht alle eine Neurose (vgl. Freud XVI, S. 60). Das ist natürlich ein schwaches Argument, da es ja auch von der Schwere des individuellen Geburtsschicksals abhängen könnte, ob ein Mensch eine Neurose bekommt oder nicht. René Spitz, der vom psychoanalytischen Standpunkt aus die Säuglingsentwicklung so gründlich erforscht hat wie kein anderer, lehnt die Lehre vom Geburtstrauma rundweg ab. Er hat in vielen Aufzeichnungen keine traumatischen Reaktionen von Säuglingen auf das Geborenwerden feststellen können. Er meint auch, daß Säuglinge zum Zeitpunkt der Geburt noch nicht die Bewußtseinsfähigkeit besitzen, um diese als traumatisch erleben zu können.

Trotz der Einwände von Spitz halte ich die Lehre vom Geburtstrauma im Kern aus folgenden Gründen für richtig: Ausdrucksbewegungen des Schreckens, der Angst, des Schmerzes, die Spitz in seinen Filmaufnahmen vermißte, sind dem Neugeborenen nur beschränkt möglich, aus den von Spitz angeführten und allgemein anerkannten Gründen mangelnder Hirnreifung. Dagegen stehen aber die unumstößlichen physiologischen Befunde über den Geburtsstreß. Sofern die Voraussetzung stimmt, daß die Psyche nicht ans Gehirn und seine Funktionen gebunden sei, müssen die physiologischen und biochemischen Streßerscheinungen, die ebenfalls allgemein anerkannt sind, ein psychisches Korrelat haben; dann müssen wir gewissermaßen ein Gedächtnis der Organe annehmen, mit dem sie die Erfahrungen dessen speichern, was sie in der Geburt erlebt und erlitten haben. Mit dieser Voraussetzung, daß Psychisches nicht an die Funktion der Großhirnrinde gebunden ist, steht und fällt die ganze hier vorgetragene Beweisführung.

Ich verbinde daher Ranks klinisch und spekulativ entwickeltes Konzept des Geburtstraumas mit den derzeitigen medizinischen Anschauungen zur Physiologie des Geburtsvorgangs und formuliere als These: *Wenn der Geburtsstreß aus irgendeinem Grunde die Schwelle des biologisch Bekömmlichen überschreitet, entsteht das Geburtstrauma.*

Als zunächst rein medizinisches, aber pädagogisch bedeutsames Problem können in diesem Zusammenhang die sogenannten *perinatalen Schädigungen* des Kindes nur gestreift werden. Dies sind Schäden, die kurz vor, während oder bald nach der Geburt durch mechanische, chemische oder bakterielle Noxen gesetzt werden. Bekannter sind sie unter der nicht ganz genauen Bezeichnung: *frühkindlicher Hirnschaden.* Schwerere frühkindliche Hirnschäden und ihre Folgen gehören in das Gebiet der Psychopathologie bzw. der Sonderpädagogik. Sie erzeugen Körperbehinderungen (vor allem spastische Lähmungen) oder geistige Behinderungen. Es kommt daneben eine ganze Reihe von leichteren frühkindlichen Hirnschäden vor, mit denen sich Lehrer, Kindergärtnerinnen und Eltern immer wieder konfrontiert sehen.

Den Typus dieses leichten frühkindlichen Hirnschadens (frühkindliches exogenes Psychosyndrom) hat Lempp (1970) beschrieben. Im Unterschied zur klassischen Kinderneurose mit Hemmungen und Symptombildungen fällt bei diesen Kindern eine allgemeine motorische Unruhe, Konzentrationsunfähigkeit, Zerfahrenheit auf. Bei diesen Kindern ist nach Lempps Auffassung eine Erziehung angezeigt, die vor allem in konsequenter Lenkung, in der Abschirmung überflüssiger Reize besteht — ganz im Unterschied zu den „neurotischen Kindern", deren Hemmungen oft durch zusätzliche Reizangebote, durch Möglichkeit zum Ausagieren etc. aufgelockert werden sollten.

Nun ergeben sich bei dieser Abgrenzung mannigfache Probleme. Bei vielen Kindern diagnostiziert auch der Kinderpsychiater ein frühkindliches exogenes Psychosyndrom mit neurotischer Überlagerung. Manchmal könnte es sogar scheinen, als seien die Mischtypen und die unklaren Fälle mit fließendem Übergang zahlreicher und praktisch bedeutsamer als die reinen Fälle. Soll man diese nun wie neurotische Kinder oder wie Kinder mit einem „reinen" frühkindlichen Hirnschaden behandeln?

Eine zweite Schwierigkeit kommt hinzu: In vielen Fällen bleibt der vermutete frühkindliche Hirnschaden vom medizinischen Standpunkt aus gesehen rein hypothetisch, d. h. ohne faßbaren physiologischen Befund. In diesen Fällen stützt sich die Diagnose allein auf psychische Manifestationen, auf den Testbefund und die Verhaltensbeobachtung. Wenn daher das von Lempp beschriebene Zustandsbild vielfach ohne faßbares physisches Korrelat auftritt — gleichzeitig sich regelmäßig eine belastete Geburtsanamnese ergibt —, so könnte sich die Vermutung aufdrängen, die von Lempp beschriebenen seien eben jene Geburtstrauma-Kinder, von denen hier die Rede war, wobei in dieser perinatalen Phase das Psychische und das Physische noch so ungeschieden sind, daß alle diese Kinder das gleiche Störungsbild zeigen, gleichgültig, ob die Geburtsschädigung einen physischen Niederschlag gefunden hat oder rein psychisch verlaufen ist.

4. Anthropologische Fragen

Wir haben uns anhand medizinisch-physiologischer Befunde recht zaghaft auf eine *Psychologie* des vorgeburtlichen Lebens zubewegt, haben versucht, uns vorzustellen, wie das innere Leben des Fötus aussehen mag. Wir stießen dabei auf die zentrale Bedeutung des propriozeptiven Nervensystems. Zwar sind auch die äußeren Sinnesorgane, die Seh- und Hörfähigkeit beim Fötus bereits physiologisch entwickelt und funktionsfähig, doch spielen sie für die Orientierung in der Mutterleibswelt zunächst nur eine untergeordnete Rolle. Von zentraler Bedeutung sind für den Fötus hingegen die Hautempfindungen, die Empfindungen chemischer Reize, die Spannungsempfindungen — kurz: das propriozeptive System, *das Wahrnehmungsorgan, mit dem man sich selber fühlt.*

Dies ist zugleich der erste anthropologische Ertrag, den wir aus unseren Überlegungen zur Psychologie des Ungeborenen mitnehmen: Der Mensch ist von Anfang an so angelegt, daß er *sich selbst fühlt* und durch dieses Selbstfühlen seinen ersten Zugang zur umgebenden Welt findet. Es ist wichtig, sich dies zu vergegenwärtigen, weil das Sich-Selbst-Fühlen auch beim Erwachsenen noch die grundlegende Art ist, sich in der Welt zu orientieren. Allerdings wissen die meisten Erwachsenen nicht mehr, daß sie es tun; sie verlernen es, ihr Selbstfühlen bewußtzuhalten. Ich glaube, daß dies eine der folgenschwersten menschlichen Verdrängungsleistungen darstellt. Ich habe andernorts (Bittner 1977) diese Verdrängung als die Ur-Verdrängung beschrieben.

Den zweiten anthropologischen Beitrag leistet die Beschäftigung mit dem ungeborenen Leben und der Psychologie des Geburtsvorgangs für das *Verständnis des Leib-Seele-Zusammenhangs*. Wir haben uns angewöhnt, die Psyche an das Funktionieren bestimmter Hirnpartien zu binden. Wir fanden dieses Argument bei der Diskussion um das Geburtstrauma: das Kind könne gar kein Geburtstrauma erleiden, weil das Gehirn noch gar nicht in der Lage sei, ein solches Trauma zu registrieren. Wir müssen dem entgegenhalten, daß die Voraussetzung falsch ist: Die Psyche hat ihren Sitz gar nicht allein im Gehirn; sie lebt in allen Organen des Körpers. Auch ohne ein ausgereiftes Gehirn wird das Geburtstrauma vom Eigengedächtnis der Organe des Körpers aufbewahrt.

Und schließlich noch ein letzter anthropologischer Gesichtspunkt: Der Embryo bzw. der Fötus ist der *Prototyp eines abhängigen Wesens*. Er ist nicht lebensfähig ohne den mütterlichen Organismus, der für alles sorgt — für die Ernährung, die Sauerstoffzufuhr, die Temperaturregulierung, schlechthin für alles. Man könnte die Bedeutung von Abhängigkeiten im späteren Leben, realen wie neurotischen, nicht verstehen, wenn man sich nicht diese absolute Abhängigkeit zu Anfang der menschlichen Existenz vor Augen hielte. Daher sollte nicht übersehen werden, daß die pränatalen und perinatalen Schicksale auch in der Genese individueller seelischer Fehlentwicklungen und Neurosen eine naturgemäß zwar oft nicht leicht faßbare, aber deswegen nicht zu unterschätzende Rolle spielen.

Zwar reichen die Erinnerungen der meisten Menschen nicht weiter zurück als bis ins dritte Lebensjahr; alles, was davor liegt, muß indirekt erschlossen, vermutet werden, auch die so wichtige Phase des ersten extrauterinen Lebensjahres. Kein Patient kann sich bewußt an sein Säuglingsdasein erinnern. Doch unter Umständen fühlt er sich in der Behandlung plötzlich wieder so, *wie wenn* er ein Säugling wäre, und aus diesem gegenwärtigen Gefühl können Rückschlüsse auf die frühe Lebensgeschichte gezogen werden.

Ebenso verhält es sich mit den vorgeburtlichen Einwirkungen. Auch sie können nicht erinnert, sondern allenfalls rekonstruiert werden.

Bei einem meiner Patienten meinte ich andeutungsweise beobachten zu können, wie ein vorgeburtliches Schicksal sich in Analyse zeigte. Der Patient, ein 35jähriger verheirateter Mann (ich habe über ihn bereits in mehreren Zusammenhängen berichtet, vgl. Bittner 1971; 1974; 1977), verliebte sich heftig in eine Arbeitskollegin und ging eine sehr enge Beziehung mit ihr ein — seelisch und körperlich. Vorher hatte er gelegentlich flüchtige Beziehungen zu anderen Frauen gehabt, die keine tieferen Spuren hinterließen. Nun ging es auf Gedeih und Verderb: zwar konnte die Ehe erhalten werden, weil ihn eine innere Macht immer noch vor dem letzten Schritt der Auflösung dieser Ehe zurückhielt — andererseits aber war er förmlich aufgeschluckt von seiner neuen Liebe. Er schien überhaupt nicht mehr als eigenes Wesen zu existieren, nur als Anhängsel an seine Geliebte. Wenn er von ihr getrennt war, meinte er, ganz real sterben zu müssen. Dies war seiner ganzen Umgebung recht unheimlich, selbstverständlich auch mir. Ich fragte eine ältere Kollegin um Rat; sie meinte, es könnte sich um ein vorgeburtliches Trauma handeln in dem Sinne, daß er als kleines Kind schon früh, vielleicht schon im Mutterleibe, die Lebensbedrohung durchlitten habe, die mit einer vorzeitigen Trennung von der Mutter verbunden sei — sei es bei einer gewollten Abtreibung, sei es bei einem spontanen Abort. Es ist ja bekannt, daß bestimmte Schwangerschaftsphasen besonders abortgefährdet sind. Es wäre daher nicht ganz absurd, anzunehmen, daß der Embryo etwas fühlt von diesem Geschehen, daß er gewissermaßen in der Erwartung lebt: Behält mich die Mutter oder stößt sie mich ab?

Dies sagte ich dem Patienten auf den Rat der Kollegin, ohne besondere eigene Überzeugung. Wenige Wochen darauf rief die Mutter des Patienten dessen Frau an, die zu dieser Zeit ein Kind erwartete, und berichtete ihr, „unter Frauen", daß sie selbst zweimal abgetrieben habe. Von einem Abtreibungsversuch bei dem Mann berichtete sie zwar nichts, doch scheint die Überlegung nicht aus der Luft gegriffen, daß auch während seiner Schwangerschaft der Gedanke aktuell war. Von daher läge es nahe, seine jetzige Katastrophenangst von dem Abgestoßen- und Verlassenwerden mit einer intrauterinen Erfahrung in Verbindung zu bringen.

Ein weiteres Beispiel mit tragischem Ausgang soll nur noch flüchtig erwähnt werden. Eine Studentin, etwa 35 Jahre alt, eine sehr gestörte Persönlichkeit, war seit längerem bei mir in Behandlung. Sie erzählte mir einmal eine ziemlich frivole Geschichte, deren Pointe ich vergessen habe. Ein kleiner Embryo kam darin vor, der auf einer Eisscholle sitzt und immerzu ruft „durchhalten, durchhalten". Diese Patientin geriet später in einen Verwirrtheitszustand, zeigte Symptome von Schizophrenie und wurde von einem übereifrigen Arzt in eine Nervenklinik eingewiesen. Die Analyse wurde damit unterbrochen. Nach der Entlassung aus der Klinik brachte sich die Patientin um. Vielleicht war sie selber so ein hilfloser Embryo, bei dem man einfach hätte durchhalten müssen gegen alle Hoffnung, auch in seinen psychotischen Krisen, und ihn nicht vorzeitig abstoßen?

Der exakte Beweis für die Auswirkungen intrauteriner Erfahrungen auf das spätere Lebensschicksal und die Neurosen und Fehlentwicklungen des Erwachsenen wird naturgemäß kaum zu führen sein. Immerhin kann man, wie ich meine, die beiden zum Schluß angeführten Fälle aus der psychotherapeutischen Praxis in diesem Sinne deuten, ohne den Tatsachen Gewalt anzutun.

Literatur:

Ausubel, D. P. u. E. V. Sullivan: Das Kindesalter. München 1974.
Bittner, G.: Über Erschrecken, Fallengelassenwerden und objektlose Reaktion. Psyche 25, 1971 (wieder abgedruckt in diesem Band).
Bittner, G.: Das andere Ich. Rekonstruktionen von Freud. München 1974.
Bittner, G.: Tarnungen des Ich. Stuttgart 1977.
Dick-Read, G.: Mutterwerden ohne Schmerz. Hamburg [16]1968.
Freud, S.: Gesammelte Werke. London-Frankfurt 1940 ff.
Kluge, C. A. F.: Versuch einer Darstellung des animalischen Magnetismus als Heilmittel. Wien 1815.
Lempp, R.: Frühkindliche Hirnschädigung und Neurose. Bern-Stuttgart [2]1970.
Mauclerc's physikalische Abhandlungen von der Einbildungskraft der schwangeren Weiber. Straßburg 1756.
Montessori, M.: Kinder sind anders. Stuttgart 1952.
Nilsson, L.: Ein Kind entsteht. Gütersloh 1967.
Rank, O.: Das Trauma der Geburt. Wien-Leipzig 1924.

2. Früheste Erschütterungen: Erschrecken und Fallengelassenwerden

In einer kleinen, lange Zeit vergessenen Arbeit schreibt Alice Balint über das „erste beobachtbare Schreckerlebnis des Kindes", die Angst vor dem Fallengelassenwerden: „Jeder, der mit Säuglingen zu tun hatte, kennt das erschreckte, affenartige Sichanklammern ... des Kindes, wenn z. B. beim Baden eine ungeschickte Bewegung der Pflegeperson ihm das Gefühl gibt, daß es den gewohnten Halt verliert. Im allgemeinen kann man die Beobachtung machen, daß Kinder sehr empfindlich darauf reagieren, wie ruhig und sicher sie gehalten werden" (A. Balint 1933 bzw. 1968, S. 248).

Spuren solcher Haltsuche finden sich auch noch beim Erwachsenen; die Verfasserin weist in diesem Zusammenhang auf Redewendungen hin wie „das seelische Gleichgewicht verlieren", „der Boden ist einem unter den Füßen weggezogen" usw. Die Lust vieler Menschen am Fliegen und Schweben wie auch die „so nahe an Angst grenzende Freude der Kinder am Rutschen, Schaukeln, später Ski- und Eislauf hat wohl eine ihrer Wurzeln in der Seligkeit, die das Gefühl gibt, einer schlimmen Gefahr spielend Herr zu werden..., denn wer fliegen kann, fällt nicht" (a. a. O., S. 249).

Michael Balint hat diese Gedankengänge mehrfach wieder aufgenommen, vor allem in seiner Abhandlung über „Angstlust und Regression": die beiden dort geschilderten Charaktertypen des Oknophilen und des Philobaten erweisen sich als Resultate von Reaktionsbildungen gegen eben dieses Trauma des Fallengelassen- bzw. Verlassenwerdens. „Oknophilie kann als Fixierung an die erste Reaktion auf ein schwerwiegendes Trauma aufgefaßt werden ... Die erste Reaktion darauf besteht in Verleugnung ... Durch Anklammerung versichert sich der Oknophile, daß er und sein Objekt immer noch untrennbar eins sind. So sucht er seine Welt dadurch zu bewältigen, daß er die Fähigkeit entwickelt, innige Objektbeziehungen zu entwickeln und sie aufrechtzuerhalten ... Der Philobat erlitt dasselbe Trauma, aber die Fertigkeiten (skills), die er erwerben konnte, befähigten ihn, bis zu einem gewissen Grade die gestörte Harmonie zwischen ihm und der Welt wiederherzustellen ..." (M. Balint 1960, S. 73).

Die schönen Schilderungen der „freundlichen Weiten" in der zitierten Arbeit von M. Balint — vom Nervenkitzel des Schiffschaukelfahrens auf dem Jahrmarkt über das Fliegen bis zu den freundlichen, heilenden Kräften von Luft, Sand und Wasser — sind bekannt genug und brauchen hier nicht referiert zu werden. Balint weiß auch, daß weder der Oknophile noch der Philobat ein „ganz richtiges" Weltbild besitzt (S. 42) — und er bemüht sich nach Kräften, in der Beschreibung wie in der Bewertung beiden Seiten gerecht zu werden. Und doch fallen gewisse Lücken in seiner Darstellung auf: man liest von Flugträumen, nicht aber von den ebenso verbreiteten Fall- und Absturzträumen. Die Glücksspiele — bei denen man zum Gewinnen keine „skills" braucht und bei denen man leider meistens doch verliert — werden unter den Jahrmarktsvergnügungen zwar genannt, doch von der Interpretation ohne nähere Begründung ausgeschlossen. Und obwohl Balint verspricht, er werde sich in seiner Abhandlung vor allem mit den „Schwindel erzeugenden Vergnügungen" beschäftigen (S. 17), fehlt dennoch bemerkenswerterweise bei seinem Exkurs in die physiologische Psychologie der Sinneseindrücke (S. 52 f.) der so naheliegende Bezug auf Gleichgewichtssinn und Lageempfindung.

Deutlicher gesagt: so sehr sich Balint die objektive Beschreibung des Vorgefundenen angelegen sein läßt — auch er wählt aus, und er läßt, so möchte man argwöhnen, die Welt in einem allzu „philobatischen" Lichte erscheinen, allzu weltvertrauend sicherlich im Vergleich zum Erleben einer Generation, die auf der zerstörten Erde nicht einmal mehr Luft und Wasser als freundliche, heilende Substanzen ohne weiteres vorfindet.

1. Die Moro-Reaktion als Prototyp des Erschreckens

Kehren wir zu der eingangs mitgeteilten Beobachtung von Alice Balint zurück, dem „affenartigen Sichanklammern" des Säuglings, wenn er den Halt zu verlieren droht. Diese Beobachtung trifft ja, genau betrachtet, nur bei älteren Säuglingen zu, die bereits gezielt und unter Koordination von Auge und Hand greifen können, um sich auf diese Weise die Lage im Raum zu erhalten.

Anders ist die Reaktion des sehr jungen Säuglings, wenn er den Halt verliert. Er reagiert unmittelbar („reflektorisch") auf die Reizung des vestibulären Gleichgewichtsorgans. In reiner Form finden wir diese Reaktion in Gestalt des von Moro beschriebenen und fälschlicherweise so genannten „Umklammerungsreflexes" bei Reizung der Bogengänge, z. B. bei Erschütterung der Unterlage, auf welcher der Kopf des Kindes ruht: „die beiden Arme fahren, im Ellbogen halb gestreckt, auseinander, während sich die Finger spreizen. Etwas schwächer und undeutlicher bewegen sich die Beine ..." (Peiper

1949, S. 123). Dieselbe Reaktion ist durch plötzliche Lageveränderung hervorzurufen, sei es Heben oder Senken (Kipp- oder Liftreaktion). Nicht selten wird die Reaktion auch durch Eigenbewegungen des Kindes, z. B. beim Niesen, ausgelöst.

Die Bogenreaktion bei unmittelbarer Erschütterung des Kopfes läßt sich nach Peiper während des ersten Lebensjahres stets auslösen, als Kipp- und Liftreaktion dagegen findet sie sich im zweiten Lebenshalbjahr nur noch wesentlich seltener als im ersten. Doch „Reste von ihr lassen sich noch bei älteren Kindern leicht nachweisen: nimmt man ein Kind auf den Schoß und läßt es plötzlich zwischen den Knien eine kurze Strecke abwärtsfallen, so breitet es reflektorisch seine Arme aus." Selbst beim Erwachsenen soll eine entsprechende Reaktionsbereitschaft noch bestehen (Peiper 1949, S. 124).

Diese Reaktion wurde von Moro als rudimentäre Umklammerung verstanden, doch scheint diese Deutung nach neueren Befunden nicht haltbar zu sein: so beobachtete z. B. Stirnimann, daß Kinder, denen er seinen Arm zwischen die auseinanderzuckenden Ärmchen schob, in keiner Weise darauf reagierten (vgl. Stirnimann 1951, S. 42 f.). Auch spricht gegen die Genese dieser Reaktion aus einem Umklammerungsverhalten der von Peiper hervorgehobene Umstand, daß der gleiche Reflex bei sog. „Lager-Säuglingen" auslösbar ist, d. h. bei den Jungen solcher Tierarten, bei denen die Mütter ihren Nachwuchs niemals mit sich tragen, z. B. Kaninchen. Auch ist die Moro-Reaktion nach Auslöserreiz und Bewegungsfolge klar vom Greifreflex zu unterscheiden, der durch Berührung der Haut an der Handinnenfläche ausgelöst wird (Peiper, 1949, S. 128).

Es folgt daraus, daß diese seltsame Reaktion einen anderen Ursprung haben muß. Eine Parallele bietet sich zur Erklärung an: der Bewegungsablauf bei der Bogengangsreaktion entspricht bis ins Detail dem Verlauf der Bewegungen bei generalisierten Schreckreaktionen, die durch starke, plötzliche und ungewohnte optische oder akustische Wahrnehmungsreize ebenfalls schon beim sehr jungen Säugling ausgelöst werden können. Den einzigen Unterschied zwischen Schreck- und Bogengangsreaktion findet Peiper darin, daß die Bogengangsreaktion beliebig oft nacheinander auslösbar sei, die Schreckreaktion dagegen nicht — ein Unterschied, der wohl nur einem Betrachter bemerkenswert erscheinen mag, der Schreck- wie Bogengangsreaktion rein physiologisch nach dem Reflexmodell interpretiert (vgl. Peiper 1949, S. 17, 123).

Die Identität der beiden Bewegungsfolgen könnte zu ihrer wechselseitigen Erhellung beitragen. Die Reizung der Bogengänge, die Störung des Gleichgewichtsempfindens also, löst eine Reaktion aus, die physiognomisch und — wenn wir das unterstellen dürfen — auch subjektiv-erlebnismäßig der Reaktion des Erschreckens gleicht. Auf der andern Seite erweist sich die Bogengangsreaktion funktionell dem Formenkreis der Stell- und Lagereflexe zugehörig, deren biologischer Sinn in der „Kompensation im Raum gegenüber der Schwerkraft bei Gleichgewichtsveränderungen" zu sehen ist (Kujath 1964, S. 385). Es liegt nun nahe, anzunehmen, daß die Kompensation der Gleichgewichtsstörung auch das biologische Vorbild der frühen Schreckreaktion sein könnte: die Schreckreaktion lehnt sich an den vorgebahnten Bewegungstypus der Bogengangsreaktion an; der erschreckende Säugling „benimmt sich" so, als ob er plötzlich das Gleichgewicht verloren hätte.

Begreift man die frühesten Reaktionen des Säuglings als „Reflexe" im Sinne des klassischen physiologischen Reflexmodells, dann wird man den hier unternommenen Versuch, den frühesten „reflektorischen" Reaktionen des Säuglings eine psychologische Bedeutung unterzulegen, zwangsläufig für eine Überinterpretation der gegebenen Sachverhalte ansehen müssen. Doch liegen zur Kritik des Reflexmodells heute bereits genügend Ansätze vor (vgl. etwa Buytendijk 1956, S. 142 ff., Lorenz-Leyhausen 1968, Metzger 1954, S. 50, 270 ff.). Begreift man die frühesten reflektorischen Reaktionen des Säuglings, wie z. B. die Stell- und Lagereflexe, in ihrer Gesamtheit als Ausdruck eines phylowie ontogenetisch älteren, durch die Entwicklung des Großhirns später überlagerten, doch keineswegs ausgelöschten Reaktionstypus, dann erscheinen diese archaischen Reaktionen („Stammhirnreaktionen") des Neugeborenen durchaus ernsthaften psychoanalytischen Interesses wert, zumal wenn sich erweisen sollte, daß verwandte Reaktionsweisen nicht nur in der Hirn-, sondern auch in der Neurosenpathologie des Erwachsenen noch aufzuweisen sind. In diesem Zusammenhang ist etwa an die psychophysiologischen Reaktionen auf den Verlust des „festen Bodens unter den Füßen" zu verweisen, wie er sich in häufiger und harmloser Form bei den Kinetosen (See-, Luft- und Auto-Krankheit), als Panik höchstens Grades dagegen bei Erdbeben u. a., ereignet.

Die psychoanalytische Interpretation der frühkindlichen Selbst- und Objekterfahrung verlangt demnach einen Schritt über den Ansatz von Balint hinaus: nicht nur verdienen neben den „höheren" Fernsinnen (Gesicht und Gehör) auch die „niederen" Sinne, wie Geruchs-, Geschmacks- und Temperatursinn, unsere Aufmerksamkeit als Vermittler solcher Erfahrungen, sondern darüber hinaus sind auch die Leistungen jener zumeist übersehenen Organe einzubeziehen, die „zum Aufbau der phänomenalen Welt vornehmlich Information über den eigenen Körper — seine Raumlage, die Stellung seiner Glieder und die Spannungsverteilung in seiner Muskulatur — beitragen" (Bischof 1966, S. 409).

Die Moro-Reaktion würde sich in diesem Sinne als ein Versuch des kindlichen Organismus erweisen, den vestibulär wahrgenommenen Gleichgewichtsverlust durch Muskelkontraktion und Lageveränderung auszugleichen — wenn man so will, eine „autistische", weil objektlose Reaktion auf das Fallengelassenwerden. Wir sind nunmehr in der Lage, unseren Einwand gegen die Typologie M. Balints näher zu präzisieren: wenn es zutrifft, daß der Oknophile auf das traumatische Urerlebnis des Objektverlusts mit Anklammerung reagiert und daß der Philobat mit Hilfe seiner „skills" die Illusion der „freundlichen Weiten" wiederherzustellen vermag — was geschieht dann mit jenen Kindern, die das Trauma des Objektverlusts traf, als sie noch keinerlei nützliche skills erworben hatten, nicht einmal die Fähigkeit des Anklammerns? Es muß wohl auch Lebensschicksale geben, die das Trauma des Verlusts, des Fallengelassenwerdens mehr oder weniger objektlos verarbeiten, ähnlich wie der Säugling in den allerersten Lebenswochen.

2. Zur Phänomenologie und Klinik der Schreckreaktionen

Die Psychologie und Pathologie der Schreckreaktionen hat bisher weder in der allgemeinen Psychologie noch in der Psychoanalyse besondere Aufmerksamkeit gefunden. In der psychologischen Literatur wird man am ehesten unter dem Stichwort „stress" einiges zum Thema finden; psychotherapeutische oder psychiatrische Überlegungen zu diesem Gegenstand sind allenfalls in Zusammenhang mit der Erörterung von traumatischen Neurosen anzutreffen. Kaum finden sich dagegen — und das erscheint besonders bemerkenswert — in den zahlreichen psychoanalytischen Abhandlungen über die Angst weiterreichende Überlegungen speziell zum Phänomen des Schreckens.

Das deutsche Zeitwort „schrecken, erschrecken" leitet sich von einem althochdeutschen Verbum „scricken" mit der Grundbedeutung „springen" her. In bestimmten Wortverbindungen läßt sich diese ursprüngliche Bedeutung noch gut nachfühlen, z. B. aufschrecken, emporschrecken (vgl. Trübner, S. 213).

Erschrecken ist also sprachlich zunächst durch einen bestimmten Bewegungstypus charakterisiert. Der Ausdrucksforscher L. Klages hebt das Moment des Plötzlichen am Erschrecken hervor (Klages 1950, S. 186). Eine differenziertere Beschreibung gibt F. J. J. Buytendijk:

„Bei heftigem Schrecken sehen wir meistens zuerst einen starken motorischen Effekt, etwa eine Versteifung der Beine in Schreckstellung. Auch Arme und Finger werden dabei gestreckt, die Arme manchmal auch hochgehoben. Zugleich läßt sich ein Laut hören, vorwiegend durch eine starke Einatmung durch die verengte Stimmritze. Diesem positiven Effekt folgt die Lähmung, das Indiekniesinken und zugleich die Aphonie. Auch sieht man manchmal andere Lähmungserscheinungen, wie unwillkürlichen Abgang von Harn und Faeces" (Buytendijk 1956, S. 150).

Die Ähnlichkeit mit der oben beschriebenen Schreck-bzw. Bogenggangsreaktion des Säuglings drängt sich auf; die Verbindung zwischen dem Bilde des Erschreckens beim Erwachsenen und beim jungen Säugling wird auch von Buytendijk selbst gesehen. Die Schreckreaktion ist nach seiner Interpretation „stets unspezifisch, also nicht situationsbezogen. Sie besteht bei Mensch und Tier, in *Desorganisation* der Motorik, Muskelkrampf und Muskellähmung; erst wenn dieser Effekt nachläßt, ist die Möglichkeit einer adäquaten Abwehrbewegung gegeben" (Buytendijk 1956, S. 150).

Den Ursprung aller „Abwehrbewegungen", mit denen störende Reize ausgeschaltet werden, sieht Buytendijk in der Schreckreaktion begründet, ohne diesen Zusammenhang über das zeitliche Nacheinander hinaus auch dynamisch verständlich machen zu können. Warum muß denn der adäquaten Abwehr eine solche Phase „chaotischer" motorischer Reaktion vorausgehen? Wäre es nicht viel einfacher und biologisch zweckmäßiger, wenn die adäquate Abwehr sogleich und ohne Verzögerung anlaufen könnte?

Zur näheren Klärung der psychologischen Natur des Erschreckens ist es zunächst erforderlich, eine allzu geläufige und die Zusammenhänge eher verdunkelnde Gedankenverbindung aufzulösen: die scheinbar so selbstverständliche sprachliche Assoziation, die „Angst und Schrecken" in einem Atemzuge nennt und damit beiden Phänomenen eine enge Verwandtschaft, wenn nicht gar eine Identität unterlegen möchte. Beachtung verdient für die Klärung der Zusammenhänge ein Experiment von Kamin: an einer Apparatur, die bei einem bestimmten Summton der Versuchsperson elektrische Schläge verabfolgte, konnte vom Probanden durch eine rasche und geistesgegenwärtige Manipulation in Reaktion auf den Summton die Gefahr eines Schlages abgewendet werden. Es konnte nun keine Beziehung zwischen der Geschicklichkeit der Probanden, den Schlag abzuwenden, und ihrer manifesten Ängstlichkeit nach MAS (Manifest Anxiety Scale) gefunden werden. Die Versuchsanordnung scheint recht gut eine Schrecksituation zu simulieren; auffallend ist daher, daß manifest ängstliche Versuchspersonen sich von nichtängstlichen in der Reaktion auf den Schreckreiz weder positiv noch negativ unterscheiden (vgl. Fröhlich, 1965 S. 550).

Von daher mag die Behauptung Leyhausens plausibel erscheinen, Angst- und Schreckreaktionen seien keineswegs unzertrennlich. Schreck entstehe primär dann, wenn „schlagartig alle ergotropen Mechanismen durch einen starken, aber so schnell nach seiner Natur nicht ‚klassifizierbaren' Reiz geweckt werden" (Leyhausen 1967, S. 106). Diesem Verständnis nach stünde die Schreckreaktion geradezu im Dienste der Realitätsprüfung — bei gleichzeitiger Mobilisierung der Handlungsreserven. Zwei Gründe sind indessen geltend zu machen, welche die Erklärung Leyhausens zumindest nicht ausreichend erscheinen lassen: Einmal kann man sich kaum vorstellen, daß die Anspannung im Schreck für die Prüfung der Realität eine besonders günstige Ausgangsbasis wäre, und zum anderen vermag diese Deutung die Psychodynamik biologisch offensichtlich unzweckmäßiger Schreckreaktionen bis hin zu den Schreckneurosen kaum zu erklären.

Nehmen wir zunächst den einfacheren Fall einer ganz alltäglichen, vom Standpunkt der Realitätsanpassung aus unzweckmäßigen Reaktion: die „Schrecksekunde" des Autofahrers. Man stellt sich den Ablauf und die Ursachen dieser verzögerten Reaktion sicher zu einfach vor, wenn man die physiologische Vorstellung vom Reflexbogen und der Nervenleitungsgeschwindigkeit zu Hilfe nimmt. Abgesehen davon, daß selbst der längste Reflexbogen kaum ausreichen würde, um eine Reaktionsverzögerung von praktischem Belang hervorzurufen, zeigen doch auch die vorliegenden verkehrspsychologischen Untersuchungen, daß „die Kürze der Reaktionszeit und ihre Schwankungen mit Kriterien des sicheren Fahrverhaltens in keinem oder nur in einem unwesentlichen Zusammenhang stehen" (Schneider und Schubert 1967, S. 202). Eine psychoanalytische Interpretation könnte die „Schrecksekunde" als Symptom einer momentanen *Regression* verstehen: die plötzlich auftauchende bedrohliche Situation erschreckt den Kraftfahrer, d. h., sie läßt ihn „zusammenfahren", für einen Moment unzweckmäßig, objektlos, „rein reflektorisch" reagieren. Erst die wiedereinsetzende Realitätsprüfung ermöglicht es ihm, die archaische, objektlose Reaktion zu unterdrücken und zu einer sinnvollen Aktion zu kommen. Wenn einem Menschen der Schreck so sehr „in die Glieder gefahren" ist, daß er sich „erst einmal setzen" oder „erst einmal Luft holen" muß, dann ist es ihm nicht gelungen, die Regression auf die objektlose Reaktionsstufe unkoordinierter motorischer und vegetativer Reaktionen normal abzufangen.

Es wäre zu erörtern, ob nicht eine Reihe wohlbekannter Erscheinungen der Neurosenpathologie im gleichen Sinne als persistierende oder rezidivierende Regressionen auf eine objektlose Stufe der Abwehr verstanden werden könnten — alle jene Erscheinungen, bei denen ein Moment des Schreckhaft-Plötzlichen dominiert: dazu würde beispielsweise das plötzliche Hochschrecken bei Kindern im Schlaf gehören, das bisher zumeist ohne nähere Differenzierung dem pavor nocturnus und damit den kindlichen Angstneurosen zugerechnet wurde (vgl. Dührssen 1962, S. 288 ff.), sowie beim Erwachsenen etwa die Schrecksymptome bei Herzneurosen (vgl. Richter und Beckmann 1969, S. 47).

An einem Behandlungsfall aus seinem eigenen Beobachtungsmaterial hatte der Verfasser Gelegenheit, Symptomatik und Hintergründe neurotischer Schreckphänomene näher kennenzulernen: Der Patient, ein 31jähriger Akademiker, ist seit längerem in psychoanalytischer Behandlung, die er zunächst wegen zwanghafter Symptome aufgesucht hatte. Mit der Zeit trat offene Angst immer mehr in den Vordergrund. Schon in einer der ersten Analysenstunden berichtete er von einem Angstanfall: er war, wie es seiner Gewohnheit entsprach, abends niedergekniet, um zu beten, als er plötzlich das Gefühl hatte, alles gleite ihm fort, und er werde im nächsten Augenblick im Nichts versinken. Durch Anklammern an seinem Schreibtisch brachte er sich wieder in die Wirklichkeit zurück. Während einer Analysenpause und auch später noch öfter überkam ihn, wenn er auf einer Wiese lag und in den wolkenlosen Himmel hinaufschaute, eine Angst die Schwerkraft der Erde könnte plötzlich versagen und er könnte in die Weite des Weltraumes hinausgeschleudert werden — eine Vorstellung, die so realistisch erlebt wurde, daß er sich an Grasbüscheln festzuklammern versuchte.

Ein hartnäckiges Symptom ist das nächtliche Aufschrecken, zunächst nur fühlbar im Zusammenhang mit einer Extrasystole, dann auch zunehmend bewußter werdend in den darunterliegenden Phantasien: der Patient träumt im Moment des Hochschreckens, er habe Geschirr über eine Treppe zu tragen und komme dabei ins Rutschen. Aus diesem Traum schreckt er hoch mit einer typischen Moro-Bewegung der Arme. Oder er träumt, er stürze mit einem Flugzeug, das sich kurz über dem Erdboden wieder fängt. Oder gar: Die Erdkugel, auf der er sich befindet, gerät aus dem Lot und stürzt ins Nichts. Übrigens leidet er unter Flugangst, die sich bei seinem Beruf gelegentlich hinderlich auswirkt. Seit dem ersten Flug, den er zwar genoß, bei dem ihn jedoch an einem Punkt starke Angst packte, ist er nie wieder geflogen.

Die Analyse deckte eine Reihe von Phantasien auf, die allemal mit plötzlicher und totaler Vernichtung — seiner selbst und der ganzen Welt — zu tun hatten. In hypochondrischen Befürchtungen begegnete vor allem die Idee eines plötzlichen Herztodes, in seinen Weltuntergangsphantasien die seit der Kindheit, als er zum ersten Male etwas von atomaren „Kettenreaktionen" gehört hatte, gehegte Vorstellung, die ganze Erde könnte in Sekundengeschwindigkeit — etwa als Folge eines atomaren Unfalls — in nichts zerfallen. Auf den Fahrten zur Analysenstunde mit dem Auto spielte er gelegentlich ein recht bezeichnendes Gedankenspiel. Er visierte ein mäßig entferntes Verkehrszeichen an und sagte sich dann: „Die Sekunden, bis ich diesen Punkt erreiche, werde ich ganz sicher noch erleben" — offenbar in Abwehr der Befürchtung, schon in diesen wenigen Augenblicken vernichtet zu werden.

Im großen und ganzen ließe sich diese Krankengeschichte im Sinne der Auffassungen Balints deuten: der horror vacui, die Angst vor dem leeren Raum, als Gegensatz zu der Empfindung der „freundlichen Weiten" scheint eine typisch „oknophile" Haltung zu sein, die zu anklammerndem Verhalten prädisponiert. Doch stehen keine eigentlich schützenden Objekte zur Verfügung, an die er sich anklammern könnte: also klammert er sich an Gleichgültiges, die Schreibtischkante etwa oder ein Grasbüschel — diese Objekte scheinen noch weniger Halt zu bieten als der berühmte, von Balint angeführte Strohhalm, an den sich der Ertrinkende klammert. Bei diesem Patienten handelt es sich eher um unkoordinierte, „reflektorische" Versuche, das Gleichgewicht zu halten, als um echte Anklammerungen.

Dies hängt nun mit einem weiteren Motiv zusammen: der Plötzlichkeit und dem überwältigenden Ausmaß der erwarteten Vernichtung. Diese Umstände sind dafür verantwortlich zu machen, daß weder die philobatische Meisterung der Gefahr mit Hilfe von „skills" noch die oknophile auf dem Wege der Anklammerung gelingen kann. Denn für beides — das Anklammern ebenso wie die Entfaltung von „skills" — braucht man Zeit. Ist das erwartete Unheil so sekundenschnell und so übermächtig, daß für keine dieser beiden besser organisierten Abwehrformen Zeit bleibt, so muß dies zur Regression auf eine primitivere Stufe der Bewältigung führen, die primitivste, die überhaupt denkbar ist — die objektlose, rein „reflektorische" Reaktion, die nichts mehr an und mit den Objekten tut, um die Gefahr abzuwenden, sondern die sich nur noch bemüht, inmitten der Empfindung des Fallens die eigene Lage so weit als eben möglich zu stabilisieren.

3. Bausteine zu einer genetischen Theorie des Erschreckens

Wenn die normalen oder neurotischen Schreckreaktionen des Erwachsenen als Ich-Regressionen auf Abwehrvorgänge nach dem motorischen Schema der Lagereaktion beim Säugling bei plötzlichem Gleichgewichtsverlust interpretiert werden können, so ergeben sich daraus einige theoretische Konsequenzen, die im folgenden kurz zu skizzieren sind.

1. In den zahlreichen theoretischen und klinischen Erörterungen der Angst durch psychoanalytisch orientierte Autoren hat das Phänomen des Erschreckens, obwohl es als konstitutiver Bestandteil einer Anzahl neurotischer Symptombildungen nicht übersehen werden kann, bisher noch wenig Beachtung gefunden. Dies mag damit zusammenhängen, daß die Schreckreaktion sich dem klassischen psychoanalytischen Erklärungsmodell der Angstentstehung nicht fügt: Triebangst, Realangst und Gewissensangst — im Sinne der ursprünglichen Einteilung Freuds — setzen sämtlich ein hochentwickeltes und funktionsfähiges Ich voraus. Grundlage des Schreckerlebnisses dagegen ist, wie wir zu zeigen versuchten, gerade die momentane Desorganisation des Ichs bis zur Aufhebung aller realitätsprüfenden und objektbezogenen Funktionen. Die vorwiegend aus dem Studium der Psychosen entwickelte Theorie der „primären Angst" (vgl. Kutter 1967, S. 176) berührt wohl die hier angesprochenen Sachverhalte, beschränkt sie jedoch unzulässig auf psychotische und psychosenahe Manifestationen. Dagegen wäre die Angst des Psychotikers im Sinne des hier vorgetragenen Ansatzes als persistierende, gleichsam habituell gewordene Schreckreaktion, verbunden mit einer Regression auf früheste Abwehrformen, anzusehen — von der neurotischen oder normalen Schreckreaktion mehr durch die Dauer der Desorganisation des Ichs als prinzipiell verschieden.

Die dynamischen Beziehungen zwischen Angst und Schreck sind bis heute noch recht unklar. Bestimmte Formen der Angst imponieren geradezu als Formen der Abwehr von Schrecken: Angst kann verhindern, daß ein Schreckerlebnis überhaupt eintritt — und umgekehrt: sobald sich eine konkrete Angst organisiert hat, ist die Desorganisation des Schreckmoments überwunden. Freud scheint diese negative Komplementarität von Angst und Schreck gemeint zu haben, als er schrieb: „Der Schreck behält seine Bedeutung auch für uns. Seine Bedingung ist das Fehlen der Angstbereitschaft, welche die Überbesetzung der den Reiz zunächst aufnehmenden Systeme miteinschließt" (Freud XIII, S. 31).

2. Die Psychoanalytische Erörterung der frühesten kindlichen Entwicklungsstadien hat vor allem durch die Arbeiten von R. Spitz ein empirisches Fundament erhalten. Spitz beschreibt die früheste Phase der Säuglingsentwicklung als „vorobjektale oder objektlose Stufe", die mit der des „primären Narzißmus" zusammenfällt (Spitz 1967, S. 53). In dieser Zeitspanne sind auch die Beobachtungen anzusiedeln, von denen die vorliegenden Überlegungen ausgehen. Die objektlose Stufe ist, wie Spitz zeigt, durch eine Anzahl von Eigentümlichkeiten der kindlichen Selbsterfahrung von allen späteren Lebensstufen unterschieden: Grundlage dieser Besonderheiten scheint die außerordentlich hohe Reizschwelle zu sein, die dem Kinde die meisten Sinneseindrücke fernhält, denen der Erwachsene ausgesetzt ist (Spitz 1967, S. 60) — und die, so setzen wir den Spitz'schen Gedanken fort, letzten Endes jeden Reiz, der das Kind dennoch erreicht, als einen möglicherweise traumatischen qualifiziert. Mit der Abschirmung des jungen Säuglings gegen Sinneswahrnehmungen mag auch die Ununterschiedenheit von Ich und Welt (S. 54) zusammenhängen. Und endlich verfügt der Säugling über ein von Außenweltwahrnehmungen unabhängiges System der inneren sensorischen Regulation, bei der viscerale Empfindungen dominieren. Doch abweichend von Spitz scheint uns auch die Lageempfindung des Säuglings diesem System sensorischer Binnenregulation anzugehören und nicht, wie er meint, eine Reaktion auf Signale von außen (vgl. S. 65) darzustellen.

3. Dieses frühe Regulationsprinzip der objektlosen Stufe wirkt auch im reiferen Organismus noch unterschwellig weiter. Die neuere psychoanalytische Diskussion hat neben dem seit längerem bekannten Lust-Unlust- bzw. Lust-Realitäts-Prinzip ein neues regulierendes Prinzip eingeführt: die Regulation „auf einen Zustand, den man als narzißtisches Gleichgewicht oder narzißtische Homöostase bezeichnen kann, eine Regulation also auf eine optimale narzißtische Lage". Als leitende Gefühlszustände des positiven narzißtischen Gleichgewichts werden „Wohlbehagen" und „positives Selbstwertgefühl" angegeben; der gestörten Homöostase dagegen werden „schmerzliches Erleben des eigenen Unwertes oder der eigenen Minderwertigkeit" zugeschrieben (Schumacher 1970, S. 3) — wobei als Gegensatz zum „Wohlbehagen" auch das „Mißbehagen" in der Skala der Gefühle nicht vergessen werden sollte.

Es wäre zu erörtern, ob diese narzißtische Homöostase nicht ursprünglich beim Säugling in enger Verbindung mit dem System der enterozeptiven und Lageempfindungen zu denken ist. Denn auch bei Erwachsenen ist das Gefühl körperlichen Wohl- bzw. Mißbefindens durch das enterozeptive System weitgehend mitbestimmt. Man könnte auch die rein psychischen Störungen des narzißtischen Gleichgewichts — etwa durch die schmerzliche Entdeckung, daß das geliebte Objekt nicht mit dem Ich identisch ist — als eine ins Psychische projizierte Raum- und Lageempfindung begreifen. In diesen Zusammenhang gehören beispielsweise die eingangs erwähnten, von A. Balint angeführten Redewendungen, wie „das seelische Gleichgewicht verlieren", „der Boden ist einem unter den Füßen weggezogen" usw.

4. Der psychoanalytische Begriff des „Traumas" ist, wie M. Balint gezeigt hat, im Laufe seiner Entwicklung immer weiter und damit unbestimmter geworden: man spricht von Partialtrauma, Stress-Trauma, kumulativem Trauma, Deck- und retrospektiven Traumen usw. (Furst, vgl. Balint 1970, S. 350). Vielleicht wäre es ratsam, die Bezeichnung „Trauma" für solche Ereignisse zu reservieren, bei denen es zu einer vollständigen Regression auf die Stufe der objektlosen Reaktion kam. Dieses Unterscheidungsmerkmal scheint der Freudschen Definition des Traumas als einer Durchbrechung des Reizschutzes recht nahe zu kommen: „Solche Erregungen von außen, die stark genug sind, den Reizschutz zu durchbrechen, nennen wir traumatische ... Ein Vorkommnis wie das äußere

Trauma wird eine großartige Störung im Energiebetrieb des Organismus hervorrufen und alle Abwehrmittel in Bewegung setzen ..." (Freud XIII, S. 29). Daß an dieser Stelle ein vollständiger und nicht nur ein partialer Durchbruch gemeint sein muß, erhellt schon aus dem anschließend von Freud erwähnten Umstand, daß jeder banale Schmerzreiz in beschränktem Umfang als Durchbrechung des Reizschutzes anzusehen ist — ohne doch gleichzeitig ein „Trauma" zu setzen!

Demgegenüber scheint M. Balints Ansatz auf eine Entschärfung des eigentlich traumatischen Moments hinauszulaufen. Im Rahmen seines Dreiphasenmodells der traumatischen Einwirkung (1. infantile Abhängigkeit, 2. drastischer Verstoß des Erwachsenen gegen die kindlichen Erwartungen, 3. Abbruch der Interaktion) weist Balint das eigentlich traumatisierende Moment der dritten Phase zu, ohne allerdings hinreichend deutlich zu machen, welches dann die Funktion der zweiten Phase ist. Hier scheinen die älteren, am ökonomischen Modell entwickelten Konzepte besser geeignet, den Vorgang zu erhellen, als Balints von der Objektbeziehung her konzipiertes Modell. Bezeichnenderweise entwickelt Balint seine Theorie am Beispiel der sexuellen Verführung — eines Traumas also, welches das Kind relativ spät in seiner Entwicklung trifft und bei dem es im allgemeinen nicht aus der Objektbeziehung herausfällt und auf einen objektlosen Zustand regrediert.

Anders liegen die Verhältnisse beim Vernichtungstrauma vom Typus des Fallengelassenwerdens: dieses schließt einen Augenblick des absoluten Ausgestoßenseins ins Leere, ins Nichts ein — das Zurückgeworfensein auf die vergebliche Anstrengung, durch zielloses Greifen, durch schockartige muskuläre oder vegetative, „objektlose" Reaktion während des Stürzens in die Tiefe die eigene Lage zu stabilisieren.

Literatur:

Balint, A.: Über eine besondere Form der infantilen Angst (1933). In: Erziehung in früher Kindheit, hrsg. v. G. Bittner u. E. Schmid-Cords, München 1968.
Balint, M.: Angstlust und Regression. Stuttgart 1960.
Balint, M.: Trauma und Objektbeziehung. Psyche 24 (1970), 346.
Bischof, N.: Stellungs-, Spannungs- und Lagewahrnehmung. In: Handbuch der Psychologie, Bd. I/1, Göttingen 1966.
Buytendijk, F. J. J.: Allgemeine Theorie der menschlichen Haltung und Bewegung. Berlin-Göttingen-Heidelberg 1956.
Dührssen, A.: Psychogene Erkrankungen bei Kindern und Jugendlichen. 4. Aufl. Göttingen 1962.
Freud, S.: Jenseits des Lustprinzips (1920). In: GW XIII, Frankfurt (S. Fischer).
Fröhlich, W.: Angst und Furcht. In: Handbuch der Psychologie, Bd. 2 (Motivation), Göttingen 1965.
Klages, L.: Grundlegung der Wissenschaft vom Ausdruck. 7. Aufl., Bonn 1950.
Kujath, G.: Neurophysiologie des Kindesalters mit psychologischen Ausblicken. In: Einführung in die Entwicklungsphysiologie des Kindes, hrsg. v. H. Wiesener, Berlin-Göttingen-Heidelberg 1964.
Kutter, P.: Psychiatrische Krankheitsbilder. In: Die Krankheitslehre der Psychoanalyse, hrsg. v. W. Loch, Stuttgart 1967.
Leyhausen, P.: Zur Naturgeschichte der Angst. In: Die politische und gesellschaftliche Rolle der Angst, hrsg. v. H. Wiesbrock, Frankfurt 1967.
Lorenz, K. u. Leyhausen, P.: Antriebe tierischen und menschlichen Verhaltens. München 1968.
Metzger, W.: Psychologie. 2. Aufl. Darmstadt 1954.
Peiper, A.: Die Eigenart der kindlichen Hirntätigkeit. Leipzig 1949.
Richter, H.-E. u. D. Beckmann: Herzneurose. Stuttgart 1969.
Schneider, W. u. G. Schubert: Die Begutachtung der Fahreignung. In: Handbuch der Psychologie, Bd. 11 (Forensische Psychologie), Göttingen 1967.
Schumacher, W.: Bemerkungen zur Theorie des Narzißmus. Psyche 24 (1970), 1.
Spitz, R.: Vom Säugling zum Kleinkind (1967), Stuttgart (Klett) 2. Aufl. 1969.
Stirnimann, F.: Das Kind und seine früheste Umwelt. Basel 1951.
Trübners Deutsches Wörterbuch. Berlin (de Gruyter).

3. Das grundlegende Körpergefühl

Der englische Psychoanalytiker Michael Balint fand es bei seinen Untersuchungen über das Arzt-Patient-Verhältnis bemerkenswert, daß die beiden Hauptakteure dieser Beziehung in allen westeuropäischen Kultursprachen mit den gleichen, aus dem Lateinischen entlehnten Bezeichnungen benannt werden:

„Den einen Beteiligten nennt man ‚Patient', was wörtlich ‚Leidender' bedeutet ... Die andere Hauptperson in dem Drama wird überall mit ‚Doktor' angeredet ... Bekanntlich bedeutet ‚Doktor' wörtlich ‚Lehrer' ... Man kann einsehen, warum die eine der Hauptpersonen ‚Patient' genannt wird; aber warum heißt die andere ‚Doktor' ...? Warum haben sich nicht Bezeichnungen wie ‚Heiler' oder ‚Tröster' ... oder auch ‚Versorger', ‚Pfleger' oder ‚Pflegerin' durchgesetzt? ... Vom Sprachlichen her wäre also die wichtigste Funktion unserer Berufstätigkeit das Lehren ..." (Balint o. J., S. 141).

Viele dieser Lehrfunktionen des Arztes werden auf den ersten Blick offenkundig: daß er den Patienten z. B. lehrt, „wie er mit seiner Krankheit leben, sich ihr anpassen muß," „welche und wieviel Hilfe er von seinem Doktor erwarten darf" usw. (ebd., S. 142). Doch Balints Überlegungen haben noch einen weiteren, wenn man so will, aggressiveren Sinn: Ihn beschäftigt vor allem jener Aspekt der Lehrfunktion des Arztes, den man die „Formgebung der Krankheit des Patienten nennen könnte":

„Mit einem Bild aus dem Gartenbau könnte man sagen, daß im Patienten eine Krankheit wächst, die der Doktor dann betreut, indem er einige Symptome beschneidet, andere wachsen läßt, noch andere in Richtungen zwingt, die er ihnen vorschreibt" (ebd., S. 143).

Die „fertige" Krankheit könnte demnach beschrieben werden als Resultante einer ganzen Reihe biosozialer Anpassungsprozesse, unter denen die Arzt-Patient-Interaktion — die „Wechselwirkung zwischen den ‚Angeboten' des Patienten und den ‚Reaktionen' des Arztes" (ebd. S. 143) — sozusagen als das letzte Glied einer Kette fungiert.

Welches sind aber die voraufgehenden Glieder dieser Kette? Wenn und insoweit man Kranksein und Gesundsein „lernt" — von wem und bei welchen Gelegenheiten lernt man es? Wenn Balint gleichsam entschuldigend meint, Psychoanalytiker seien eben berüchtigt dafür, daß sie „aus Maulwurfshügeln von Beobachtungen Berge von Schlußfolgerungen machen" (ebd., S. 142), so wird der psychoanalytisch orientierte Pädagoge dem nicht nachstehen wollen.

Wir suchen im folgenden die These zu begründen, daß von den sogenannten „Sozialisationsagenturen" — vor allem in der Familie — ein beträchtlicher Anteil jener Prädispositionen erzeugt wird, die später unter mehr oder weniger unbestimmten Sammelbezeichnungen wie „Konstitution", „Veranlagung", „Resistenz des Organismus" etc. in der pädiatrischen und noch später in der allgemein ärztlichen Klinik und Praxis auftauchen. Es wird ferner zu erörtern sein, warum gerade eine Erziehungswissenschaft, die sich emanzipatorisch versteht, die physisch-psychosomatischen Segmente des Sozialisationsprozesses nicht beiseite lassen kann: daß „Emanzipation" auch die Verfügung über den eigenen Körper als soziales Instrument, als Medium offener Kommunikation notwendig einschließen muß.

1. Psychosomatische Sozialisation

Die Aufspaltung der Humanwissenschaften in eine sozialwissenschaftlich weithin desinteressierte Medizin und Humanbiologie einerseits und eine ganze Reihe biologisch ebenso desinteressierter, zumindest aber uninformierter Sozialwissenschaften auf der anderen Seite hat in der Sozialisationsforschung und ganz besonders in ihrer bisherigen Rezeption durch die Erziehungswissenschaft dazu beigetragen, daß die psychosomatischen Dimensionen der „Menschwerdung" im Zwischenbereich zwischen Natur- und Verhaltenswissenschaften weithin unbeachtet geblieben sind.

Die Sozialisationsforschung konzentriert ihr Interesse fast ausschließlich auf den Prozeß der Vermittlung von „Normen, Werten und Rollenerwartungen" (Fend 1970, S. 35). Selbst dort, wo man sich um die Erfassung „basaler" Persönlichkeitsstrukturen bemüht, charakterisieren diese sich doch nur wieder als „1. Techniken des Denkens und Ideenkonstellationen, 2. Sicherungssysteme des Individuums, 3. Überich, 4. Einstellungen zu übernatürlichen Wesen und Techniken, die angewendet werden, um sich der Gunst der Götter zu versichern" (Kardiner, nach Fend 1970, S. 69). Wenn dies für den Soziologen und Völkerkundler Basis-Eigenschaften, Radikalen der menschlichen Persönlichkeit sein sollen, dann drängt sich wohl die Frage auf, wie „hoch" man sich erst die „höheren" psychosozialen Erwerbungen vorstellen muß? In diesem Dilemma ist die mit so viel Aufwand betriebene amerikanische Kultur-Persönlichkeitsforschung letzten Endes steckengeblieben. Ein aus der psychoanalytischen Phasenlehre entlehnter Katalog grundlegender und ontogenetisch frühzeitig erworbener Verhaltenssysteme (frühe Ernährung, Sauberkeitsgewöhnung, Sexualität, aggressives Verhalten) wurde mit hochkomplexen Leistungen der betreffenden Erwachsenenkultur in Beziehung gesetzt, ohne daß — verständlicherweise — besonders aussagekräftige Korrelationen gefunden werden konnten.

Bemerkenswert ist die Stereotypie, mit der sich die gesamte Forschung über früheste Sozialisationsprozesse am Leitseil dieser simplifizierten „Freud'schen Phasen" entlangbewegt — selbst und gerade dort, wo man bestrebt ist, diese angeblich psychoanalytischen Hypothesen zu widerlegen. Psychosomatische Prägungsprozesse in der frühen Kindheit treten nirgends ins Blickfeld (vgl. Thomae 1959; Child 1959; Caldwell in Hoffman 1964), wohl vor allem auf Grund eines für psychosomatische Fragestellungen untauglich engen Begriffs von „Verhalten".

In die Nähe unserer Fragestellung führt zwar das von Claessens (1962) entwickelte Konzept der „Soziabilisierung" als grundlegender Voraussetzung späterer sozialer Lernprozesse. Doch ist Claessens speziell am Problem der Tradierung sozialer Werte interessiert und engt von daher „Soziabilisierung" allzu sehr auf die „Vermittlung des sozialen Optimismus" ein (Claessens 1962, S. 77 ff.). Die von Spitz gefundenen psychosomatischen „Störungen durch Entzug affektiver Zufuhr" dagegen, von Claessens zwar gewissenhaft registriert und tabellarisch festgehalten (Claessens 1962, S. 71 f.), haben für ihn als Sozialwissenschaftler doch eigentlich nur den Wert eines Kuriosums — sie sind willkommen als erstaunlicher medizinischer Beweis für die Bedeutung frühen sozialen Kontakts, doch eine weitergehende Einsicht in die Entstehungsweise solcher psychosomatischer Störungen im Zuge eines defizienten Sozialisationsprozesses vermag der Sozialwissenschaftler mangels „Zuständigkeit" nicht zu vermitteln. Vollends offen bleibt die Frage, wie das Kind es lernt, seinen Körper gemäß den Erfordernissen der es umgebenden Kultur sich zu eigen zu machen: Stehen und aufrechten Gang, Greifen und Sinneswahrnehmung sowie die vegetativ-reflektorischen Apperzeptions- und Reaktionsweisen nicht einfach „irgendwie" — das wäre weithin Sache natürlicher Reifung —, sondern gemäß den besonderen Bedingungen seiner Kultur zu lernen. Die ganze Breite dieses Erscheinungsspektrums müßte das Konzept „Soziabilisierung" umfassen.

Margaret Mead berichtet von der Sozialisierung des Arapesh-Kindes: „Es wird gestillt, wann immer es schreit, und ist an den engen Kontakt mit dem mütterlichen Körper ... so gewöhnt, daß es das Gefühl ständiger Geborgenheit hat ... Nach den ersten neun Monaten, in denen es bedachtsam mit warmem Wasser gewaschen worden ist, wird es mit einem Strahl kalten Wassers aus einem Bambusrohr besprizt — ein häßlicher, abrupter, kalter Schock. Alle Kinder nehmen diese Behandlung sehr übel und behalten die Abneigung gegen Kälte und Regen ihr ganzes Leben lang." In einer Anmerkung fügt sie hinzu: „Ich möchte nicht behaupten, daß die Abneigung der Arapesh gegen Regen und Kälte ganz oder auch nur überwiegend von diesem Vorgang herrührt, aber es ist doch auffällig, daß die Kinder der Tchambuli, die in warmem Süßwasser gebadet werden, das nicht einmal nach Sonnenuntergang abkühlt, diese Abneigung gegen Regen nicht besitzen und es schön finden, den ganzen Tag im Regen herumzugehen." Ein weiterer Schock für das Arapesh-Kind besteht darin, daß es, „wenn es abgehalten wird, von der haltenden Person schnell auf eine Seite gedreht wird, damit sie nicht selbst beschmutzt wird. Diese plötzliche Bewegung unterbricht den normalen Verlauf der Entleerung und verdrießt das Kind. Im späteren Leben beherrschen die Arapesh ihre Schließmuskeln erstaunlich schlecht und betrachten dies als normale Nebenerscheinung in besonders schwierigen Situationen" (Mead in: Bittner und Schmid-Cords 1976, S. 44, 387).

Es wird nicht leicht möglich sein, aus Befunden solcher und ähnlicher Art eine direkte Antwort auf die Frage herzuleiten: „Wie wird aus dem Arapesh-Säugling die gutmütige, freundliche und aufgeschlossene Persönlichkeit des erwachsenen Arapesh?" (Mead ebd., S. 43). Allzu viele Stadien müßten dabei übersprungen werden. Theoretisch weniger aufwendig wäre die Annahme, daß die Kinder auf solchem Wege einen bestimmten vegetativen Tonus, eine bestimmte Art von psychophysiologischem Reaktionstypus, eine „Disposition" oder „Stigmatisation" erwerben, die zwar nicht über das Grundverhältnis zu Göttern und Menschen, dafür aber doch über bestimmte „vitale" Vorlieben und Abneigungen und über die Entstehung „anfälliger" Stellen im psychophysischen Reaktionsgefüge Aufschluß zu geben vermag, an denen sich „Erregung" leicht als „Krankheit" zu entladen vermöchte.

Bekannt ist z. B. die Tatsache, daß die durschnittlichen Blutdruckwerte der Individuen in verschiedenen Kulturen erheblich voneinander abweichen, ohne daß für diesen Umstand ein rassischer oder konstitutioneller Faktor entscheidend verantwortlich gemacht werden könnte. Wie sich der Hochdruck beim einzelnen Individuum unserer westlichen Gesellschaft — zumeist jenseits des 40. Lebensjahres — „fixiert", darüber liegen umfangreiche psychosomatische Untersuchungen vor (vgl. Alexander 1951, Jores 1961). Wie aber wird die Bereitschaft, die „Disposition" zu solchen psychophysiologischen Fehlsteuerungen — lange vor ihrer klinischen Manifestation — „erlernt"? Zur Erklärung dürften nicht pauschale Formeln wie „Reizüberflutung" etc. herangezogen werden; dieser Lernprozeß müßte — ausgehend vielleicht von den Befunden der psychologischen und medizinischen Streß-Forschung pädagogisch reflektiert werden, da immerhin der Verdacht nicht von der Hand zu weisen ist, daß solche Dispositionen wesentlich durch Erziehung — im weiteren Sinne des Wortes — erworben werden.

Sozialisationsforschung und Erziehungswissenschaft, sofern sie sich auf das Studium der körperferneren und damit nach Meinung mancher Sozialisationsforscher erst eigentlich und unmittelbar gesellschaftlich relevanten psychosozialen Funktionskreise beschränken — man vergleiche noch einmal die Bestimmungsstücke der „basic personality structure" nach Kardiner —, huldigen hinsichtlich der biologischen Basis paradoxerweise einer Art von naivem Vitalismus. Die psychophysischen Dispositionen, die dem Kind das Hineinleben in bestimmte Umweltverhältnisse und das zunehmend sozial sinnvollere Agieren in ihnen ermöglichen, werden vom Sozialwissenschaftler unbefragt hingenommen oder bleiben, wenn überhaupt bemerkt, unkonkretisiert und inhaltsarm und bewegen sich an konventionellen Leitlinien (z. B. „Freud'sche Phasen") entlang, welche das Gefühl des Sozialwissenschaftlers, eigentlich unzuständig zu sein, deutlich merken lassen. Vielleicht ist es z. B. für die Sozialisation des Eskimokindes gar nicht so entscheidend wichtig, wie es seine Darm- und Blasenkontrolle erlernt — wichtiger für die Teilnahme am Stammesleben der Eskimos könnte es sein, wie das Kind es in den frühesten Lebensmonaten erlernt, seine Körperwärme den besonderen Umwelterfordernissen entsprechend zu regulieren!

2. Hospitalismus

Die Befangenheit der Sozialisationsforschung gegenüber psychosomatischen Zusammenhängen läßt sich besonders deutlich anhand der von R. Spitz in seinen Hospitalismus-studien gefundenen Zusammenhäge zwischen Hospitalisierung und erhöhter Morbidität bzw. Mortalität bei Säuglingen aufweisen. Spitz fand im sogenannten „Findelhaus", daß die Kinder dort „ganz abgesehen von der unzureichenden psychischen und physischen Entwicklung eine gefährlich herabgesetzte Resistenz gegen Erkrankungen und eine erschreckend hohe Sterblichkeit zeigten. Alle Überlebenden hatten ein Gewicht, das weit unterhalb des altersangemessenen Durchschnitts lag ..." (Spitz 1968, S. 102).

Diese speziell psychosomatischen Befunde von Spitz konnten in nachfolgenden Untersuchungen und klinischen Erfahrungen (Dührssen, Nitschke in: Bittner und Schmid-Cords 1976, Meierhofer-Keller 1966, Yarrow in: Hoffman 1964) teils bestätigt, teils nicht bestätigt werden. Sie gaben aber auch — und das ist im gegenwärtigen Zusammenhang das Entscheidende — immer wieder Anlaß zu der Vermutung, daß irgend etwas „Medizinisches" im Spiele gewesen sein müsse, das Spitz übersehen habe. Sicher ist es „höchst unwahrscheinlich, daß die Sterbeziffer von 37% *direkt* auf die Trennung von der Mutter zurückzuführen" sei. Mögen dort auch zusätzlich noch „katastrophale Mißstände in der Pflege geherrscht haben" und mag die medizinische Anamnese auch unvollständig gewesen sein (Brezinka 1959, S. 95, 93 f.) — was ist mit diesen zusätzlichen Gesichtspunkten grundsätzlich gewonnen? Es sieht so aus, als würde mit dem Ruf nach einer „medizinischen" Erklärung eine *metabasis eis allo genos* vollzogen, als gelte vom Punkte medizinischer Erklärbarkeit an die Zuständigkeit des Sozialisationsforschers nicht mehr, als könne es Aufgabe der Medizin sein, sich sozusagen soziologisch „exterritorial" mit einer fiktiven „rein biologischen" Existenzerhaltung des Individuums zu befassen. Und jenseits der Grenze selbstgewählter und -beschränkter Zuständigkeit darf sich der methodenbewußte Sozialisationsforscher sogar naives Kolportieren „feststehender medizinischer Tatsachen" gestatten!. Da wird die „überwältigende Menge physiologischer Tatsachen" beschworen, die beweisen sollen, daß der „Säugling keineswegs so schlecht für das Leben ausgestattet" sei, daß Atmung, Blutkreislauf und andere lebenswichtige Funktionen bereits kurz nach der Geburt voll funktionsfähig seien. Nach neueren physiologischen Befunden, von denen noch zu sprechen sein wird, kann damit nur die physische Grobregulierung gemeint sein, die sich in jeder Umwelt irgendwie einspielt — die „Feinregulierungen" dagegen, die für Gesundheit und Wohlbefinden wahrscheinlich ebenfalls bedeutsam genug sind, müssen sehr wohl im Zusammenspiel mit der jeweiligen Umwelt „erlernt" und einreguliert werden.

3. *Depressive Position, manische Abwehr und Grundstörung*

Nun erweist sich Spitz, der sich selbst als empirisch forschender Naturwissenschaftler verstehen möchte, in den gleichen Denkbahnen befangen wie seine Widersacher, und das heißt: er vermag seine Befunde selbst nicht adäquat zu interpretieren. Wie der Entzug von Mutterliebe sich in psychophysische Krankheitssymptome umsetzt, wird von Spitz weder psychologisch noch physiologisch abgeleitet, sondern lediglich metaphorisch umschrieben (Begriff der „psychotoxischen" Wirkung). Dies wird besonders deutlich in seiner Auseinandersetzung mit Melanie Klein. Diese hatte ein im Kontext des damaligen Wissenschaftsverständnisses, auch des psychoanalytischen, allzu spekulativ anmutendes Denkmodell angeboten. Sie ging von der „depressiven Position" als einer notwendigen Stufe der frühen Säuglingsentwicklung aus, die durch die „manische Abwehr" ausgeglichen und überwunden wird. Und eben diese „manische Abwehr" besteht, entwicklungsphysiologisch betrachtet, in der zunehmenden Selbststeuerung des Organismus, im aktiven Regulierenlernen der eigenen Körperfunktionen: „Die Koordination von Funktionen und Bewegungen ist verbunden mit einem Abwehrmechanismus, den ich für einen der fundamentalen Vorgänge in der frühen Entwicklung halte, nämlich mit der manischen Abwehr" (Klein 1972).

Gegen diese Annahme, die es in ihrer sprachlichen Eigenwilligkeit auch dem gutwilligen Leser zugegebenermaßen schwermacht, führt Spitz einen recht gewaltsamen Abwehrkampf. „Wir sind es gewöhnt, unsere anatomische und physiologische Ausstattung als angeboren zu betrachten". Trotz gewisser, „neuerer" Einschränkungen „gelten Ausstattungen wie neurale Bahnungen, die auf anatomischen und physiologischen Voraussetzungen sowie auf Entwicklungssequenzen beruhen, ... allgemein als angeboren und universal" (Spitz 1976, S. 115). Dieses Argument hält er Melanie Klein entgegen, doch mehr als die *communis opinio* weiß er zur Bekräftigung seines Grundsatzes nicht anzuführen. Etwas grotesk wird die Beweisführung, wenn Spitz im nächsten Atemzuge den Spieß umdreht und Melanie Klein vorwirft, sie sei es, die annehme, daß „die Menschen mit einer fertigen und vollständigen psychischen Struktur geboren werden" (Spitz 1976, S. 116), und wenn er sich dann gar zu der blindwütigen Polemik hinreißen läßt: „Wenn man behauptet, jede psychische Entwicklung des Menschen werde von einer ‚depressiven Position' im Kindesalter bestimmt, so ist das genau so sinnlos wie die Behauptung, der aufrechte Gang des Menschen werde durch eine Fraktur oder Luxation im frühen Kindesalter bestimmt ..." (ebd.)

Doch ist die Angreifbarkeit Melanie Kleins in diesem Punkte leicht als eine rein terminologische — und für den Psychoanalytiker Spitz ist nicht einmal dieses Mißverständnis entschuldbar — aufzuklären: „Depressive Position" muß im Sinne von Melanie Klein selbstverständlich als „metapsychologischer" Begriff verstanden werden, als ein Terminus also, der eine bestimmte bewußtseinsjenseitige, nur *per conclusionem* konstruierbare Konfiguration bezeichnet, nicht eine erlebbare Stimmungslage — im gleichen Sinne, wie Freud einmal seine Konstruktion des Narzißmus erläutert als „ohne alle Rücksicht auf die Bewußtseinsvorgänge, bloß topisch-dynamisch bestimmt" (Freud-Andreas-Salome 1966, S. 29). Die Theorie von der „depressiven Position" des Säuglings impliziert demnach keineswegs den von Spitz unterstellten Unsinn, daß der Säugling sich nun um jeden Preis irgendwie stimmungsmäßig „traurig" fühlen müsse — was ja auch von allen Eltern „glücklicher" Kinder aus wohlerworbenen emotionalen Motiven energisch bestritten wird. Gemeint ist vielmehr ein Sachverhalt, der andernorts unbeanstandet als „Schwäche" und „Hilflosigkeit" des Säuglings am Beginn des „extrauterinen Frühjahrs" bezeichnet wird (Flitner 1963). Insoweit brauchte man also gar nicht auf den mißverständlichen Begriff der „depressiven Position" zurückzugreifen.

Entscheidend — und ohne Entsprechung in außerpsychoanalytischen Konzeptionen wie denen von Portmann und Flitner — ist das zur „depressiven Position" korrespondierende Konstrukt der „manischen Abwehr", die sich, wie oben ausgeführt, u. a. in der „Koordination von Funktionen und Bewegungen" manifestieren soll. „Manische Abwehr" würde bedeuten: das Kind entwächst der Hilflosigkeit der „depressiven Position" nicht einfach durch Nachreifung irgendwelcher Hirnfunktionen oder „irgendwie" durch frühe Mutterpflege, sondern indem sich ein Aktivitätszentrum, das Ich, bildet, das nicht nur den Erwerb sozial nützlicher Fertigkeiten organisiert, wie dies Spitz seinen „Organisatoren" zuschreibt, sondern das die psychophysiologische Entwicklung selber „organisiert" und die ihr physiologisch faßbares Korrelat in der in den ersten Lebenswochen sich entwickelnden vegetativen und homoralen Selbststeuerung des kindlichen Organismus findet. In diesem Sinne wäre das Sterben der Säuglinge im Findelhaus der extremste Sozialisationsmangel, wie auch immer im einzelnen mögliche und eventuell unterlassene medizinische „Sozialisationshilfen" im einzelnen ausgesehen haben mögen. Eine Theorie der frühesten Sozialisation wird sich, sofern sie den psychosomatischen Aspekt nicht künstlich eliminiert, mit den gelungenen wie mit den teilweise oder ganz mißlungenen, durch frühe Elternpflege und allgemein kulturelle *patterns* vermittelten Formen der „manischen Abwehr", mit ihren Defekten und Unvollkommenheiten zu befassen haben. Den hypothetischen Fall einer voll geglückten — und, aufs Ende gesehen, eben doch vergeblichen „manischen Abwehr" hat Wilhelm Busch in seinen Versen über den „inneren Architekten" charakterisiert:

> Wem's in der Unterwelt zu still,
> Wer oberhalb erscheinen will,
> Der baut sich, je nach seiner Weise,
> Ein sichtbarliches Wohngehäuse.
> Er ist ein blinder Architekt,
> Der selbst nicht weiß, was er bezweckt.
> Dennoch verfertigt er genau
> Sich kunstvoll seinen Leibesbau,
> Und sollte mal was dran passieren,
> Kann er's verputzen und verschmieren,
> Und ist er etwa gar ein solch
> Geschicktes Tierlein wie der Molch,
> Dann ist ihm alles einerlei,
> Und wär's ein Bein, er macht es neu.
> Nur schad, daß, was so froh begründet,
> So traurig mit der Zeit verschwindet,
> Wie schließlich jeder Bau hienieden,
> Sogar die stolzen Pyramiden.

Auch wenn der Säugling, wie schmerzlich genug bekannt, kein so „geschicktes Tierlein" ist wie der Molch und deshalb kein Bein und auch sonst kein verletztes Organ neu machen kann, so tut er physiologisch doch mancherlei, um seinen „Leibesbau" der Umwelt gegenüber zu stabilisieren — durch soziales Lernen und Organisieren psychophysischer Erfahrungen. Die Entwicklungsphysiologie des Säuglingsalters hat sich lange Zeit allzusehr durch das Studium der neuralen Reifungsvorgänge in der frühen postnatalen Phase absorbieren lassen. Doch abgesehen davon, daß auch Reifung eine „Leistung" des Organismus ist, die wahrscheinlich ein psychologisches Korrelat besitzt, daß also auch die frühen Reflexbewegungen des Säuglings, wie z. B. die Umklammerungsreaktion, nach Moro psychologisch interpretierbar sind (vgl. Bittner 1971), so haben demgegenüber die sozialisationsbedeutsameren vegetativen Funktionen und ihre Prägungen in der Frühphase nicht die genügende Aufmerksamkeit von seiten der Entwicklungsphysiologie gefunden, „ungeachtet ihrer offenkundigen Bedeutung für den Kliniker und Therapeuten" (M. u. E. Scheibel in: Hoffman 1964, S. 509).

Erwähnenswert ist in diesem Zusammenhang eine Arbeit von Hellbrügge, der die Frage untersuchte, welche Bedeutung endogenen Rhythmen und sozialen Lernprozessen in der Regulierung des Tag- und Nachtrhythmus, der nicht angeboren ist, beim Säugling zukommt. Hellbrügge untersuchte die Tag- und Nachtschwankungen vegetativer Funktionen (Puls, elektrischer Hautwiderstand, Schlafen und Wachen etc.) in einer Längsschnittstudie bei Kleinkindern im Alter von wenigen Monaten bis in die ersten Lebensjahre. Die Schlußfolgerungen des Verfassers, „mehr intuitiv als streng begründet" (M. u. E. Scheibel, ebd., S. 511), liefen zwar auf ein Überwiegen der endogenen Periodizität, doch unter beachtlicher Überlagerung durch soziale Lernprozesse, hinaus. Inzwischen sind vielfach weitere Konditionierungsexperimente an jungen Säuglingen vorgenommen worden, bei denen sich selbst Leukozytosen auf dem Wege des bedingten Reflexes erzeugen ließen. Doch, soweit bekannt, wurde noch kein Versuch unternommen, diese vielfältigen Einzelerfahrungen zu einer Gesamttheorie psychophysischen Lernens zusammenzufassen.

Dies würde zugleich bedeuten, in die psychosomatische Medizin auf dem Wege der Erforschung der psychosomatischen Sozialisation den bislang vernachlässigten *genetischen Aspekt* einzuführen. Die psychosomatische Medizin vermag heute bereits recht genau den aktuellen Bildungsgang psychosomatischer Dysregulationen nachzuvollziehen, sei es mit Hilfe des von Alexander entwickelten Modells wechselseitiger psychophysischer Beeinflussung, sei es in direktem psychologischem bzw. soziologischem Zugriff auf die zugrundeliegenden „Komplexe" durch Konversions- oder Symbolisierungsmodelle sowie durch das sozialpsychologische Modell von Kommunikation und Exkommunikation (Brede 1971). Die Suche nach der biographischen Genese der psychosomatischen Störung allerdings gerät der psychosomatischen Medizin nun ihrerseits zur „Metabasis": In direktem Zugriff wird die „psychologische" Vorgeschichte des erkrankten Individuums herangezogen, ohne daß im einzelnen der Beweis angetreten werden könnte, wie sich denn im Laufe der Entwicklung die komplexgesteuerten Reaktionsweisen psychophysisch „umgesetzt" haben. Erst wenn das ontogenetische Problem der psychophysischen Sozialisation hinreichend expliziert wäre, könnte psychosomatische Symptombildung als „gesellschaftlicher Bildungsprozeß" (Brede 1971, S. 194) angemessener verstanden werden, dann allerdings auch wiederum den eng soziologischen Ansatz um eine weitere „emanzipatorische" und damit erst pädagogische Dimension übersteigen.

Literatur:

Alexander, F.: Psychosomatische Medizin. Berlin 1951.
Balint, M. u. E.: Psychotherapeutische Techniken in der Medizin. München o. J.
Bittner, G.: Über Erschrecken, Fallengelassenwerden und objektlose Reaktion. Psyche 25, 1971 (wieder abgedruckt in diesem Band).
Bittner, G. u. E. Schmid-Cords (Hrsg.): Erziehung in früher Kindheit. München ^{6}1976.
Brede, K.: Die Pseudo-Logik psychosomatischer Störungen. In: Psychoanalyse als Sozialwissenschaft. Mit Beiträgen von A. Lorenzer u. a., Frankfurt 1971.
Brezinka, W.: Frühe Mutter-Kind-Trennung. Die Sammlung 14, 1959.
Child, I. L.: Socialisation. In: Handbook of Social Psychology, ed. G. Lindzey, Vol. II, Reading-London ^{3}1959.
Claessens, D.: Familie und Wertsystem. Berlin 1962.
Dührssen, A.: Heimkinder und Pflegekinder in ihrer Entwicklung. Göttingen 1958.
Fend, H.: Sozialisierung und Erziehung. Weinheim $^{2/3}$1970.
Flitner, A.: Wege zur pädagogischen Anthropologie. Heidelberg 1963.
Freud, S. u. L. Andreas-Salome: Briefwechsel. Frankfurt 1966.
Hoffman, L. M. u. L. W.: Review of Child Development Research. New York 1964.
Jores, A.: Vom kranken Menschen. Stuttgart 1961.
Klein, M.: Das Seelenleben des Kleinkindes. Reinbek 1972.
Meierhofer, M. u. W. Keller: Frustration im frühen Kindesalter. Bern-Stuttgart 1966.
Thomae, H.: Entwicklung und Prägung. In: Handbuch der Psychologie Bd. III (Entwicklungspsychologie) Göttingen 1959.

4. Sich entwickeln — ein aktiver Vorgang?
Die Verselbständigungskrise im zweiten Lebensjahr

Es war bisher viel von den *Abhängigkeiten* in der menschlichen Entwicklung die Rede: von der biologischen Abhängigkeit des kleinen Kindes von der Mutter und vom „sozialen Mutterschoß" der Familie. Gibt es in der kindlichen Entwicklung *einen Spielraum der Freiheit und der Selbsttätigkeit?*

Wir beginnen mit einer sprachlichen Vorüberlegung. Im Deutschen sagt man: etwas entwickelt *sich*. Auch das Kind entwickelt *sich*. Wir sagen auch: das Volkswagenwerk entwickelt einen neuen Karosserie-Typ. Das Wort „entwickeln" ist also im Deutschen in transitiver sowie in reflexiver Bedeutung im Gebrauch. Es widerspräche aber dem Sprachgebrauch, wenn wir sagen wollten: die Eltern entwickeln *das Kind;* allenfalls könnten wir sagen: sie entwickeln bestimmte Eigenschaften beim Kinde.

Über diese reflexiven Verben „sich entwickeln", „sich freuen", „sich irgendwo hinbegeben" etc. etc. läßt sich sprachvergleichend allerlei Interessantes feststellen, z. B. daß das Fehlen dieser rückbezüglichen Verben im Englischen nur ein scheinbares ist: das Englische nimmt den reflexiven Bezug von vornherein als gegeben an, wenn kein Objekt ausdrücklich genannt ist: „I wash", „I dress" — wen anders im Zweifelsfalle als mich selbst? (vgl. Wandruszka 1971, S. 95).

Jedenfalls legt das sprachlogische Modell, das unseren deutschen Ausdrücken zugrunde liegt, den Gedanken nahe, Lokomotionen („sich begeben") und Gefühlsbewegungen („sich freuen") seien Operationen, die das Ich an sich selbst und mit sich selbst vornimmt. „Sich entwickeln" wird von der Sprache wahrscheinlich im übertragenen Sinne als eine Art Lokomotion gedacht, eine Fortbewegung: das Ich bewegt sich mittels eigener Operationen von einem Reifeplateau zum andern.

Die Weisheit der Sprache soll nicht überschätzt werden. Wie Wandruszka feststellt, sind sowohl das Deutsche wie auch das Französische sehr freigiebig mit reflexiven Bezügen, das Englische drückt sie nicht aus, sondern setzt sie voraus. Aber immerhin ist dieser Gedanke — Entwicklung als eine Operation des Ichs an und mit sich selbst — in unserer Sprache vorprogrammiert. Es lohnt sich, darüber nachzudenken, was dieses sprach-logisch vorprogrammierte Modell zum Verständnis menschlicher Entwicklung einbringt.

1. Entwicklung als aktive Gestaltung (Elfriede Höhn)

Das bedeutende „Handbuch der Psychologie" zählt in seinem 1959 erstmals erschienenen Bande „Entwicklungspsychologie" sechs verschiedene Gesichtspunkte auf, unter denen Entwicklung betrachtet werden kann: Entwicklung als Stufenfolge, als Wachstum, als Sozialisation, als Differenzierung, als Periodizität und schließlich als „aktive Gestaltung". Dieser letztgenannte, von E. Höhn verfaßte Handbucharticle müßte eigentlich unser Thema behandeln. Er ist aber der kürzeste von allen und engt zudem seinen Gegenstand auf eine ganz bestimmte, noch zu besprechende Weise ein, so daß er den Kern des uns hier vorliegenden Problems kaum berührt.

E. Höhn geht davon aus, daß Entwicklung ein Begriff aus der Biologie sei, der die Tendenz einschließe, einen rein gesetzmäßigen Ablauf vorzusehen, der sozusagen über unsere Köpfe hinweg geschieht. Seither gebe es zwar die milieutheoretisch orientierte Psychologie (heute also die Sozialisationslehre), welche äußere Einflüsse für entscheidender hält als innere Gesetzmäßigkeit. Aber die Grundkonzeption, sagt E. Höhn, bleibe doch dieselbe — Entwicklung sei etwas, das sich am Individuum als Objekt vollziehe, Entwicklung werde also deterministisch gesehen, eine Eigentätigkeit des Individuums werde geleugnet.

Der Problemstand, den E. Höhn 1959 beschrieb, ist im wesentlichen noch heute der gleiche — es geht immer noch um die Alternativen: Entwicklung als natürliches Wachstum einerseits; als Sozialisation, als Beeinflussung durch die soziale Umwelt auf der anderen Seite. *Tertium non datur* — etwas anderes ist nicht denkbar, wie es scheint.

Auch E. Höhn weiß keinen Ausweg aus diesem Dilemma, sie läßt sich vielmehr von der falsch gestellten Alternative, die sie übernimmt, in eine Sackgasse abdrängen. Es gebe doch Leute, sagt sie, die das „Geistige", das „Personale" vertreten, besonders in der Psychologie des Jugendalters: der Altmeister Eduard Spranger vor allem, und in seinem Gefolge eine Gruppe heute etwas in Vergessenheit geratener, humanistisch orientierter Jugendpsychologen, in Anlehnung an die introspektive Seelenkultur der deutschen Klassik und des literarischen Pietismus: „Jedes Schicksal ist nur ein Stoff, an dem ich meine Seele übe", hatte der junge Humboldt einst geschrieben. E. Höhn verweist in diesem Zusammenhang auf die großen Bildungsromane jener klassischen Epoche, auf Goethes „Wilhelm Meister" und auf den „Anton Reiser" des Karl Philipp Moritz.

E. Höhn sagt nun mit Recht, daß auch heute beim Jugendlichen noch ein großes Maß an Selbstreflexions-, Selbstgestaltungs-, Selbsterziehungsimpulsen anzutreffen sei. Sie zitiert aus dem Tagebuch der Anne Frank:

„Ich muß mich selbst vervollkommnen, ohne Vorbild und ohne Hilfe, dann werde ich später stark und widerstandsfähig sein ... Oft bin ich schwach und bringe nicht fertig, das zu sein, was ich so gerne sein möchte. Ich weiß es und probiere immer wieder, jeden Tag von neuem, mich zu bessern" (nach Höhn, 1959, S. 319).

Jugendliche unserer Zeit würden gewiß andere Ausdrücke verwenden als Anne Frank, die im Konzentrationslager der Nationalsozialisten vor 30 Jahren ums Leben kam. Doch scheint die Grunderfahrung, die sie formuliert, auch für Jugendliche unserer Tage noch gültig zu sein: der Impuls, sein Leben in die Hand zu bekommen, sich als verantwortlich für sein Schicksal zu erfahren. Allerdings vernehmen wir heute stärker pessimistische Untertöne, daß der Mensch unweigerlich „manipuliert" werde, daß er eingespannt werde im Dienste gesellschaftlicher Interessen. Doch auch in dieser pessimistischen Version ist ja vorausgesetzt, daß man „eigentlich" in der Lage sein sollte, sein Schicksal aktiv zu gestalten.

E. Höhn begnügt sich nun mit dieser Feststellung, Jugendliche hätten *subjektiv* das Gefühl, ihre Entwicklung aktiv in die Hand zu nehmen. Sie stützt sich auf Äußerungen junger Menschen über sich selbst, nach Art der zitierten Tagebuchstelle der Anne Frank. Ob es eine solche Selbstgestaltung hingegen *objektiv* gibt, muß sie aufgrund ihres Materials offenlassen.

Und weiterhin: E. Höhn beschreibt nur das Selbstgestaltungsstreben *des Jugendlichen*. Von ihrem Standpunkt aus konsequenterweise, denn nur Jugendliche verfügen über eine entsprechende Bewußtheit und sprachliche Fähigkeit, um ihre Selbstgestaltungsimpulse auszudrücken. Wie steht es aber mit der Selbsttätigkeit des Kindes, schon des ganz kleinen Kindes in seiner Entwicklung?

Wir brauchen also Erklärungsmodelle, die „Entwicklung als aktive Gestaltung" als ein sinnvolles Deutungsprinzip auch dort erweisen, wo ein entsprechendes subjektives, introspektives Bewußtsein sich noch nicht entwickelt hat. Ansätze eines solchen Erklärungsmodells lassen sich einerseits bei Maria Montessori, andererseits bei bestimmten neueren psychoanalytischen Autoren aufweisen.

2. Der Aufbau der kindlichen Persönlichkeit (Maria Montessori)

Als Kronzeugin für die Auffassung, die Entwicklung des Kindes lasse sich schon vom Lebensbeginn an als aktiver Vorgang verstehen, ist die italienische Pädagogin Maria Montessori anzuführen.

Maria Montessori hatte als Ärztin an psychiatrischen Kliniken gearbeitet und dort das Elend der schwachsinnigen und geistig zurückgebliebenen Kinder kennengelernt. Sie meinte nun zu spüren, daß bei all diesen Kindern ein pädagogisches Problem vorläge: daß man einfach dies Mittel finden *müsse*, um sich mit dem blockierten geistigen Leben in diesen Kindern in Verbindung zu setzen, sie aus ihrer Dumpfheit zu erwecken. Sie gründete im staatlichen Auftrag eine Schwachsinnigenschule, später in einem römischen Arbeiterviertel das erste Kinderhaus, eine Kleinkinderschule für sozial benachteiligte Kinder. „Ursprünglich hatte sie nichts weiter beabsichtigt, als die kleinen Kinder der Arbeiter in einem Volkswohnhaus in einem Raum beisammenzuhalten, damit sie nicht auf den Treppen sich selbst überlassen blieben". „Ein undefinierbares Gefühl sagte mir, daß hier ein großartiges Werk im Entstehen war" (M. Montessori 1952, S. 159). Sie hatte für die Kinder Arbeits- und Beschäftigungsmaterialien bereitgestellt, zu diesem Zeitpunkt noch ohne ein weiterreichendes theoretisches Konzept — Materialien, wie sie

4. Sich entwickeln — ein aktiver Vorgang

sie aus den sinnesphysiologischen und — psychologischen Laboratorien ihrer Studienzeit kannte.

Der Umgang der Kinder mit diesen Materialien brachte Maria Montessoris große Entdeckung, die sie mit folgenden Worten beschreibt:

Die erste Erscheinung, die meine Aufmerksamkeit auf sich zog, zeigte sich bei einem etwa dreijährigen Mädchen, das damit beschäftigt war, die Serie unserer Holzzylinder in die entsprechenden Öffnungen zu stecken und wieder herauszunehmen. Diese Zylinder ähneln Flaschenkorken, nur haben sie genau abgestufte Größen, und jedem von ihnen entspricht eine passende Öffnung in einem Block. Ich erstaunte, als ich ein so kleines Kind eine Übung wieder und wieder mit tiefem Interesse wiederholen sah. Dabei war keinerlei Fortschritt in der Schnelligkeit und Genauigkeit der Ausführung feststellbar. Alles ging in einer Art unablässiger, gleichmäßiger Bewegung vor sich. Gewohnt, derlei Dinge zu beobachten, begann ich die Übungen des kleinen Mädchens zu zählen. Auch wollte ich feststellen, bis zu welchem Punkt die eigentümliche Konzentration der Kleinen gehe, und ich ersuchte daher die Lehrerin, alle übrigen Kinder singen und herumlaufen zu lassen. Das geschah auch, ohne daß das kleine Mädchen sich in seiner Tätigkeit hätte stören lassen. Darauf ergriff ich vorsichtig das Sesselchen, auf dem die Kleine saß, und stellte es mitsamt dem Kinde auf einen Tisch. Die Kleine hatte mit rascher Bewegung ihre Zylinder an sich genommen und machte nun, das Material auf den Knien, ihre Übung unbeirrt weiter. Seit ich zu zählen begonnen hatte, hatte die Kleine ihre Übung zweiundvierzigmal wiederholt. Jetzt hielt sie inne, so als erwachte sie aus einem Traum, und lächelte mit dem Ausdruck eines glücklichen Menschen. Ihre leuchtenden Augen sahen vergnügt in die Runde. Offenbar hatte sie alle jene Manöver, die sie hätten ablenken sollen, überhaupt nicht bemerkt. Jetzt aber, ohne jeden äußeren Grund, war ihre Arbeit beendet. Was war beendet, und warum?

Es war dies der erste Spalt, der sich aus den unerforschten Tiefen der Kinderseele auftat. Da saß ein kleines Mädchen in dem Alter, in dem die Aufmerksamkeit für gewöhnlich ruhelos von einem Gegenstand zum anderen abirrt, ohne sich auf etwas Bestimmtes konzentrieren zu können; und doch hatte sich bei ihm eine solche Konzentration ereignet, war sein Ich für jeden äußeren Reiz unzugänglich geworden. Diese Konzentration war begleitet von einer rhythmischen Bewegung der Hand im Spiel mit genau und wissenschaftlich abgestuften Gegenständen.

Ähnliche Vorfälle wiederholten sich, und jedesmal gingen die Kinder daraus wie erfrischt und ausgeruht, voll Lebenskraft und mit dem Gesichtsausdruck von Menschen hervor, die eine große Freude erlebt haben. (M. Montessori 1952, S. 165 f.)

Montessori selbst nannte das Phänomen „Konzentration" oder „Polarisation der Aufmerksamkeit", später bezeichnete es die Fachwelt als das „Montessori-Phänomen", weil es so charakteristisch für ihre ganze Pädagogik war. Das Konzentrationsphänomen, die Beobachtung, daß Kinder geradezu süchtig nach Arbeit sein können, wenn sie ihnen gemäß ist, bildete den Angelpunkt der ganzen pädagogischen Lehre von Maria Montessori.

Das Kind arbeitet — nicht um irgendwelche Güter zu produzieren, sondern um seine eigene Persönlichkeit aufzubauen. Maria Montessori sagt, das Tier gleiche einem in Serie hergestellten Gegenstand, jedes Exemplar einer Gattung reproduziere immer wieder die gleichen instinktmäßig festgelegten Handlungsschablonen. Der Mensch hingegen entspreche einem in Handarbeit hergestellten Gegenstand, jeder sei von allen anderen verschieden, in jedem wohne ein eigener schöpferischer Geist.

Dieser Geist, die geistige Keimanlage, der „geistige Embryo" inkarniere sich nun, er nehme Besitz vom Körper — durch Arbeit, durch Übung. Inkarnation, sagt Montessori, „ist der geheimnisvolle Vorgang, demzufolge in dem trägen Leib des Neugeborenen eine Energie erwacht, die dem Fleisch der Gliedmaßen, den Organen der artikulierten Sprache die Fähigkeit verleiht, gemäß seinem Willen zu handeln, und so inkarniert sich der Mensch" (M. Montessori 1952, S. 49).

Meine Tochter, zweieinhalb Jahre alt, hat zwar Montessori-Materialien verschmäht, vielleicht wurden sie auch nicht systematisch und konsequent genug angeboten. Dennoch konnte ich auf einem Waldspaziergang eine Art Montessori-Phänomen bei ihr beobachten. Da lag eine gerodete

Baumwurzel, vielleicht einen Meter hoch. Sie begann an der einen Seite hinaufzuklettern, zwischen den Wurzelstrünken, und auf der anderen Seite wieder herunter. Dies tat sie schätzungsweise 8 bis 10mal hintereinander. Mit zunehmender Sicherheit fing sie an, den Abstieg zu variieren, verschiedene Wege hinunterzuklettern. Etwa beim dritten Mal stürzte sie ab und riß sich dabei die Finger an dem wenig griffigen Holz. Sie schaute ihre Finger an und sagte: „Hab schlechte Finger." Damit klagte sie nicht etwa, daß ihre Finger weh täten — dafür benützte sie sonst andere Ausdrücke —, sondern das hieß wohl: „Meine Finger sind schlecht zum Klettern, sind zu klein, ich kann mich schlecht halten am Holz." Nach dieser kleinen Besinnungspause kletterte sie unverdrossen weiter. Sie fühlte wohl, daß ihre Finger nicht wirklich „schlecht" sind — sie werden schon wachsen, schon besser werden. Außerdem kann sie durch Arbeit, durch unverdrossenes Üben viel dazu beitragen, um aus ihren „schlechten" Fingern gute und geschickte Finger zu machen.

Ein Gegenbeispiel:

Eine Frau von etwa 30 Jahren weiß aus ihrer Kindheit zu berichten, daß sie bis zum vierten Lebensjahr wegen stark deformierter Füße Schienen tragen mußte und im Laufen sehr behindert war. Auch von ihr hieß es damals, sie habe „schlechte Füße". Es gelang auch bei ihr, durch vieles Üben mit Hilfe von Krankengymnastik, den Mangel so vollkommen zu beheben, daß ihre Gehstörung heute nur noch dem Fachmann auffällt — ein leichter Einwärtsgang ist übriggeblieben. Geblieben ist jedoch auch ein Stück allgemeiner Lebensangst, das sie in Psychotherapie führte. Sie ist sehr anlehnungsbedürftig, hilfesuchend, hat Angst, „auf eigenen Füßen zu stehen". Außerdem quält sie die Vorstellung, das Fußleiden könnte wieder manifest werden, sie könnte vorzeitig invalide werden etc.

Wir entnehmen daraus, wie wichtig es für die innere Freiheit ist, Herr seines Körpers zu sein, „gute Finger" und „gute Füße" zu haben, d. h. solche Finger und solche Füße, die geschickt sind, das zu tun, was ich will. Das gesunde Kind erwirbt dieses Gefühl der „guten Finger" durch Übung — seine Glieder sind prinzipiell willige Werkzeuge seines Ichs. Auch nicht allzu schwere organische Mängel wie bei der Frau mit den „schlechten Füßen" lassen sich durch gesteigerten Übungsaufwand zur Not noch ausgleichen. Was geschieht jedoch, wenn ein Kind blind oder schwer sehbehindert, mit flossenhaft verkümmerten Gliedern oder anderen Handikaps zur Welt kommt? Dieses Kind kann kaum noch aus seinen „schlechten Gliedern" gute Glieder und aus seinen schlechten Augen gute machen. Jeder Körper- oder Sinnesdefekt bedeutet eine Einbuße an persönlicher Unabhängigkeit. Das blinde oder das körperlich verkrüppelte Kind kann nicht so unbekümmert sagen: „Ich hab schlechte Augen oder schlechte Hände" — weil es nicht hoffen kann, durch Übung und eigenen Einsatz hier jemals bessere Augen und bessere Hände zu bekommen.

Das Gefühl von Ich-Integrität und persönlicher Unabhängigkeit ist also zuallererst daran gebunden, daß das Kind im Laufe der Entwicklung seine körperlichen Funktionen zunehmend in eigene Regie nimmt, daß der Geist, um mit Maria Montessori zu sprechen, sich im Körper inkarniert. Auf diese grundlegende Einsicht haben später, aus anderen gedanklichen Zusammenhängen heraus, auch psychoanalytische Autoren zurückgegriffen.

3. Psychoanalytische Beiträge zur primären Ich-Autonomie

a) Die psychoanalytische Erweiterung des Ich-Verständnisses

Die Psychoanalyse hat uns ein neues Verständnis des menschlichen Ichs nahegelegt. Identifizierte man früher das Ich mit dem Wissen, dem Denken und dem Wollen des Menschen, also mit den Leistungen seines Bewußtseins, so geht die Psychoanalyse davon aus, das Ich umfasse mehr als nur das, was ein Mensch bewußt denkt und will, große Teile seines Ichs seien ihm unbewußt. Das Ich ist nach der Auffassung der Psychoanalyse also nicht gleichzusetzen mit dem bewußten Teil der menschlichen Persönlichkeit.

Im Prinzip hat diese Auffassung bereits S. Freud vertreten, daß das Ich nur teilweise bewußt sei; doch vertrat er sie noch mit bestimmten folgenschweren Einschränkungen.

Freud war fasziniert von dem Satze, den sein Freund und eigenwilliger Schüler Georg Groddeck formulierte, wir *lebten* nicht, sondern wir *würden gelebt* von unbekannten unbeherrschbaren Mächten. Diese Mächte, die Triebe, bezeichnete Freud in Anlehnung an Groddeck als das „Es". Weil er dem Es eine so große Macht und Bedeutung zuschrieb, sah er das Ich noch in einer recht begrenzten Funktion, allzu abhängig von diesem Es.

Wenn es sich nun zeigte, daß die Trennung von Es und Ich künstlich ist, daß in Wirklichkeit auch die Triebe und Wünsche Ausdruck unseres Ichs sind, daß das Es einfach der primitivere, unbekannt gebliebene Teil unseres Ichs ist — dann würde das Ich, in diesem weiten und umfassenden Sinne verstanden, tatsächlich über das Bewußtsein hinausreichen, dann würde man in fast allen Lebensäußerungen eine ichgesteuerte Aktivitätskomponente anzunehmen haben. Diese Meinung wird gestützt durch die Erfahrungen mit seelischen Auswirkungen auf körperliche Krankheiten: Heute kann man schon fast die Krankheiten zählen, bei denen nicht in irgendeiner Weise auch seelische Komponenten an der Entstehung beteiligt sind. Es läuft also kaum ein Vorgang im Menschen einfach naturgesetzlich ab, immer ist die Psyche, das Ich auf eine vielfach noch ungeklärte und rätselhafte Weise als Organisator und Aktivitätszentrum mitbeteiligt.

Für unsere gegenwärtige Frage bedeutet dies: wenn das Ich nur die bewußten Leistungen des Denkens und Wollens umfaßte, müßten wir E. Höhn recht geben. Der *bewußte* Antrieb zur Selbsterziehung, Selbstgestaltung und -organisation entwickelt sich im allgemeinen erst mit der Pubertät (wenn überhaupt). Wenn das Ich hingegen auch Ursprung der unbewußten Selbststeuerungen des Organismus ist, wie die Psychoanalyse lehrt, dann ist es berechtigt, die gesamte Entwicklung des Kindes als einen aktiven Prozeß des Aufbaus der eigenen Persönlichkeit zu verstehen, wie dies schon Maria Montessori getan hat. Daher ist es auch nicht von ungefähr, daß sich zwischen der Entwicklungslehre Maria Montessoris und verschiedenen psychoanalytischen Ansätzen mannigfaltige, z. T. noch nicht ausdiskutierte Berührungspunkte ergeben.

Die Psychoanalyse hat verschiedene Theorien über die Anfänge des menschlichen Ichs entwickelt. Sigmund Freud ging von einer anfänglichen undifferenzierten Ich-Es-Einheit aus. Im Laufe der Entwicklung lege sich das Ich wie eine Art Rindenschicht um das Es herum, das Ich bilde sozusagen das Anpassungsorgan an die Außenwelt. Andere psychoanalytische Forscher (z. B. H. Hartmann) gingen davon aus, das Ich sei bereits in der biologischen Struktur vorgegeben.

b) Individuationsschritte des Kindes im zweiten Lebensjahr (Margaret Mahler)

Ob wir von einer biologischen Angelegenheit des Ichs im Sinne von H. Hartmann oder von dessen Entstehung aus frühesten Ich-Keimen in der Fetalzeit und im ersten Lebensjahre ausgehen — das ist eine weitgehend spekulative Frage. Praktisch bedeutsam hingegen ist der Zeitpunkt, an dem das Ich des Kindes deutlich erkennbar aus dem Schatten des mütterlichen Ichs hervortritt. Der naive Beobachter könnte denken, daß dies der Zeitpunkt der Geburt sei. In der Geburt werden ja aus einem Wesen zwei. Doch wurde bereits von dem Biologen A. Portmann das erste Lebensjahr treffenderweise als „extrauterines Frühjahr" bezeichnet, in dessen Verlauf der Geburtsvorgang erst eigentlich zu seinem Abschluß kommt. Das erste Lebensjahr stellt somit eine Art sozialer Mutterschoßexistenz dar. Diese Auffassung unterstellt, daß die psychische Entwicklung der biologischen weit nachhinkt, so daß wir mit einem sichtbaren Hervortreten des kindlichen Ichs aus dem Schatten der Mutter erst gegen Ende des ersten Lebensjahres zu rechnen haben.

Diesen Punkt der Ablösung, der Verstelbständigung des kindlichen Ichs hat Margaret Mahler in ihrem Buch „Symbiose und Individuation" (1972) vom psychoanalytischen Standpunkt aus genauer untersucht. Sie geht aus von einer Analyse der Mutter-Kind-

Dyade im ersten Lebensjahre. Wie leben zwei Wesen miteinander, zwischen denen, wie zwischen Mutter und Säugling, zwar keine anatomische Verbindung mehr besteht — die Nabelschnur ist ja gelöst —, deren psychische Verbindung jedoch noch beinahe so eng ist, als ob sich das Kind im Mutterleibe befände? Wie ist dieses Zwischenstadium zu kennzeichnen, in dem die leibliche Nabelschnur zwar gelöst ist, die psychische jedoch gleichsam noch fortbesteht?

Diese Zwischenexistenz erzeugt einen recht heiklen und störbaren sozialpsychologischen Gleichgewichtszustand, den M. Mahler „Symbiose" nennt. Der Ausdruck ist aus der Biologie entnommen. Dort meint Symbiose das Aufeinander-Angewiesensein zweier nicht verwandter Spezies, die sich *gegenseitig* zur Lebenserhaltung dienen — im Unterschied zu den Schmarotzern, die nur einseitig von einem anderen Lebewesen profitieren. Das bekannteste Beispiel einer Symbiose im Tierreich sind Einsiedlerkrebs und Seerose: Der Krebs transportiert die Seerose zu den Futterplätzen; die Seerose schützt den Krebs vor seinen Feinden.

Auf die Mutter-Kind-Beziehung angewandt, stellt der Begriff Symbiose eine Metapher dar. Sie bezeichnet einen Zustand des wechselseitig in der Befriedigung der Bedürfnisse Aufeinanderangewiesenseins, wie man sich dies etwa am Beispiel der Brusternährung klarmachen kann: Das Kind braucht das Gestilltwerden — aber auch die Mutter, die Milch hat, braucht es, um das Spannungsgefühl in der Brust loszuwerden. Symbiose ist ein Zustand der Undifferenziertheit, der Fusion von Gefühlslagen und Bedürfnissen bei Mutter und Kind, in der das Ich und das Nicht-Ich noch nicht unterschieden sind (vgl. hierzu auch Balint 1966; Stierlin 1975).

Ein Seitenblick auf entsprechende Erscheinungen in der Psychopathologie des Erwachsenen: Ein dreißigjähriger Patient sagte, er fühle sich von Frauen immer vollständig vereinnahmt, aufgesogen; er komme sich dem Weiblichen gegenüber vor wie ein Stück Zucker im Kaffee, er löse sich einfach auf. Das ist das klassische Bild eines symbiotischen Zustandes. Im Laufe der Analyse fiel diesem Mann der Satz Mao Tsetungs ein, die Revolutionäre sollten sich in ihrem Milieu bewegen wie der Fisch im Wasser: zum Wasser gehörig, ohne doch in ihm aufzugehen. Dies ist ein schönes Bild einer nicht-symbiotischen Verbundenheit, wie es einer reiferen Existenz entspricht.

Der Symbiose folgt beim gesunden Kinde vom zweiten Lebensjahre ab in einer Reihe von Schritten die Individuation. Den ersten und grundlegenden Schritt stellt die Erfassung des eigenen Körpers als einer abgegrenzten und von der Mutter unabhängigen Einheit dar. Das Kind erkennt, daß seine psychischen Grenzen mit seinen Körpergrenzen übereinstimmen, daß also die Mutter kein Teil seines Ichs ist. Die Wahrnehmung des Körper-Ichs durchläuft ihrerseits wieder mehrere Stadien, die z. B. weit bis ins erste Lebensjahr zurückreichen. Eine der frühesten Erfahrungen eines abgegrenzten Körper-Ichs stellt es für das Kind dar, wenn es etwa von der 8. Woche ab die Händchen vor den Augen bewegt und damit als sich selbst zugehörig, bzw. seinem eigenen Willen folgend, erkennt. Bezeichnend ist es, daß gerade diese Funktion beim autistischen Kinde gestört ist und daß aus diesem Grunde bei ihm die stereotypen Bewegungen der Hände vor den Augen noch in einem sehr viel späteren Alter auftauchen können: Die frühe und grundlegende Abgrenzung des Körper-Ichs ist bei diesen Kindern nicht befriedigend gelungen (vgl. D. Weber 1970). Der entscheidende und oft dramatische Einschnitt in der Entwicklung eines körperlichen Identitäts- und Abgegrenztheitsgefühls ist das Laufenlernen.

„Die Fortbewegung befähigt das Kind, sich von der Mutter zu lösen, sich physisch von ihr zu entfernen, wenn es gefühlsmäßig vielleicht noch gar nicht darauf vorbereitet ist. Das zweijährige Kind erlebt sein Getrenntsein sehr bald auf vielerlei Art. Es genießt seine Unabhängigkeit und übt sich mit großer Kühnheit in ihrer Meisterung; auf diese Weise werden große Libido- und Aggressionsmengen vom Ich nutzbar gemacht. Andererseits gibt es Krabbelkinder, die entgegengesetzte Reaktionen zeigen und durch gesteigertes Festklammern an der Mutter auf ihre eigene

4. Sich entwickeln — ein aktiver Vorgang

Autonomie reagieren. Das Gewahrwerden des getrennten Funktionierens kann bei diesen empfindlichen Kleinkindern heftige Angst auslösen. Sie versuchen verzweifelt, die Tatsache des Getrenntseins zu verleugnen, und kämpfen gleichzeitig gegen die erneute Verschlingung, indem sie dem erwachsenen Partner eine verstärkte Opposition entgegensetzen." (Mahler 1972, S. 47)

Die Mutter kann nicht gut verhindern, daß das Kind laufen und selber essen lernt und sich auch sonst *physisch verselbständigt*. Doch sie kann ihm das *begleitende Gefühl der inneren Verselbständigung* stören, im äußersten Falle sogar zerstören, das für die gesunde seelische Entwicklung fundamental wichtig ist. Die Verselbständigungskrise des zweiten Lebensjahres stellt daher einen der wichtigsten, zugleich auch störungsanfälligsten Entwicklungsschritte der frühen Kindheit dar. Rilke hat die seelische Befindlichkeite eines Kindes, dem die Individuation, die Loslösung von der Mutter und frühe Ich-Werdung nicht gelungen ist, in einem wunderbar klaren Gedicht ausgesprochen:

> Ach wehe, meine Mutter reißt mich ein.
> Da hab ich Stein auf Stein zu mir gelegt,
> und stand schon wie ein kleines Haus, um das sich groß der Tag bewegt,
> sogar allein.
> Nun kommt die Mutter, kommt und reißt mich ein.
> Sie reißt mich ein, indem sie kommt und schaut.
> Sie sieht es nicht, daß einer baut.
> Sie geht mir mitten durch die Wand von Stein.
> Ach wehe, meine Mutter reißt mich ein.
>
> Die Vögel fliegen leichter um mich her.
> Die fremden Hunde wissen: das ist d e r.
> Nur einzig meine Mutter kennt es nicht,
> mein langsam mehr gewordenes Gesicht.
>
> Von ihr zu mir war nie ein warmer Wind.
> Sie lebt nicht dorten, wo die Lüfte sind.
> Sie liegt in einem hohen Herzverschlag,
> und Christus kommt und wäscht sie jeden Tag.

Literatur:

Balint, M.: Die Urformen der Liebe und die Technik der Psychoanalyse. Bern-Stuttgart 1966.
Hartmann, H.: Ich-Psychologie und Anpassungsproblem. Stuttgart 1960.
Höhn, E.: Entwicklung als aktive Gestaltung. In: Handbuch der Psychologie Bd. I II(Entwicklungspsychologie), hrsg. v. H. Thomae, Göttingen 1959.
Mahler, M.: Symbiose und Individuation. Stuttgart 1972.
Montessori, M.: Kinder sind anders. Stuttgart 1952.
Stierlin, H.: Die Anpassung an die Realität der „stärkeren Persönlichkeit". Einige Aspekte der symbiotischen Beziehung der Schizophrenen. In: H. Stierlin, Von der Psychoanalyse zur Familientherapie, Stuttgart 1975.
Wandruszka, M. v.: Interlinguistik. München 1971.
Weber, D.: Der frühkindliche Autismus. Bern-Stuttgart 1970.

III. Entwicklungs- und Erziehungsprobleme des Kindergartenalters

Die Lebensäußerungen des Kindergarten- bzw. Vorschulkindes sind differenziert und unter zahlreichen theoretischen Gesichtspunkten psychologisch untersucht worden. Die psychoanalytische Kinderforschung richtet ihre Aufmerksamkeit vor allem auf die Gefühle und Wünsche, die Phantasien und die geheimen (d. h. meist unausgesprochenen) Gedanken der Kinder dieser Altersstufe. In diesem „geheimen Leben" der Kinder nimmt der von Freud beschriebene Ödipus-Komplex eine zentrale Stellung ein. Freud machte die Entdeckung, die von seinen Zeitgenossen mit Entrüstung zurückgewiesen wurde (inzwischen hat man sich schon ein wenig daran gewöhnt), daß kleine Kinder oft eine heiße und intensive, erotisch getönte Liebe zum gegengeschlechtlichen Elternteil hegen (d. h. die Jungen zur Mutter, die Mädchen zum Vater), während die Beziehung zum gleichgeschlechtlichen Elternteil von einer eigentümlichen Ambivalenz gekennzeichnet ist.

In den nachfolgenden Kapiteln werden in unsystematischer, lockerer Folge einige Ausschnitte aus dieser Welt der kindlichen Gefühle und Phantasien im Umkreis der Ödipus-Phase behandelt.

1. Das „gespaltene Ich" des Kindes und seine Sprache

1. Sprechen können bedeutet unabhängig sein

Einer der ersten und eindrucksvollsten Fälle, die ich in der Erziehungsberatung kennenlernte, war der eines dreijährigen Mädchens, das noch kein Wort sprechen konnte. Ich sollte die Test-Untersuchung mit dem Kind durchführen, was sich jedoch als fast unmöglich herausstellte: das Mädchen wollte um keinen Preis allein bei mir bleiben, oder — genauer gesagt — die Eltern erklärten mir und dem Kind mit aller Bestimmtheit, daß es gewiß nicht bei mir bleiben würde. Diese Voraussage erfüllte sich prompt. Die Eltern blieben die ganze Zeit der Testuntersuchung neben dem Kinde sitzen, und es tat den Mund nicht auf. Es machte einen geradezu schwachsinnigen Eindruck.

Bei der Beratung der Eltern durch den Arzt geschah dann etwas Merkwürdiges: er schien die Sache überhaupt nicht tragisch zu nehmen, erklärte den Eltern, das Kind sei ohne weiteres in der Lage, sprechen zu lernen — nur habe es das Sprechen bisher überhaupt nicht nötig gehabt, weil die Eltern ihm jeden Wunsch von den Augen abgelesen hätten. Während er den Eltern das erklärte (das Kind saß natürlich dabei, es trennte sich ja keine Minute von seinen Eltern!), spielte er mit den Büroklammern auf seinem Schreibtisch und steckte sie zu einer langen Kette zusammen. Das Kind kam interessiert heran und streckte seine Hände nach der Kette aus. Doch nun spielte der Arzt den Begriffsstutzigen: er tat so, als ob er überhaupt nicht verstünde, was das Mädchen von ihm wollte. Er stellte sich so lange und ausdauernd dumm, bis das Kind auf einmal „haben" sagte — dann strahlte er sichtbar, weil er nun verstanden hatte, das Kind bekam die Kette, und wir Zuschauer hatten ein Stück Anschauungsunterricht bekommen.

Ein achtjähriges mutistisches Mädchen — Mutismus ist eine Störung vorwiegend bei Mädchen im Schulalter, welche die Sprache zwar beherrschen, aber aus Angst oder Trotz das Sprechen verweigern — sagte uns in der Erziehungsberatungsstelle nach längeren Bemühungen folgenden Satz: sie habe zu Hause einen Papagei, und dem bringe sie das

Sprechen bei. Diese wenigen Beispiele mögen genügen, um den Zusammenhang zwischen Sprechen und persönlicher Unabhängigkeit, bzw. Nicht-Sprechen und innerer Gebundenheit und Abhängigkeit anzudeuten. Das Sprechenkönnen ist offenbar ein wichtiges Merkmal einer autonomen Existenz: wer nicht sprechen kann oder will, ist auf den guten Willen der anderen angewiesen; er kann nicht mittun, sondern muß sich bedienen lassen — und wenn einer auf das Sprechen selber verzichtet, dann bringt er es stellvertretend wenigstens seinem Papagei bei.

2. Ausdrucks- und Zeichensprache: Das gespaltene Sprachbewußtsein

Das Sprechen dient der menschlichen Autonomie in zweifacher Weise: es hilft uns einerseits, uns über Sachverhalte der äußeren Welt zu verständigen, und andererseits unser Wollen, unsere Wünsche und Gefühle, unsere Persönlichkeit auszudrücken. Die erstere Funktion ist außerordentlich vielfältig untersucht worden von Sprachwissenschaftlern, Logikern und auch von Kinderpsychologen. Alle die zahlreichen Untersuchungen über Sprachentwicklung und Spracherwerb beim Kinde, über die wechselseitige Abhängigkeit von Denken und Sprechen, über die sogenannten „Sprachbarrieren" etc. bauen doch letztlich auf der Grundfrage auf: wie setzt die fortschreitende Sprachbeherrschung das Kind zunehmend instand, sich in der Welt zurechtzufinden, handelnd mit ihr umzugehen?

Weniger Beachtung hat die andere Funktion der Sprache gefunden, Ausdrucksmittel des „inneren Menschen" und Werkzeug beim Aufbau der menschlichen Person zu sein: indem ich meine Wünsche, meine Stimmungen etc. artikuliere, bringe ich sie aus einem dumpfen, unbewußten in einen klaren Zustand, und daran entwickle ich mich selbst. Diese Erkenntnis ist zwar einer Pädagogik, die sich für progressiv hält, nicht ganz fremd geblieben: kleine Kinder, auch schon im Vorschulalter, heißt es im Jargon, müßten lernen, ihre Affekte, ihre Interessen etc. zu erkennen und zu „verbalisieren". Im Namen dieser Verbalisierungs-Pädagogik ist mancher Krampf in die Kinderstuben eingezogen: angefangen mit den völlig illusionären Erwartungen, die vielerorts an das Rollenspiel geknüpft werden, bis hin zu den noch verstiegeneren Zumutungen an Kinder, über ihre Gefühle zu reflektieren wie kleine Erwachsene.

Diese pädagogische Auffassung gründet sich auf die weit verbreitete, doch falsche Meinung, das Sprechen über innere, gefühlsmäßige Vorgänge sei genauso leicht zu lernen wie Sprechen über Sachverhalte in der äußeren Dingwelt: man müsse nur die Wörter richtig anwenden lernen, die in der Sprachgemeinschaft für bestimmte Gefühlszustände üblicherweise gebraucht werden. Doch hat Hans Zulliger schon vor Jahren darauf hingewiesen, daß Wort und Gefühl beim Kind noch in einer recht lockeren Beziehung zueinander stehen: für den Erwachsenen sind die Worte präzis, angereichert mit all den Affekten, die mitwirkten, als die Begriffe sich zum Ausdruck formulierten. Für das Kind dagegen sind Worte erst Symbolträger in *statu nascendi:* „Wegen dieses beständigen Bedeutungswandels der Worte, falschen Zolldeklarationen gleich, weiß das Kind oft selber nicht recht sicher um ihre eigentliche Geltung..." (Zulliger 1966, S. 57). Zugleich sind die Worte auch in anderer Weise Symbol- bzw. Ausdrucksträger für Gefühle wie für Dinge und Verhältnisse in der äußeren Welt.

Auch die Sprachwissenschaft hat zumeist übersehen, daß das Abbildungsverhältnis von sprachlicher Formulierung und gemeintem Sachverhalt sich in der Wort-Ding-Relation ganz anders darstellt als in der Wort-Gefühls-Relation. Worte sind lautliche Zeichen, sagen die Strukturalisten, die Sprache als Ganzes ist ein strukturiertes System solcher lautlicher Zeichen. Die Namen der Dinge sind arbiträr, d. h. beliebig, willkürlich: ein Baum kann genausogut *arbor, tree* oder *vitzliputzli* heißen. Je nach Übereinkunft in der Sprachgemeinschaft ist dieses oder jenes Wort die eindeutige Lautgestalt (Signifikant) für das Ding „Baum" (Signifikat). Diesen strukturalistischen Grundansatz hat der französische Psychoanalytiker Jacques Lacan auch für den Bereich der seelischen Ereignisse übernommen: Worte sind mehr oder weniger willkürlich gesetzte Signifikanten für den unbewußten, verdrängten Wunsch.

Nun gilt diese Betrachtungsweise aber schon für die Wort-Ding-Relation nur beschränkt: sie repräsentiert die „wissenschaftliche" Sicht von außen her. Das naive Bewußtsein des Sprechenden sieht die sprachlichen Bezeichnungen in einem innerlich notwendigen Bezug zur gemeinten Sache, sieht sie „symphysisch" (Gauger 1970).

Von dieser Seite her betrachtet, hat der Mann in der bekannten Anekdote recht, der behauptet, für ihn sei Deutsch die vollkommenste Sprache, und dies folgendermaßen beweist: „Ein Messer heißt auf englisch ‚knife' und auf französisch ‚couteau' — und in Wirklichkeit ist es doch ein Messer!" Das Wort „Messer" ist für diesen Mann nicht ein beliebiges auswechselbares Zeichen für das gmeinte Ding, sondern ist symphysisch mit der psychischen Realität „Messer" verbunden. Zumindest kleinere Kinder haben auf jeden Fall das Recht, so zu denken, und sollten nicht voreilig durch Erziehungseinflüsse in dieser symphysischen Erlebnisweise irregemacht werden.

Wie steht es aber nun in der Wort-Gefühls-Relation mit Signifikant und Signifikat, wenn ich z. B. sage: „Ich habe Schmerzen"? Ludwig Wittgenstein hat gerade diesen Satz einer eingehenden Analyse unterzogen. Wie kann der andere erkennen, daß ich wirklich Schmerzen habe, daß ich nicht lüge? Erkennt er es an meinem Gesichtsausdruck? Und wie kann ich selbst es wissen, daß ich mich nicht täusche? Gibt es ein Wahrheitskriterium für den Ausdruck von Empfindungen, von Gefühlen? „Wie kann ich mit der Sprache noch zwischen die Schmerzäußerung und den Schmerz treten wollen?" fragt Wittgenstein. Die Empfindung hat letzten Endes kein anderes Wirklichkeitskriterium als ihren sprachlichen Ausdruck.

Diese Auffassung Wittgensteins ist sicher überspitzt, zeigt aber, daß die Sprache in ihrem Bezug zum Inneren, Persönlichen eine grundlegend andere Funktion hat als in ihrem Bezug zum Äußeren, Sachlichen: wenn ich etwas über mich selbst, über mein Empfinden aussage, ist das Gesagte nicht nur Zeichen des Gemeinten, sondern ist das Gemeinte selbst.

Alle sprachlichen Mitteilungen spielen sich grundsätzlich auf zwei Ebenen ab, sind zugleich Zeichen- und Ausdrucksprache: indem ich über Sachen rede, spreche ich zugleich mehr oder weniger offen über mich selbst. Die Zeichenfunktion der gesprochenen Rede ist zumeist „bewußt", die Ausdrucksfunktion hingegen fließt „unbewußt" mit ein. Auf Grund der Spaltung des menschlichen Ich, von der sogleich noch ausführlicher zu reden sein wird, laufen die Vorgänge auf der Zeichen- und Ausdrucksebene zumeist dissoziiert ab — die Rechte weiß nicht, was die Linke tut. Im Extremfalle straft der Ausdruck gar die Mitteilung Lügen — dann entsteht die vielfach beschriebene *double-bind*-Situation (Bateson et al. 1969).

Man kann es geradezu als die Erziehungsaufgabe ansehen, diese beiden Ebenen der sprachlichen Mitteilung — Sprechen über die Sache und Sprechen über mich selbst, über meinen „Standpunkt" — in ein ausgewogenes Verhältnis zueinander zu bringen. Während beim Kind in den Frühstadien eindeutig das Ausdrucksmoment, das „subjektive" Moment im Vordergrund steht, verschanzt sich der Erwachsene, der sein Gefühls-Ich abgespalten und verdrängt hat, gern in eine scheinbar versachlichte Sprache.

3. Das gespaltene Ich als Grund der gespaltenen Sprache

Durch die „Urverdrängung" hat sich beim Kinde im zweiten oder spätestens im dritten Lebensjahre ein bewußter Ich-Anteil vom unbewußten, umfänglicheren Seelenrest geschieden: die tieferen Gründe und Motive unserer Handlungen sind uns vom Zeitpunkt der Urverdrängung an unbewußt; nur deren „Abkömmlinge" erreichen noch mehr oder weniger deutlich das bewußte Ich. (Freud X, S. 250). Weil das abgespaltene, unbewußt gewordene Grund-Ich zugleich den lebendigen und schöpferischen Anteil unseres Ich darstellt, bedeutet die Urverdrängung einen Stillstand, eine intellektuelle Verarmung. Das Kind vor der Urverdrängung ist im Gebrauch seiner kognitiven und emotionalen Fähigkeiten völlig ungehemmt; es fühlt sich berechtigterweise wie ein „kleiner Gott".

Die im Kern richtige Feststellung von H. R. Lückert, daß kleine Kinder im 2. oder 3. Lebensjahr über ungeahnte Lernkapazitäten verfügen, wird auf diesem Hintergrund verständlich. Nur die Schlußfolgerungen, die Lückert aus seinen Beobachtungen gezogen hat, müssen Gegenstand der Kritik sein: denn es ist ja nicht so, als ob diese Lernkapazitäten brachlägen und auf die pädagogische Nutzung durch Intelligenztraining u. ä. warteten — vielmehr ist das Kind vollauf damit beschäftigt, „leben zu lernen"; und dies ist eine für diese Altersstufe völlig absorbierende Lernaufgabe. Die Psychoanalyse hat diese Lebensepoche als die Phase des kindlichen „Allmachtgefühls" beschrieben, hat aber das Phänomen auch bisher nicht erschöpfend erklären können (vgl. Bittner 1974).

Sobald die Urverdrängung, die Spaltung des kindlichen Ich vollzogen ist, wird der Austausch, die Verständigung zwischen den beiden Ich-Teilen zum Problem und absorbiert einen großen Teil der psychischen Energie: auf der einen Seite steht nun ein unbewußtes Ich (von der Psychoanalyse zunächst „Es" genannt), das alle Gefühlskraft und auch eine Art primitiven (die Psychoanalyse sagt „primärprozeßhaften") Denkens und Wollens umfaßt; auf der anderen Seite das bewußte Ich, das sich intellektuell weiterentwickelt, eine differenzierende Sprache erlernt usw. Alle diese Neuerwerbungen des bewußten Ich werden vom unbewußten Grund-Ich kaum zur Kenntnis genommen, gehen sozusagen spurlos an ihm vorüber. Darum bleibt das Grund-Ich kleinkindhaft, infantil; es denkt und spricht so einfach wie ein zwei- bis dreijähriges Kind. Die späteren differenzierteren sprachlichen Erwerbungen, vor allem die Bezeichnungen von Gefühlszuständen und Empfindungen, wurzeln nicht mehr im Erleben des Kindes, sondern werden heteronom vom Erwachsenen übernommen.

Meine Tochter Puscha (2; 11) steigt mit mir auf einen Hügel hinter dem Haus. Auf halber Höhe angekommen, läßt sie sich auf eine Bank fallen und erklärt: „Ich kann nicht mehr gehen, ich bin so krank." Ich verstehe, was sie meint: sie ist müde, vielleicht tun ihr die Beine weh; es ist zu viel für sie. Sie spürt also Unlust, Müdigkeit, Anstrengung. Dies alles faßt sie in dem Wort „krank" zusammen. Diese falsche Wortwahl ist leicht nachfühlbar: die Mutter hatte nach einer Grippe länger an einer Kreislaufschwäche laboriert, und da hatte es geheißen: „Mama ist noch krank, laß sie in Ruhe." Puscha setzte also das, was sie spürte, mit dem in Beziehung, was sie an der Mutter gesehen hatte — was sie selber spürte, mußte wohl dem entsprechen, was die Erwachsenen „krank" nennen.

Wenn sich diese Gedankenverbindung bei Puscha verfestigte, könnte sie wohl der Keim zu einer psychischen Fehlentwicklung werden — nicht zu Unrecht hat Lorenzer (1970) die Neurose als das Produkt einer „Sprachzerstörung", einer falschen Verknüpfung von Affekt und sprachlichem Symbol beschrieben. Viele *Hypochondrien* entstehen daraus, daß sich Menschen fälschlicherweise „krank" fühlen, obwohl sie in Wirklichkeit müde und unlustig sind. Ich versuche also Puschas falschen Wortgebrauch sogleich richtigzustellen und sage: „Du bist nicht krank, Puscha, du bist müde." Es hilft aber nichts: einige Tage sagt sie wieder beim Spaziergang: „Ich bin so krank" — offenbar klingt das für sie nachdrücklicher, überzeugender. Nun wird mir klar, daß ich einen Fehler gemacht habe: ich hatte naiv gemeint, es genüge, den falschen Sprachgebrauch zu korrigieren — ich hatte nicht bedacht, daß das Grund-Ich durch einen solchen kognitiven Umstrukturierungsprozeß nicht erreicht wird. Puscha wollte ja mit ihrem „falschen" Wortgebrauch etwas erreichen — nämlich, daß auf ihre Unlust Rücksicht genommen wird. Das Grund-Ich wird sich allenfalls dann zum Gebrauch der neuen Bezeichnung bewegen lassen, wenn es merkt, daß diese den gleichen Effekt erzielt. Ich hätte also sagen müssen: „Du bist nicht krank, Puscha, du magst bloß nicht mehr. Dann wollen wir jetzt umkehren."

Die geschilderte Szene weist auf ein pädagogisches Problem von allgemeinerer Bedeutung hin: wie kann der Erwachsene sich mit dem Kind über Gefühlsinhalte verständigen, wie kann er dem Kind „richtige" Sprache für seine Gefühle vermitteln? In den meisten Fällen wird es nicht genügen, daß der Erwachsene dem Kind einfach die richtigen Worte beibringt — es nützt nichts, in der geschilderten Episode meiner Tochter zu sagen: „Du bist nicht krank, du bist müde" — ihr Grund-Ich kann mit dieser sprachlichen Korrektur so lange nichts anfangen, als sie nicht erfährt, daß sie mit dem Wort „müde" die gleichen Wirkungen erzielen kann wie mit dem Wort „krank": daß nämlich auf ihre Wünsche und Bedürfnisse Rücksicht genommen wird.

4. Die Sprache des Grund-Ichs und die Sprache der Schule

Emotionale Erziehung durch die Schule kann daher am allerwenigsten bedeuten, den Kindern ein Arsenal von Wörtern für Gefühlszustände bereitzustellen. Gerade für das Sprechen über Gefühle gilt im besonderen: „Wirklich gelernt werden ... nur die Sprechweisen, die in relevanten sozialen Bezugssystemen funktional sind. Der Erfolg des Sprachunterrichts hinge also davon ab, daß es der Schule gelingt, solche Bezugssysteme zu schaffen" (Roeder 1968, S. 65). Einige solche Bezugssysteme sind im folgenden zu skizzieren.

Das „Arbeitsbündnis" — oder: wider die falsche Emotionalisierung der Schule

Wenn die eben dargestellten anthropologischen Voraussetzungen richtig sind, d. h. wenn Kinder bereits als gespaltene Wesen mit einem bewußten Ich-Anteil und einem basalen Gefühls-Ich zur Schule kommen oder doch bald nach Schuleintritt, mit dem Beginn der von der Psychoanalyse so genannten „Latenzzeit", diese Spaltung endgültig vollziehen, wäre es doch ein großer Fehler von seiten des Lehrers, die Spaltung sozusagen in einem Frontalangriff beseitigen zu wollen, indem er beispielsweise seine Unterrichtsaufgaben im Lesen, Schreiben und Rechnen und in den Sachfächern vernachlässigte und statt dessen den Unterricht ganz auf „emotionale Angebote" und „soziales Lernen" abstellte.

Gewiß brauchen die Schulanfänger, die oft noch stark in der Mutter- und Familienwelt — der Heimat des Grund-Ichs — verhaftet sind, eine spielende, rücksichtsvolle Einführung in die Welt des Lernens. Kein Zweifel besteht aber auch daran, daß die Kinder, wenn sie zur Schule kommen, die Mutter- und Gefühlswelt verlassen *wollen,* daß sie vom Lehrer gerade nicht ein dauerndes Streicheln und Hätscheln ihres kleinkindhaften Grund-Ichs erwarten, sondern gerade umgekehrt Hilfen zum Großwerden, zum Aufbau eines bewußten und reifen Ich, das sich nicht allein von Gefühlen, sondern zuallererst von vernünftigen Überlegungen leiten läßt. Darum muß am Anfang von Überlegungen zur emotionalen Erziehung paradoxerweise die Warnung vor einer Über-Emotionalisierung des Schullebens stehen.

Emotionale Erziehung bedarf eines klaren und verläßlichen, intelligiblen Rahmens, da in einem unklaren sozialen Feld zumeist nur Pseudo-Gefühle ausgelebt werden. Selbst in der psychoanalytischen Behandlung, die sich doch hauptsächlich mit dem Aufdecken und Wiedererleben verdrängter Gefühle beschäftigt, ist eine der wichtigsten Voraussetzungen des Erfolgs das Zustandekommen eines „Arbeitsbündnisses": daß Therapeut und Patient die Analyse als eine gemeinsame Aufgabe begreifen, die beiden bestimmte Verpflichtungen auferlegt.

Unterricht, der mehr sein will als nur ein curricularer Dressurakt, setzt voraus, daß Lehrer und Schüler den Lernstoff als prinzipiell lernenswert begreifen, d. h. als hilfreiches Material der Weltorientierung und des inneren Wachstums. Das ist natürlich nur dann ohne Selbstbelügung möglich, wenn der Lehrstoff in diesem Sinne wirklich lernenswert ist. Ein Arbeitsbündnis im psychodynamischen Sinne entsteht dann, wenn Lehrer und Schüler sich zumindest implizit mit ihrer Funktion im Lernprozeß einverstanden erklären.

Hans Zulliger, der bekannte Schweizer Kinderanalytiker und Volksschullehrer, hat in seinem Buch „Horde, Bande und Gemeinschaft" beschrieben, wie er zu Anfang eines Schuljahres versucht, mit Hilfe bewußt eingesetzter pädagogischer „Maßnahmen" in seiner Klasse eine Gemeinschaft zu bilden (Zulliger o. J., S. 98 ff.). Zulliger verstand unter „Gemeinschaft" etwa dasselbe wie ein „Arbeitsbündnis" im vorhin skizzierten Sinne:

„Wenn ich beim Frühjahrs-Schulbeginn eine neue Klasse erhalte ..., fordere ich sie auf, Platz zu nehmen und wünsche, daß die Freunde zusammensitzen. Hierauf teile ich Lehrmaterial und Hefte aus, frage nach den Namen derer, die ich nicht kenne, erkundige mich ein wenig über die Familienverhältnisse und Geschwister usw. und mache mir darüber Notizen. Stenographisch mit eigenen Kürzungsformen, damit sie niemand außer mir lesen könne ... Ab und zu lade ich Eltern ein, den Unterricht zu besuchen, aber ich hüte mich, sie hierzu zu drängen ...

Nachher lasse ich irgendein Buch vornehmen ... Wir beschauen es, betrachten die vielen Bilder darin, sprechen darüber. Dann lasse ich die 15. Lektion aufschlagen. „Werden wir in diesem Jahr bis hierher gelangen?" frage ich.

Dann lasse ich die Bücher wieder weglegen und ein Diktat machen. „Mich nimmt wunder, wie ihr in der Orthographie beschlagen seid", erkläre ich. „Wir werden die Fehler der ganzen Klasse zusammenzählen. Beim nächsten Quartalsschluß gebe ich dann das gleiche Diktat, und dann zählen wir die Fehler wiederum zusammen und können sehen, ob wir einen Fortschritt erreicht haben." (ebd. S. 109 f.)

Sprechen in Konfliktsituationen

Lehrer und Schüler sprechen normalerweise — d. h., so will es die Schule eigentlich — auf einem sachbezogenen, logisch geordneten Sprachniveau (Bernstein würde von einem „elaborierten Code", die Psychoanalyse von „sekundärprozeßhaftem" Denken sprechen). Diese Forderung an Schüler und Lehrer, sich dem Primat des Rationalen zu unterwerfen, wird durch das „Arbeitsbündnis" psychologisch gerechtfertigt.

Nun fallen Schüler — übrigens auch Lehrer! — im Laufe eines Schultages ungezählte Male aus der nur idealtypisch existierenden Rolle, d. h. sie verhalten sich nicht sachbezogen, argumentieren nicht logisch geordnet etc., sondern äußern sich rein affektiv, tun oder reden, was ihnen gerade in den Sinn kommt, ohne Rücksicht auf die Arbeitsaufgabe und den sozialen Kontext. Die meisten der sogenannten Disziplinkonflikte, Lernstörungen etc. können als Zusammenstöße zwischen den Anforderungen der Schule und den affektiven Bedürfnissen des kindlichen Grund-Ichs verstanden werden. Diese Zusammenstöße stellen daher zugleich die wichtigsten Lerngelegenheiten für das Grund-Ich des Kindes dar, ermöglichen soziales und emotionales Lernen im Medium der Sprache.

Ein recht intelligenter Junge in der 6. Klasse einer Sonderschule für Verhaltensgestörte griff zwei neu in die Klasse gekommene Praktikantinnen mit recht unflätigen Beschimpfungen an:

„Die Praktikantinnen sind ja Landstreicher."

„Ich mag nicht zu den Praktikantinnen."

„Die eine ist eine fette Kuh, die frißt zu viel Gras; die andere ist eine magere Kuh, die frißt zu wenig Gras. Überhaupt diese dicke Kuh da! Die sitzt neben mir und riecht nach Schweiß und stinkt!" — „Bei der blöden Kuh lern ich doch nichts!"

Schließlich fing die eine der angegriffenen Praktikantinnen an zu weinen. Die Klassenlehrerin ließ sich in ihrer sachlichen Haltung nicht erschüttern: sie fragte den Jungen zunächst einmal nach Gründen für seine Angriffe, um ihm klarwerden zu lassen, wie irreal diese Beschuldigungen seien. Außerdem gab sie ihm zu bedenken, daß niemand nach fünf Tagen einen anderen Menschen beurteilen könne. Sie gestand ihm zu, daß er selbstverständlich auch Lehrer unsympathisch finden dürfe, aber er müsse dahin kommen, auch mit Leuten zusammenzuarbeiten, die er nicht leiden könne.

Man kann diese Episode auch betrachten als die Berührung zweier unterschiedlicher Ebenen: die verletzenden Sprüche des Jungen sind rein affektiv begründet; sie dienen der Befriedigung narzißtischer Bedürfnisse. Die aggressiven Äußerungen dienen dazu, die Praktikantin in ihrem Selbstwertgefühl zu treffen und damit das eigene beschädigte Selbstwertgefühl zu stärken.

Der Umgang der Lehrerin mit den Gefühlsäußerungen des narzißtisch verletzten Grund-Ichs verlangt einiges Fingerspitzengefühl: es muß auf jeden Fall vermieden werden, die böse Kränkung, die der Junge der Praktikantin zugefügt hat, mit einer neuen Kränkung zu vergelten, weil dies den narzißtischen Teufelskreis erneut in Gang setzen und den Jungen zu weiteren Provokationen herausfordern würde. Andererseits kann die Lehrerin die Ungezogenheit auch nicht einfach durchgehen lassen: der Junge muß ja lernen, daß ein normal reifer Mensch seine Selbstwertbedürfnisse nicht auf Kosten und zu Lasten anderer befriedigen sollte.

Die Aufgabe der Lehrerin besteht nun in erster Linie darin, den Konflikt zu „verbalisieren": dies meint kein Zerreden und Psychologisieren, sondern ein Erläutern der Zusammenhänge in so einfacher Sprache, daß sie auch von dem infantilen Grund-Ich des Jungen verstanden werden kann. Dies bedeutet zugleich, mittels Sprache eine Brücke zu schlagen zwischen der narzißtisch entfremdeten, d. h. von den realen Bezügen abgelösten Gefühlswelt des verhaltensgestörten Kindes und eben dieser verleugneten sozialen Wirklichkeit.

Unterricht als Selbsterfahrung?

Der muttersprachliche Unterricht steht seit alters her in der Gefahr, die sprachlichen Selbstverständlichkeiten und zugleich den emotionalen Untergrund des Sprechens zu zerstören: Kindermundart, regionale Dialekte, schichtenspezifische Ausdrucksweisen wurden eingeebnet zugunsten einer Hoch- oder „Mittelschicht"-Sprache, wie es im soziologisch eingefärbten Pädagogen-Jargon heißt, einer entfremdeten Sprache, in der das Kind sich selbst, sein Grund-Ich, das noch in der alten Kindersprache denkt, nicht wiederzufinden vermag. Korrekte Orthographie und Grammatik sind die Hauptsorgen eines solchen Sprachunterrichts, der oft zum sprachlichen Drill denaturiert. Bis in den Vorschulbereich hinein sind heute die Auswirkungen eines rein formalen Sprachtrainings zu verfolgen.

Spätestens seit der Reformpädagogik gibt es auch eine gegenläufige Tendenz: eine sprachliche Erlebnis-Pädagogik, welche „Lebensnähe", „Herzhaftigkeit", schöpferische Ausdrucksgestaltung zur Devise erhoben hat. Heute artikulieren sich solche „erlebnispädagogischen" Denkmuster im Vor- und Grundschulbereich in Begriffen wie „Situationsbezug des Curriculums" (Zimmer 1973). Werden Lebensnähe und Situationsbezogenheit, unmittelbares Erleben etc. zu didaktischen Prinzipien erhoben, so zerstört diese Absichtlichkeit des Zugriffs die emotionalen Gehalte fast ebenso nachhaltig wie ein formalisiertes Training.

Psychoanalytische Ansätze zur Unterrichtslehre (Reiser 1972; Ertle 1974; Neidhardt 1977) haben deutlich gemacht, daß schulische Lernstoffe eine doppelte Valenz besitzen: sie dienen einerseits der Erweiterung der Weltkenntnis, andererseits berühren sie, zumeist ungewollt und unbeabsichtigt, persönliche und unbewußte Konfliktbereiche der Schüler und rufen entsprechend unvorhergesehene Reaktionen hervor. Diese zumeist vernachlässigte „subjektzugewandte" Dimension des Unterrichtsstoffes kann durch „dynamischdidaktische Analyse" erschlossen werden. Indessen blieb die psychoanalytische Durchdringung der Unterrichtsinhalte zu sehr beschränkt auf das Wiederfinden bekannter psychoanalytischer Konflikt-Symbole im Unterrichtsstoff, wenn z. B. gedeutet wird, im Biologieunterricht entfache „die Besprechung der Brutpflege Erinnerungen und Sehnsüchte der Geborgenheit". Oder: „Das Meer symbolisiert Gewalt und Gefahr … In

Phantasien und Träumen steht es für die Triebe, Ertrinken steht für Triebangst, die Unergründlichkeit des Meeres für das Unverständnis der inneren Realität gegenüber." Oder gar: „In der Christophorus-Legende ist die Analogie zu dem bedrückenden Über-Ich, das über den Fluß getragen werden muß, deutlich" (Reiser 1972, S. 102 ff.).

Das ist noch allzu eng und holprig am Gängelband der älteren psychoanalytischen Symboltheorie entlanggedacht. Begreifen wir dagegen, wie zuletzt noch die Philosophen der Romantik, die Welt — Natur- und Kulturwelt — als den „auseinandergefalteten Menschen", dann müßte jedes Lernen eines nicht allzusehr durch didaktische Klügelei verdorbenen Stoffes auch ohne ins Auge springende psychoanalytische Symbolträchtigkeit beides zugleich enthalten: Welterkenntnis und Selbsterfahrung. Solche Lernvorgänge hat für den mathematisch-naturwissenschaftlichen Bereich in großer Vielfalt M. Wagenschein vorgeführt, unter anderem in seinem „Unterrichtsgespräch über das Nicht-Abbrechen der Primzahlenfolge": pädagogisch maßgebend ist für ihn nicht der Umstand, daß die Schüler ein Stück mathematischen „Stoff" gelernt, sondern die Erfahrung, die sie mit ihrem eigenen Denkprozeß gemacht haben: „Bei jeder neuen Entdeckung wurde ein neues Licht angeknipst". — „Es war, wie wenn ein neuer Teil des Gehirns entdeckt und in Gang gesetzt wurde..." (So die Äußerungen der Schüler).

Bei dieser Art von Selbsterfahrung des kindlichen Ichs durch Unterricht verschwindet die hoffnungslose Dichotomie von kognitiven und affektiven Lernzielen. „Es sind also nicht nur die logischen Erfahrungen, auf die es ankommt", schreibt Wagenschein, „auch nicht emotionale Begleitmusik ist gemeint... Mit der logischen Einsicht untrennbar verbunden ist eine ‚Bewegung' der ganzen Person..." (Wagenschein 1967 S. 220 ff.). Eine Schule, die solche Lernerfahrungen vermittelt, trägt dazu bei, die Spaltung von Intellektualität und Emotionalität aufzuheben, die Kluft zwischen dem bewußten Ich und dem Grund-Ich zu überbrücken.

Prinzipiell müßte im sprachlichen Unterricht ein ähnliches Vorgehen möglich sein: Grammatik oder Wortkunde zu lehren nicht im Sinne einer bloßen Stoffvermittlung, sondern des Innewerdens von Sprachgesetzlichkeiten als Widerspiegelungen der immanenten Gesetzmäßigkeit unseres menschlichen Denkens. „Bewußtseinseigene Sprachbetrachtung" (Gauger 1970), als sprachwissenschaftlicher Forschungsansatz konzipiert, könnte ihre Fruchtbarkeit auch im Sprachunterricht der Schule als didaktisches Prinzip erweisen.

Literatur:

Bateson, G. et al.: Schizophrenie und Familie. Frankfurt 1969.
Bittner, G.: Sprache und affektive Entwicklung. Stuttgart ²1973.
Bittner, G.: Das andere Ich. Rekonstruktionen zu Freud. München 1974.
Ertle, Ch.: Kindliches Erleben und schulisches Lernen. Praxis der Kinderpsychologie und Kinderpsychiatrie. 23, 1974.
Freud, S.: Gesammelte Werke. London-Frankfurt 1940 ff.
Gauger, H.-M.: Wort und Sprache. Tübingen 1970.
Lorenzer, A.: Sprachzerstörung und Rekonstruktion. Frankfurt 1970.
Neidhardt, W.: Kinder, Lehrer und Konflikte. Vom psychoanalytischen Verstehen zum pädagogischen Handeln. München 1977
Reiser, H.: Identität und religiöse Einstellung. Grundlagen zu einem schülerorientierten Religionsunterricht. Hamburg 1972.
Roeder, P. M.: Sozialstatus und Schulerfolg. In: Sprache und Erziehung. 7. Bh. der Z. f. Päd. 1968.
Wagenschein, M.: Unterrichtsgespräch über das Nicht-Abbrechen der Primzahlenfolge. In: Einführung in pädagogisches Sehen und Denken, hrsg. v. A. Flitner u. H. Scheuerl, München 1967.
Wittgenstein, L.: Philosophische Untersuchungen. Frankfurt 1967.
Zimmer, J. (Hrsg.): Curriculumentwicklung im Vorschulbereich. 2 Bde., München 1973.

Zulliger, H.: Bausteine zur Kinderpsychotherapie. Bern-Stuttgart 1966.
Zulliger, H.: Horde, Bande und Gemeinschaft. München o. J.

2. Gehorsam und Ungehorsam

„Gehorsam besteht dort" — nach der Definition eines neueren pädagogischen Lehrbuches —, „wo einer des anderen Willen tut." Dies kann aus verschiedenen Motiven und in verschiedenen Formen geschehen: „Es gibt widerstrebendes, unwilliges, ja haßerfülltes Gehorchen, dann Gehorsam, der aus kalter Berechnung stammt, einen mehr einmaligen und zufälligen Gehorsam aus momentaner Laune heraus und schließlich willigen Gehorsam." Das genannte Werk läßt auch keinen Zweifel, welche Art des Gehorsams die pädagogisch erstrebenswerte sei: „Der Erzieher braucht einen gleichsam zur Haltung gewordenen, willigen, freudigen Gehorsam" (Geissler 1967, S. 44 f.).

Angesichts solcher Gehorsamsfreudigkeit möchte man wohl — zum Ausgleich gewissermaßen — den Ungehorsam als pädagogische Tugend preisen. Doch müßte nüchterne Überlegung der Vermutung Raum geben, daß die Verfechter des Gehorsams wie des Ungehorsams gleichermaßen, nur mit jeweils umgekehrten Vorzeichen, Gefangene eines überkommen pädagogischen Sprachspiels sein könnten — eines Sprachspiels, in dem sich nichts weiter artikuliert als eine Selbstverborgenheit der Erzieher, eine Unbewußtheit hinsichtlich der Bedingungs- und Motivzusammenhänge erzieherischer Wirkungen. Entschließen wir uns, diesen Gedanken weiter zu verfolgen, so werden zwei Gesichtspunkte eingehender zu erörtern sein:

Es ist, erstens, zu fragen, ob die Begriffe Gehorsam und Ungehorsam in ihrer traditionellen Verwendung nicht eine Wertung implizieren, die dem gegenwärtigen gesellschaftlichen Bewußtsein nicht entspricht, indem sie den Gehorsam als „gut", den Ungehorsam als „böse" kennzeichnen, und ob diese Begriffe, zweitens, ihres unangemessenen Wertanspruchs entkleidet, als rein deskriptive Termini überhaupt einen pädagogisch relevanten Bedeutungsgehalt besitzen oder ob man nicht ohne Schaden ganz auf sie verzichten könnte, wenn es darum geht, erzieherische Vorgänge verständlich zu machen.

Der Psychologe Stanley Milgram von der Yale-Universität unternahm in den Jahren 1960—1964 ein denkwürdiges Experiment, mit dem er Einblick in die Bedingungen des Gehorsams in moralischen Konfliktsituationen gewinnen wollte. Milgrams Frage, auf die experimentelle Situation zugespitzt, lautete: „Wenn ein Versuchsleiter einer Versuchsperson aufträgt, eine andere Person zu verletzen, unter welchen Bedingungen wird dann die Versuchsperson dieser Anweisung Folge leisten, und unter welchen Bedingungen wird sie den Gehorsam verweigern?" Zur experimentellen Überprüfung diente die folgende Versuchsanordnung: Eine Person wird gebeten, bei einer wissenschaftlichen Untersuchung mitzuhelfen. Sie soll eine andere Versuchsperson, mit der sie vorher bekannt gemacht worden ist, eine Liste von Assoziationswörterpaaren lehren und jedesmal Strafe anwenden, wenn die lernende Versuchsperson einen Fehler macht. Die Strafe besteht in einem elektrischen Schock, den die lehrende Versuchsperson mittels eines Schockgenerators an die lernende verabreicht. Die Stärke des elektrischen Schlages steigert sich von einem Fehler zum andern; laut Aufschrift auf dem Schaltbrett können Schocks bis zu 450 Volt gegeben werden (Milgram 1967, S. 170).

Natürlich ist das Ganze nur eine Vorspiegelung: die technische Apparatur funktioniert nicht, die lernende Versuchsperson steht mit den Psychologen im Bunde, sie macht absichtlich Fehler, stößt gespielte Schmerzensschreie aus, fleht den anderen an, aufzuhören — die ganze Situation ist mit großer Sorgfalt konstruiert. Viele Versuchspersonen, die Schläge austeilen mußten, kamen in große Gewissensnot: sie wandten sich an die Psychologen mit der Frage, ob sie nicht aufhören dürften. Mit Bestimmtheit, aber ohne Drohungen wurden sie aufgefordert, fortzufahren. 65% der Versuchspersonen waren, wenn sich die lernende Versuchsperson nicht im gleichen Zimmer befand, dazu zu bewegen, den Maximalschock von 450 Volt — trotz der Aufschrift auf dem Schaltbrett „Gefahr: Schwerer Schock" — zu geben. Um dem Einwand zu begegnen, daß die Versuchspersonen sich nur im Vertrauen auf die Hintergrundsautorität der berühmten Universität hätten dazu bringen lassen, das Verlangte zu tun, verlegte man das Unternehmen in eine völlig unbedeutende amerikanische Industriestadt und gründete eine obskure Gesellschaft, welche die gleichen Versuche in einem „etwas heruntergekommenen Geschäftsgebäude" durchführte. Auch unter diesen, sehr wenig vertrauenerweckenden Rahmenbedingungen fanden sich auf Entfernung vom Opfer immer noch 48% der Versuchspersonen bereit, den Maximalschock zu geben.

Milgram zieht aus seinen Ergebnissen recht pessimistische Folgerungen: „Mit ermüdender Regelmäßigkeit sah man nette Menschen sich den Forderungen der Autorität unterwerfen und Handlungen ausführen, die gefühllos und hart waren. Menschen, die im Alltagsleben verantwortungsbewußt und anständig sind, wurden durch den Anschein der Autorität und durch die kritiklose Übernahme der vom Experimentator gesetzen Bestimmungen der Situation zu grausamen Taten verführt." „Die Ergebnisse ... beunruhigen den Verfasser. Sie lassen die Möglichkeit aufscheinen, daß von der menschlichen Natur oder — spezifischer — von dem in der amerikanischen Gesellschaft hervorgebrachten Charaktertyp nicht erwartet werden kann, daß er ihren Bürgern vor brutaler und unmenschlicher Behandlung auf Anweisung einer böswilligen Autorität Schutz böte" (Milgram 1967, S. 191, 192). Es erscheint überflüssig, zu fragen, ob vom deutschen Charaktertyp in dieser Hinsicht Besseres zu erwarten wäre.

Es ist der Einwand zu erwarten, daß Versuche solcher Art weniger über die menschliche Anfälligkeit für blinden Gehorsam aussagten als vielmehr über die Geistesverfassung von Psychologen, die solche Experimente erfinden. In der Tat — es bedarf einer ganz bestimmten Geistesverfassung, eines umschriebenen geschichtlich-gesellschaftlichen Erfahrungshorizonts, welche Fragen solcher Art überhaupt erst untersuchenswert erscheinen lassen. Der Zweite Weltkrieg, das Hitler-Regime und seine Taten, vielleicht auch das amerikanische Engagement in Korea dürften bei der Konstruktion des Versuchs Pate gestanden haben. Milgrams Versuch gründet sich somit auf eine geschichtlich-gesellschaftliche Vorerfahrung, die besagt, daß Autorität, besonders politische, nicht immer gut und ihr Verlangen nicht immer Rechtens sei. Insoweit impliziert die Versuchsanordnung ein kritisch-politisches Bewußtsein. Nicht ohne tieferen Grund ist der Versuch als Lernexperiment getarnt. Die Lernforschung darf heute als Prototyp einer Forschungsrichtung mit imponierender methodenkritischer Exaktheit, doch gerade ohne zureichendes gesellschaftlich-kritisches Bewußtsein gelten. Aufgrund dieser Bewußtseinslücke hat sie sich zu einem der gefährlichsten Vehikel einer gleichsam technischen Erzeugung von Gehorsam entwickelt. Der Lernpsychologe weiß genau, wie man Ratten, Kinder oder neurotische Patienten durch Belohnung oder Bestrafungen — ganz pragmatisch selbstverständlich, ohne allzuviel über das Wie und Warum zu spekulieren — dazu bringen kann, das Verlangte zu tun, und das heißt: zu gehorchen. Die umgekehrte Frage, wie man Ratte, Kind oder Patienten dazu bringen könnte, trotz Belohnung oder Bestrafung das Verlangte *nicht* zu tun und seinen eigenen Bedürfnissen zu folgen, findet symptomatischerweise ein sehr viel geringeres Interesse.

Man kann Milgrams Studie auch als eine Art makabrer Parodie auf allzu simple lernpsychologische Experimente lesen. Denn dies ist ja der Konflikt, in den er seine Versuchspersonen bringt und der zugleich einen der beherrschenden Konflikte des aktuellen pädagogischen Bewußtseins spiegelt: daß Autoritäten Gehorsam erwarten, ohne sich legitimieren zu können, daß die Versuchsperson davon ausgehen muß, die Autorität könne genauso Böses wie Gutes verlangen.

Es ist eine verwandte Bewußtseinslage, welche in unserem Lande die Theologin Dorothee Sölle formuliert: für den Theologen genüge „schon der wiederholte Hinweis auf den Gehorsam im Munde Eichmanns, Höss' und tausend anderer, um das Wort in der Kehle stecken zu lassen. Es ist nicht möglich, nach diesem Sprachgebrauch von Gehorsam in der theologischen Unschuld des Begriffes zu reden" (Sölle 1968, S. 13).

Nun, die Pädagogik redet seit alters her und bis heute von *Gehorsam in der vorpolitischen und vorkritischen Unschuld des Begriffes*. Die Wurzeln dieses pädagogischen Gehorsamsverständnisses reichen weit zurück in die christliche Tradition, bis zu Paulus und Luther. Noch heute erscheint manchen Pädagogen der Rat des Pfarrers an den Vater in Christian Gotthilf Salzmanns Erziehungsroman „Conrad Kiefer" weise:

„Wenn er nach Hause kommt, so commandiere er ihn fein oft. Lasse er sich Stiefeln, Schuhe und die Tabakspfeife holen und wieder wegtragen, lasse er ihn die Steine im Hofe von einem Platze zum andern legen ...

Ich commandierte nun das Kind, wie mir der Herr Pfarrer geraten hatte, und es hatte seinen guten Nutzen. Wenn ich ihm etwas befahl, so fiel es ihm gar nicht ein, sich zu weigern; es glaubte, es müsse so sein, daß es gehorche." (Salzmann, S. 406)

Das ist die *aufgeklärte Unschuld* des Gehorsamsverständnisses, welche das Wort der Eltern mit der Stimme der Vernunft und der Ordnung identifiziert.

In einer anderen, *religiösen Unschuld* begründet Pestalozzi den Gehorsam des Kindes. Zwar erkennt er, der Gehorsam sei „in seinem Ursprunge eine Fertigkeit, deren Triebräder den ersten Neigungen der sinnlichen Natur entgegenstehen" (Pestalozzi, S. 346). Gehorsam und Liebe, Dankbarkeit und Vertrauen ist jedoch die Tetras kindlicher Tugenden, die dem Naturverhältnis zwischen dem Säugling und seiner Mutter entkeimt. Und wenn das Kind der Mutter nicht mehr bedarf, dann findet es sich von ihr auf Gott verwiesen: „Das Kind, das von nun an an das Auge Gottes glaubt wie an das Auge der Mutter, tut jetzt um Gottes willen recht, wie es bisher um der Mutter willen recht tat" (Pestalozzi, S. 348).

Zwischen diesen beiden gleich „unschuldigen" Begründungen des Gehorsams, der aufklärerisch vernünftigen und der religiösen, bewegt sich das pädagogische Verständnis noch heute. Manche Autoren unternehmen es gar, unter Berufung auf eine religiöse Weltdeutung die Möglichkeit des Gehorsams zu einer „ontologischen Realität im Menschen" hinaufzustilisieren, wobei das Gehorchen durch allerlei etymologische Interpretationskünste zu einem Hören, Horchen, Hinhorchen entschärft wird (März 1962, S. 62). Andere beziehen die gegenwärtige Fragwürdigkeit der Gehorsamsforschung zwar in ihre Überlegungen ein, kehren aber dann doch unberührt von der tieferliegenden Problematik zum traditionellen Gehorsamsverständnis zurück. Einige Kautelen werden eingebaut, etwa ein „echter" Gehorsam, der frei macht, von einem untertänigen „Scheingehorsam" unterschieden (Plattner 1957, S. 38 ff.) oder von einem „Doppelgesicht" des Gehorsams gesprochen (Dürr 1962, S. 27). Doch eine pädagogische Theorie des Gehorsams angesichts der Tatsache, daß Autoritäten — auch pädagogische, selbst elterliche Autorität! — nicht mehr von vornherein als legitimiert gelten können, daß sie auch böse sein können und auch im günstigen Falle selten genug allein das Wohl des Kindes im Auge haben — eine pädagogische Theorie, die alle diese Momente berücksichtigt, die also keine „unschuldige" Theorie mehr wäre, ist bis heute nicht vorgelegt worden. Selbst das Problem wurde bisher fast nur von pädagogischen Außenseitern aus dem Lager der psychoanalytischen Kulturkritik anvisiert, so z. B. von A. Mitscherlich, der für die Erziehung ein neues Modell fordert, das „den Übergang von der Pflicht, zu gehorchen, zu der andern Pflicht, Gehorsam zu verweigern, deutlich machen kann" (Mitscherlich 1963, S. 257). Noch deutlichere Umrisse gewinnt der gleiche Gedanke in der Schrift des Mitscherlich-Schülers P. Brückner „Zur Pathologie des Gehorsams": „Die Erziehung des Kindes, die nun einmal auf Gehorsam nicht schlechtweg und überall verzichten kann, muß dennoch Ungehorsam möglich machen ... Zur Technik dieser Erziehung gehört auch die Unterweisung darin, wie, wo und auf welche Weise Ungehorsam zu üben wäre." Erziehung soll, so meint Brückner weiter, „indem sie in die Gesellschaft einführt, gleichzeitig gegen sie immunisieren". Einübung setzt Gehorsam voraus, Erziehung soll aber zugleich überall dort gegen Befehle und Manipulationen immunisieren, wo wir „dazu gezwungen wären, statt einer rational ausgewiesenen und durchsichtigen Maxime irgendwelchen Vorurteilen ... zu folgen" (Brückner 1967, S. 157).

Gehorsam und Ungehorsam wären nach dieser Meinung prinzipiell gleichwertige Verhaltensweisen, deren Wert sich nach den Umständen der jeweiligen Situation bestimmt. In der Tat gibt es in der Erziehung für das Kind typische und immer wiederkehrende Gehorsams- und Ungehorsamsnotwendigkeiten:

Gehorsam ist vielfach notwendig zum Schutz des Kindes selbst. Beispiele dafür gibt es reichlich. Das Kind, dem verboten wurde, auf den zugefrorenen Teich zu gehen, ist im allgemeinen noch zu klein, um selbständig zu entscheiden, ob das Eis trägt. „Messer, Gabel, Scher' und Licht sind für kleine Kinder nicht", sagte man den Kindern früher. Heute gibt es noch viele andere Dinge, die auch „nicht für kleine Kinder" sind: Strom und Gas, Putzmittel und Arzneien, der Zündschlüssel am Auto. Das Kind ist vor allen diesen Gefahren besser geschützt, wenn es gehorchen kann.

Zum andern verlangt das Gemeinschaftsleben gewisse Einschränkungen, die der kindlichen Natur zuwiderlaufen und für die deshalb ein Verständnis nicht erwartet werden kann: etwa gewisse Ordnungsformen zu Hause und in der Klasse. „Ein Unterricht, bei dem der Lehrer dauernd umständlich begründen müßte, warum er jetzt etwas lesen oder zeichnen oder rechnen läßt, würde zur Farce, ein Unterrichtsgang mit Schülern, die die Anweisungen des Lehrers nicht sofort zu befolgen gelernt haben, zur öffentlichen Belästigung" (Geissler 1967, S. 46). Doch Gehorsam in diesem Sinne kann allenfalls ein technisches Erfordernis der Erziehung, keinesfalls eine kindliche Tugend sein.

Lernen, aus Einsicht zu gehorchen, dagegen bedeutet, wenn damit keine verschleiernde Leerformel gemeint sein soll, immer zugleich: lernen, nicht zu gehorchen. Es erscheint zweifelhaft, ob man diese Unterwerfung aus Einsicht überhaupt noch als Gehorsam bezeichnen sollte, sofern Gehorchen heißt, den Willen eines andern zu tun. Nicht umsonst kennzeichnet der Übergang von der uneinsichtigen zur einsichtigen Befolgung der Regel nach Piaget zugleich den Umschlagspunkt von der heteronomen zur autonomen kindlichen Moral (Piaget 1954).

Beim *Ungehorsam* sind drei Typen mit jeweils unterschiedlicher Bedeutung für die Entwicklung des Kindes zu unterscheiden: der psychologisch einfachste Fall ist der Verstoß gegen eine einsichtige und vom Kinde akzeptierte Regel. Dieser Ungehorsam ist Ausdruck eines Übergewichts der affektiv-triebhaften Motive über die Steuerungskräfte des Ichs und Über-Ichs, unter Umständen auch nur Resultat der von Piaget beschriebenen zeitlichen Diskrepanz zwischen den Stadien der Regelerfassung und Regelbefolgung beim Kinde. Auch erzieherisch gesehen stellt sich diese Form recht unkompliziert dar: sofern man nicht darauf vertraut, das Gleichgewicht zwischen Einsicht und Handeln werde sich von selbst wiederherstellen, mag allenfalls eine Stärkung der Ich- oder Überich-Kräfte am Platze sein.

Der zweite Ungehorsamstyp, den ich in Anlehnung an Ausführungen des holländischen Psychoanalytikers P. Kuiper „neurotische Aufsässigkeit" nennen möchte, stellt einen unvollständigen, auf halbem Wege stehengebliebenen und damit unter die Gewalt des Wiederholungszwangs geratenen Versuch der Emanzipation des heranwachsenden Individuums dar. Kuiper demonstriert diese neurotische Aufsässigkeit an der Krankengeschichte eines jungen Mannes, der sich zunächst auf das katholische Priesteramt vorbereitet, und der nach dem Abbruch seiner theologischen Studien seinen Eifer darein setzte, möglichst viele Mädchen zu verführen, und das Gefühl hatte, damit eine Mission zu erfüllen. Gerade in seinem Ungehorsam kam der junge Mann von seiner kirchlichen Gehorsamsbindung nicht los. Er mußte sich immer wieder beweisen, daß er jetzt frei sei und tun dürfe, was er wolle, und versuchte damit vergeblich, sein fortbestehendes Schuldgefühl zu überspielen. Zu diesem Typus der neurotischen Aufsässigkeit, einer eigentlich mißlungenen Emanzipation, rechnet Kuiper auch manche der gegenwärtig praktizierten Formen jugendlichen Protests (Kuiper 1968).

Eine dritte Form des Ungehorsams dagegen ist als entwicklungsnotwendig zu betrachten, in ihr vollzieht sich die fortschreitende Emanzipation des jugendlichen Individuums. Dieser Typus ist mit dem etwas abgegriffenen Terminus „Tabu-Bruch" exakt zu bezeichnen. Unter „Tabu" sind im Sinne Freuds Verbote zu verstehen, die jeder rationalen Begründung entbehren. „Sie sind unbekannter Herkunft; für uns unverständlich, erscheinen sie gerade jenen selbstverständlich, die unter ihrer Herrschaft leben." Tabus sind also, in einem ersten, weitesten Sinne, kulturelle Selbstverständlichkeiten. Und, zum zweiten: „Grundlage des Tabu ist ein verbotenes Tun, zu dem eine starke Neigung im Unbewußten besteht." Endlich, drittens, wird das Tabu durch irrationale, magische Kräfte und Gewalten sanktioniert: „Allen diesen Verboten scheint etwas wie eine Theorie zugrunde zu liegen, als ob diese Verbote notwendig wären, weil gewissen Personen und Dingen eine gefährliche Kraft zu eigen ist ..." „Es darf uns ahnen, daß das Tabu der Wilden Polynesiens doch nicht so weit von uns abliegt ...", schreibt Freud an anderer Stelle (Freud IX, S. 27, 42, 30 f., 31). Und dies gilt nicht nur für die von Freud konstatierte Ähnlichkeit des Tabus mit gewissen Elementen der Zwangsneurose: jede Kinderstube kennt eine große Anzahl solcher Tabus mit magischen Strafsanktionen: „Gott sieht alles, er sieht dir auch ins Herz." „Wenn man das tut, wird man krank" — mit solchen Formeln läßt sich etwa die kindliche Onanie vortrefflich tabuisieren. Die heute noch verbreiteten Struwwelpeter-Geschichten enthalten weitere Beispiele für die Tabuisierung unerwünschter kindlicher Verhaltensweisen durch magisch-irrationale Strafandrohung. Auch in einer anderen wichtigen Literaturgattung für Kinder, dem Märchen, spielen Tabu und Tabu-Bruch eine wichtige Rolle. L. Röhrich hat dazu neuerdings von volkskundlicher Seite einiges interessante Belegmaterial veröffentlicht (Röhrich, 1967) Die Märchen scheinen es jedoch, anders als der Struwwelpeter, auf irgendeine heimliche Weise mit dem Ungehorsamen, mit dem Tabu-Verletzer zu halten. Gewiß — wenn Rotkäppchen sich an das Gebot der Mutter gehalten hätte und auf dem rechten Wege geblieben wäre, dann wäre es nicht vom Wolf gefressen worden, doch dann lebte auch der Wolf noch heute. Oder wenn im Grimmschen Märchen von den Schlangenblättern der Diener nicht verbotenerweise von der weißen Schlange des Königs gegessen hätte, dann verstünde er die Sprache der Tiere nicht und hätte die Prinzessin nicht gewinnen können. Und endlich das in Märchen so häufige Tabu der verschlossenen Tür, im „Marienkind" beispielsweise oder im „Blaubart": Blaubarts junge Frau mußte die verbotene Kammer betreten — hätte sie es nicht getan, so wäre sie zwar nicht in Todesgefahr geraten, doch sie wäre dafür dem Blaubart ihr Leben lang untertan geblieben, und die Geschichte hätte nicht gelohnt, als Märchen erzählt zu werden. Unfolgsamkeit, so scheint die heimliche Moral des Märchens zu sein, schafft zwar Leiden und Verwicklungen, doch letzten Endes gewinnt sie alles, was das Herz begehrt: Königreiche, Reichtümer und die schöne Prinzessin.

Brechen wir das Spiel mit symbolischen Andeutungen ab. Das Kind kann im Märchen etwas Wichtiges lernen: daß man oft gerade das tun muß, was tabu ist — ob es sich nun um eine heimliche Entdeckungsreise, um die erste Zigarette oder das erste Rendezvous handeln mag. Das Kind vergewissert sich seiner Freiheit nicht durch Denken, sondern durch Handeln. Indem es das tut, was tabu ist, reduziert es das magische oder mit göttlicher Autorität sanktionierte Verbot auf ein von Menschen gemachtes, dem allenfalls Achtung als einer zwischen Menschen geltenden Regel, doch keine darüber hinausgehende

Reverenz gebührt. Im Ungehorsam vergewissert sich der junge Mensch, daß Gebote von Menschen gemacht sind und bloß menschliche Autorität beanspruchen dürfen.

In diesem Zusammenhang ist die von Wolfgang Loch vorgetragene, auf psychoanalytische Argumente gestützte Apologie des Sexualtabus zu erwähnen, die der hier vertretenen Auffassung widerspricht. Loch meint gegenwärtig zu beobachten, daß „die totale Aufhebung der sexuellen Tabus wenn nicht zur Neurose ..., so doch sehr leicht zur Verwahrlosung und zur Verflachung der Bewußtseinsstrukturen" (Loch 1968, S. 734) führen kann. Doch scheint mir die Beweisführung Lochs auf zwei ungeklärten Voraussetzungen zu beruhen:

1. erweist sich das, was Loch als Verwahrlosung bezeichnet, vielfach als eine kompliziertere Form von Neurose; wo er Anomie zu sehen vermeint, konstatieren andere psychoanalytische Beobachter wie Kuiper in seinem obenerwähnten Aufsatz — und mir scheint, mit größerem Recht — eine Abwehr neurotischer Schuldgefühle. In diesem Falle wäre das Symptombild gerade nicht durch den Verlust der Norm, sondern durch eine mangelhaft gelungene Emanzipation vom Tabu bedingt;

2. Verwendet Loch den Begriff des Sexualtabus unscharf und zu wenig spezifisch: er setzt Triebverzicht, Sexualverbot, Repression und Tabu annähernd gleich. Doch ist diese unscharfe Verwendung der Begriffe nicht berechtigt: Ich-syntoner Triebverzicht als Voraussetzung von Sublimierungsleistungen ist im Sinne Freuds keineswegs identisch mit tabu-gesteuerter Verdrängung. Von daher erscheint Lochs Schlußfolgerung, Sexualtabus müsse es gerade um der Freiheit willen geben, terminologisch mißverständlich und in der Sache eher verwirrend.

Wo der Unterschied zwischen Ich- und Überich-Gehorsam im Sinne Mitscherlichs, d. h. zwischen freiwilliger Befolgung als notwendig anerkannter Spielregeln des Zusammenlebens und addressiertem Autoritätsgehorsam, nicht in aller Schärfe gesehen und durchgehalten wird, bleiben alle pädagogischen Folgerungen im Vagen und Ungefähren stecken. Nur der Tabu-Ungehorsam kann zur befreienden Tat werden, nicht der Ungehorsam gegen akzeptierte und eingesehene Regeln des menschlichen Zusammenlebens. Niemand wird dadurch innerlich frei, daß er bei „rot" die Straße überquert. Ein großer Teil der Spannungen zwischen den Generationen mag allerdings daher rühren, daß den Jüngeren vieles als Tabu erscheint, was die Älteren für wohlbegründete und notwendige Spielregeln halten. „Um der Freiheit willen" — um noch einmal Lochs Formulierung aufzugreifen (Loch 1968, S. 736) — wird es zwar nicht nötig sein, Tabus zu konservieren, wohl aber allgemein akzeptable Spielregeln zu finden und einzuhalten, unbeschadet des Vorrechts einer jeden Generation, „to test the limits", d. h. immer wieder neu die Grenzen jenes Freiheitsspielraums abzustecken, der in der jeweiligen gesellschaftlichen Situation erreichbar ist.

Kehren wir noch einmal zurück zu der eingangs zitierten Definition von Gehorsam: *den Willen eines andern tun.* Dies ist eine rein pragmatische Festlegung, und die traditionelle Erziehungslehre hätte wohl hinzugefügt: „den Willen eines andern tun, sofern dieser andere ausgewiesene Autorität ist, sofern er in sittlicher Verantwortung für das Kind steht" — oder so ähnlich. Die vorangegangenen Überlegungen haben gezeigt, daß es derzeit unmöglich ist, Autorität von gemeinsamen Wertkategorien her überzeugend zu legitimieren. Gehorsam und Ungehorsam können heute nicht mehr „an sich" als Tugenden oder Untugenden gelten, sondern gewinnen Wert und Sinn im Kontext der Situation. Gehorsam läßt sich daher allgemein nicht mehr wertbezogen, sondern nur formal als Merkmal eines Verhaltens — eben der Übereinstimmung mit dem Willen eines andern — definieren.

Doch nun stellt sich die zweite der eingangs formulierten Fragen, ob unter diesen Umständen „Gehorsam" und „Ungehorsam" überhaupt noch pädagogisch sinnvolle Termini sein können. Den Willen eines andern tun, ohne daß vorausgesetzt werden kann, daß dieser Wille der maßgebliche, der bessere und wertvollere sei — ist das noch ein hervorhebenswertes Merkmal kindlichen Verhaltens? Den Willen eines anderen zu tun bzw. nicht zu tun, reduziert sich unter diesen Umständen auf ein sozialpsychologisches Phänomen, einen Aspekt der Interaktion zwischen Erwachsenen und Kindern.

Ob und unter welchen Umständen Kinder das tun, was die Erzieher von ihnen wollen, hängt von mannigfachen Bedingungen und Motivverflechtungen ab — oftmals auch davon, wie weit die Erzieher ihrerseits bereit sind zu tun, was die Kinder wollen. Man kann mit Helena Stellwag geradezu von einer „erzieherischen Funktion des Kindes" sprechen: die Rollen des Erwachsenen und des Kindes sind wechselseitig aufeinander bezogen und voneinander abhängig; allenfalls läßt sich von einem Aktivitätsgefälle in dem Sinne sprechen, daß beim Erwachsenen mehr an Initiative liegt, daß von ihm stärkere Impulse ausgehen als vom Kinde (Stellwag 1963). Gehorsam und Ungehorsam können also nur als geglückte oder mißglückte Kompromisse, als erreichtes oder verfehltes Gleichgewicht zwischen den Wünschen des Erwachsenen und den Wünschen des Kindes verstanden werden.

Die Begriffe „Gehorsam" und „Ungehorsam" wecken jedoch Assoziationen, die diesem Verständnis im Wege stehen. „Gehorsam" suggeriert einen Wirkmechanismus einseitiger Art; der Erwachsene befiehlt, und das Kind gehorcht. Diese Vorstellung ist geeignet, unbewußte Allmachtsvorstellungen beim Erwachsenen zu beleben: ich spreche ein Wort, und mein Wille geschieht. In dem Sprachspiel *Gehorsam versus Ungehorsam* wird die Wechselseitigkeit des Verhältnisses, der Kompromißcharakter der Willensanpassung nur unzureichend formuliert. Manche Mutter braucht ein Kind, dessen Willen unbedingt mit dem ihren übereinstimmt. Sie würde sonst unerträgliche Angst bekommen. Daher ist in diesem Falle „Gehorsam" der einzig mögliche Kompromiß. Denn welches Kind, das ja umgekehrt genauso auf die Liebe der Mutter angewiesen ist wie die Mutter auf den „Gehorsam" des Kindes, wird sich im Ernst Appellen von der Art entziehen können: „Wenn du mich lieb hast, dann tust du das und das"? — Andere Mütter brauchen ungehorsame Kinder — zur Überwindung der Langeweile beispielsweise. Man kann in der Erziehungsberatung Kinder sehen, deren Ungebärdigkeit schlagartig verschwindet, sobald das Leben der Mutter auf andere Weise abwechslungsreicher und interessanter geworden ist.

Diese Auffassung, die Gehorsam und Ungehorsam als Modi einer versuchten Konfliktbewältigung versteht, läßt sich von psychoanalytischen Gedankengängen her begründen. Alice Balint hat in ihrem Aufsatz „Liebe zur Mutter und Mutterliebe" auf die Wechselseitigkeit der Stimulation von Mutter und Kind in der allerfrühesten Lebensphase hingewiesen. In der ursprünglichen Mutter-Kind-Einheit, meint sie, seien die Impulse der Mutter und des Kindes vollständig aufeinander abgestimmt, daß sie sich gegenseitig volle Befriedigung zu spenden vermögen. Diese völlige Übereinstimmung zwischen zwei Menschen werde erst in der genitalen Partnerbeziehung wieder erreicht. Für die menschliche Entwicklung sei es charakteristisch, daß diese beiden Phasen völliger und ungetrübter Harmonie nicht unmittelbar aufeinanderfolgten, sondern durch eine zeitliche Kluft getrennt seien. „Der für den Menschen charakteristische zeitliche Abstand zwischen Kleinkind-Periode und Erwachsenheit ... führt jene Unstimmigkeit herbei, die ausgeglichen werden muß." „So wird das Kind vor die Aufgabe gestellt, sich den Wünschen jener anzupassen, deren Liebe es bedarf" (A. Balint, in: M. Balint 1966, S. 128, 130).

In diesem Anpassungsprozeß, den man als Erziehung im weitesten Sinne verstehen kann, spielen die Gehorsamsforderungen der Eltern schon frühzeitig eine Rolle. Dies konnte R. Spitz in seiner subtilen Studie „Nein und Ja — Die Ursprünge der menschlichen Kommunikation" zeigen: indem sich das Kind mit dem „Nein", mit den Verboten der Eltern identifiziert, ihnen gehorcht, lernt es erstmals, sich als Ich seinen Triebwünschen entgegenzustellen, im Worte und in der semantischen Geste des „Nein" von ihnen zu abstrahieren. Das am elterlichen Verbot erlernte „Nein" ist damit einer der wichtigsten und frühesten Organisatoren des kindlichen Ich. Diese von Spitz beschriebene Phase scheint die einzige in der gesamten menschlichen Entwicklung zu sein, in der die Gehorsamsforderung einen psychologisch angebbaren, positiven Sinn gewinnt (Spitz o. J.).

Doch die Gehorsamsforderung wird noch lange darüber hinaus aufrechterhalten. Von den späteren Anforderungen der Eltern an das Kind bleibt vieles, vielleicht das meiste, irrational. Schon aus dem Kreise der psychoanalytischen Pädagogen der zwanziger Jahre liegen einzelne Studien vor, die zeigen, wie die Forderungen der Eltern vielfach deren eigenen, unbewußten Motiven entspringen. H. E. Richter hat diesen Ansatz erweitert und vertieft und mit eindrucksvollen klinischen Fallanalysen belegt. Richter zeigt, wie die Erziehungsanforderungen der Eltern aus einem unbewußten Wunsch- und Vorstellungsbild erwachsen, das die Rolle des Kindes in der Familie bestimmt. „Die elterlichen Phantasien, die dem Kind gewidmet sind, enthalten positive Erwartungsvorstellungen: wie das Kind sein soll. Sie enthalten ebenso negative Erwartungsvorstellungen: wie das Kind gerade nicht sein soll. Manche Vorstellungen sind jedoch auch zugleich mit positiven und negativen Affekten besetzt: Das Kind soll so sein, zugleich aber auch nicht so sein. Zwanghaft drängt sich das Bedürfnis auf, daß das Kind ein bestimmtes Verhalten realisieren möge" (Richter 1963, S. 85; vgl. Bornstein 1964). Diese Erwartungen und Rollenvorschriften an das Kind bleiben im allgemeinen unbewußt. Gewinnen sie in Gestalt von ausgesprochenen Gehorsamsforderungen Zugang zum Bewußtsein, so mag schon darin ein Indiz liegen, daß die Forderung selbst konflikträchtig, ihre Erfüllung fragwürdig geworden ist.

Ist die Gehorsamsforderung im Umgang zwischen Erwachsenen und Kindern ersetzbar? Gestatten Sie mir, die Antwort auf diese Frage über einen kleinen Umweg zu versuchen — einen Umweg, der durch Erfahrungen in der praktischen Ausübung der Psychoanalyse motiviert ist. Obgleich wir es uns nicht allzu gerne eingestehen: es kommt auch in psychoanalytischen Behandlungen gelegentlich vor, daß uns die besonderen Umstände dazu zwingen, einem Patienten eine Vorschrift zu machen: etwa die, eine für ihn selbst oder andere unmittelbar schädliche Lebensgewohnheit aufzugeben. Freud selbst trug keine Bedenken, Patienten auch ohne diese begrenzte Indikation gelegentlich eine — sagen wir — perverse Sexualbetätigung zu verbieten, wenn er sich davon einen Fortschritt in der Behandlung versprach. „Er will nicht glauben", klagte er in einem Brief an Pfister über einen jungen Patienten, bei dem er einen Einspruch dieser Art erfolglos versucht hatte, „daß solche Abstinenz ... für den Fortgang der Kur unerläßlich ist" (Freud-Pfister 1963, S. 114). Auch heute kommen wir nicht immer umhin, unseren Patienten solche Vorschriften zu machen. Doch anders als Freud werden wir die Gehorsamsforderung, zu der wir uns gedrängt fanden, selbst als Ausdruck des Konflikts nehmen, den der Patient an uns agiert, um sie so bald wie möglich durch das Verstehen ihres Motivhintergrundes überflüssig zu machen.

In der Erziehung scheint ein analoges Vorgehen grundsätzlich möglich zu sein. Ist die Gehorsamsforderung Ausdruck eines Konflikts zwischen den Wünschen des Erziehers und den Wünschen des Kindes, so läßt sich dieser Konflikt, statt im Durchsetzen des Gehorsams agiert zu werden, auch als Vehikel eines tieferen Verstehens der wechselseitigen Bedürfnisse von Kind und Erzieher benutzen.

Ein instruktives Beispiel einer solchen im Verstehen überstiegenen Gehorsamsforderung wird von Father Flanagan, dem Begründer der berühmten amerikanischen Jungenstadt, berichtet. Ein achtjähriger Junge, der nach einem Bankraub nach Boys Town gekommen war, hatte alle Erziehungsversuche an seinem wütenden und ungebärdigen Widerstand scheitern lassen. Father Flanagan hält auch bei diesem Kind an seiner Überzeugung fest: „Es gibt keinen schlechten Jungen" — und stachelt damit seinen Widerstand nur immer mehr an. Die Wende bringt der folgende Dialog:

„Eddie, ... was ist ein guter Junge? Ein guter Junge ist gehorsam, stimmt das?"
„Tja."
„Er tut das, was seine Lehrer ihm sagen, ja?"
„Darauf können Sie wetten."
„Nun, das hast Du je und je getan, Eddie. Das Unglück ist nur, daß Du an die falschen Lehrer geraten bist — hartgesottene, schwere Jungen am Hafen und kleine Gauner, die an den Ecken herumstehen. Aber Du hast ihnen fraglos gehorcht. Du hast alle Übeltaten begangen, die sie Dich lehrten. Wenn Du nur hier den guten Lehrern ebenso folgen würdest — Du wärest ein famoser Junge."

Die Wirkung dieser einfachen Worte soll plötzlich und nachhaltig gewesen sein; der Bericht vergleicht sie mit einer Geisterbeschwörung oder einer Teufelsaustreibung (F. u. W. Oursler 1961, S. 77).

Was hat Father Flanagan mit seiner Bemerkung pädagogisch bewirkt? Man könnte seine Intervention („Wenn du nur hier den guten Lehrern ebenso folgen würdest ...") als eine besonders geschickte, ja raffinierte Verkleidung der Gehorsamsforderung verstehen; und vielleicht würde Father Flanagan sie selbst in diesem Sinne verstanden haben. Doch nicht das ist es, was den exemplarischen Charakter der geschilderten Situation ausmacht, und nicht diesem letzten Endes doch wieder naiven Appell dürfte der erzieherische „Erfolg" zu verdanken sein. Indem der Erzieher meinte, den Jungen zum Gehorsam gegen die „guten" Lehrer zu ermuntern, unterlief ihm unversehens und unbewußt etwas ganz anderes, und dieses andere darf als das eigentlich psychodynamische Agens gelten. Daß ein „gehorsames" Verhalten des Jungen die Folge war, ist dabei fast unwesentlich. Father Flanagan weckte bei dem Jungen eine Einsicht in die Hintergründe und Verknüpfungen seines bisherigen Tuns — eine Einsicht, die ihm half, seine Identität zu finden: denn wird der seitherige Ungehorsam als Gehorsam verstanden und darin gleichsam dialektisch aufgehoben, so erlaubt diese Einsicht dem Jungen eine Versöhnung seiner ungehorsamen Vergangenheit mit seiner gehorsamen Zukunft — und durch die Relativierung der Begriffe von Gehorsam und Ungehorsam noch ein weiteres: ein Verständnis erzieherischer Bindung und Befreiung jenseits von Gehorsam und Ungehorsam.

Literatur:

Balint, A.: Liebe zur Mutter und Mutterliebe. In: M. Balint, Die Urformen der Liebe und die Technik der Psychoanalyse. Bern-Stuttgart 1966.
Bornstein, S.: Unbewußtes der Eltern in der Erziehung der Kinder. In: G. Bittner u. W. Rehm (Hrsg.): Psychoanalyse und Erziehung. Bern-Stuttgart 1964.
Brückner, P.: Zur Pathologie des Gehorsams. In: A. Flitner u. H. Scheuerl (Hrsg.), Einführung in pädagogisches Sehen und Denken, München 1967.
Dürr, O.: Ist gehorchen so schwer? Stuttgart 1962.
Freud, S.: Gesammelte Werke, London-Frankfurt 1940 ff.
Freud, S. — O. Pfister: Briefe. Frankfurt 1963.
Geißler, E.: Die Erziehungsmittel. Bad Heilbrunn 1967.
Kuiper, P.: Die Abwehr neurotischer Schuldgefühle in der Gegenwart. Psyche 22, 1968.
Loch, W.: Bemerkungen zur Rolle des Sexualtabus. Psyche 22, 1968.
März, F.: Hören, Gehorchen und personale Existenz. München 1962.
Milgram, S.: Einige Bedingungen des „Autoritätsgehorsams" und seiner Verweigerung. In: Die politische und gesellschaftliche Rolle der Angst, hrsg. v. H. Wiesbrock, Frankfurt 1967.
Mitscherlich, A.: Auf dem Weg zur vaterlosen Gesellschaft. Frankfurt 1963.
Oursler, F. u. W.: Pater Flanagan von Boy's Town. Konstanz-Stuttgart ³1961.
Pestalozzi, J. H.: Wie Gertrud ihre Kinder lehrt. In: Schriften III, Erlenbach-Zürich 1946.
Piaget, J.: Das moralische Urteil beim Kinde, Zürich 1954.
Plattner, E.: Weg des Vertrauens. Stuttgart 1957.
Richter, H. E.: Eltern, Kind und Neurose. Stuttgart 1963.

Röhrich, L.: Tabus in Volksbräuchen, Sagen und Märchen. In: Festschrift f. Werner Neuse, Berlin 19"7.
Salzmann, Ch. G.: Konrad Kiefer. In: Pädagogische Schriften, hg. v. R. Bosse u. J. Meyer. I. Teil. Wien-Leipzig 1886.
Sölle, D.: Phantasie und Gehorsam. Stuttgart ²1968.
Spitz, R.: Nein und Ja. Stuttgart o. J.
Stellweg, H.: Die erzieherische Funktion des Kindes. Neue Sammlung 3, 1963.

3. Die Entstehung männlicher und weiblicher Charaktere

Die „aufgeklärte" Meinung über dieses Thema ist eindeutig: charakterliche Unterschiede zwischen Männern und Frauen gebe es nicht. Wenn Männer für die materielle Existenz der Familie sorgen und Frauen den Haushalt führen, wenn Männer polygam sind und Frauen häuslich, wenn kleine Jungen lieber mit Baukästen spielen und kleine Mädchen lieber mit Puppen — so hat alles dies der „aufgeklärten" Meinung nach nichts mit Wesensunterschieden zwischen den Geschlechtern zu tun, sondern ist allein das Ergebnis sozialer Lernvorgänge, geradezu sozialer Indoktrination. „Als Junge, als Mädchen mußt du so und so sein, sonst bist du eben kein richtiger Junge, kein richtiges Mädchen." Aus diesen und ähnlichen Erwartungsvorstellungen der Eltern sollen — wiederum der „aufgeklärten" Meinung folgend — die späteren Geschlechtsunterschiede sich herleiten. Es scheint daher, als könne man heute gar nicht mehr von Geschlechts*charakteren* sprechen, sondern nur noch von Geschlechts*rollen,* als seien alle die sichtbaren Unterschiede im Verhalten von Männern und Frauen nichts anderes als von außen übernommenes, gesellschaftlich produziertes Rollenspiel.

Dieses Grundmuster wird in den meisten einschlägigen neueren Schriften nur geringfügig variiert. Am vorsichtigsten angedeutet finden wir dieses Denkmodell noch in den älteren Werken der Kulturanthropologen im Gefolge Margaret Meads, die mit ihren berühmten völkerkundlichen Studien aus der Südsee aufweisen konnte, daß in primitiven Gesellschaften Formen der Funktions- und Arbeitsteilung zwischen den Geschlechtern anzutreffen sind, die von den unseren ganz erheblich abweichen. Doch Margaret Mead argumentierte nie radikal soziologisch. Sie war zu sehr geprägt vom Denken Sigmund Freuds, um je seinen Satz außer acht lassen zu können: „Die Anatomie ist das Schicksal" — womit er meinte, daß die anatomischen und biologischen Unterschiede der Geschlechter sich einfach nicht fortleugnen lassen, daß sie Determinanten unseres seelischen und sozialen Seins sind. In diesem, auf Freud sich beziehenden Sinne fragte auch Margaret Mead bei den Varianten in der Arbeitsteilung der Geschlechter, die sie bei den Primitiven vorfand, stets zurück, wie sich diese sinnvoll auf die biologisch verankerten Grundfunktionen des Männlichen und Weiblichen zurückbeziehen ließen.

Einen Markstein auf dem Wege zur Radikalisierung der soziologischen Position stellt Simone de Beauvoirs ebenfalls berühmt gewordenes Buch „Das andere Geschlecht" (1960) dar. Hier erscheinen die biologischen Determinanten zwar auch noch, doch eigentlich nur als Stein des Anstoßes. Gewiß, die Frauen müssen die Kinder gebären, daran führt kein Weg vorbei — doch das ist es gerade nach Simone de Beauvoirs Meinung, was die Frauen den Männern gegenüber benachteiligt, was es ihnen erschwert, sich existenziell zu verwirklichen.

Die Gegenposition, die ein unwandelbares Wesen von Mann und Frau annimmt, ist heute nahezu vergessen. Philipp Lersch schrieb seinerzeit ein Buch „Vom Wesen der Geschlechter" (1950), F. J. Buytendijk eines über „Die Frau. Natur — Erscheinung — Dasein" (1953), die Psychoanalytikerin Helene Deutsch in ähnlichem Sinne eines über die „Psychologie der Frau" (1948—1954). Doch werden alle diese Schriften kaum noch gelesen und erörtert. Selbst die Verhaltensforscher vom Typ eines Konrad Lorenz oder Nicolas Tinbergen, die doch sonst alle menschlichen Erscheinungen von der Aggressivität über die Hordenbildung bis hin zu den zehn Geboten aus der Perspektive der Stichlinge und Graugänse auf ihre Naturkonstanten hin untersuchen, haben noch kaum versucht, das Geschlechtsverhalten der Menschen mit dem Seitenblick aufs Tier zu interpretieren, obwohl doch gerade hier dem biologischen Laienverstand noch am ehesten einleuchten müßte, daß Parallelen gefunden werden.

Die Streitfrage über die Geschlechtscharaktere — Merkmale sozialer Rollen hier, Wesensmerkmale dort — scheint entschieden zugunsten der soziologischen Hypothese. Doch bleibt notwendig ein ungelöster Rest: Menschheitsfragen, wie die nach dem Wesen der Geschlechter, sind so beschaffen, daß sie gar nicht abschließend beantwortet werden können, daß sie jedem Menschen und jedem Zeitalter ein neues Gesicht zeigen, ein neues Rätsel aufgeben. Ich versuche also einen neuen Einstieg in die alte Frage, jenseits der überkommenen Alternative von Wesenseigenschaften und sozialen Rollen.

1. Geschlechterwelt als Reich des Scheins

Schon die alten indischen Lebenslehren haben alles mit dem Leben der Geschlechter Zusammenhängende dem Reich der Maja, des Scheines, der Illusion zugerechnet. Aus dieser Perspektive heraus ist zu fragen: können Männer über Frauen und Frauen über Männer, aber auch Frauen und Männer jeweils über sich selbst andere als illusionäre Meinungen haben? Ist es nicht so, daß wir das andere Geschlecht und auch das eigene so ansehen, wie wir es zu sehen wünschen? Zu manchen Zeiten haben sich die Menschen gewünscht, daß der Mann eine ausgreifende, weltzugewandte Natur habe und die Frau eine empfangende und bewahrende, mütterliche. Aus dieser Wunschwelt heraus entstanden die traditionellen Auffassungen vom Wesen der Geschlechter. Man sah es so, weil man es sich so wünschte.

Heute erscheint der entgegengesetzte Wunsch vorherrschend, daß Männer und Frauen möglichst gleich seien, daß möglichst wenige Unterschiede zwischen ihnen bestehen sollen. Vielleicht kommt dieser Wunsch daher, daß wir uns durch die mannigfachen sonstigen Widersprüche und Komplikationen unseres Lebens schon genug strapaziert fühlen und deshalb einen tiefergehenden, wesentlichen Gegensatz zwischen Mann und Frau nicht zusätzlich noch brauchen können.

Männliche und weibliche Charaktere sind daher zunächst keine „objektiven" Größen, über die wissenschaftliche Aussagen ohne weiteres möglich sind. Alle Aussagen über Männliches und Weibliches spiegeln zunächst unsere Wunschwelt. Diese Wunschperspektive wird noch kompliziert durch einen weiteren, auf den ersten Blick erstaunlichen Umstand: Sehr viele, vor allem jüngere, Individuen vor der „Lebensmitte" befinden sich in einem Zustand *gegengeschlechtlicher Identifikation*, der Verfallenheit an Anima bzw. Animus, wie C. G. Jung dies genannt hat. Sie leben und urteilen gar nicht mit ihrem geschlechtsentsprechenden Ich, sondern mit einem erborgten, gegengeschlechtlichen Ich-Anteil. Die Entwicklung zu Erwachsenheit und menschlicher Reife besteht zu einem guten Teil darin, diese gegengeschlechtlichen Eierschalen abzustoßen. Im folgenden soll anhand einiger Beispiele aus der psychotherapeutischen Praxis versucht werden, diesen verwirrenden Tatbestand, der natürlich auch den Urteilsverzerrungen aller Art in der Frage der Geschlechtscharaktere Tür und Tor öffnet, dem Verständnis näherzubringen.

2. Gegengeschlechtliche Identifikationen

Eine junge Lehrerin hatte gerade zwei Praktikanten in ihrer Klasse, einen davon, der einen ruhigen und überlegenen Eindruck machte, einen anderen, der eher unsicher war, stets versuchte, sich bei den Kindern beliebt zu machen und rückzuversichern. Die Lehrerin träumte nun, daß der unsichere der beiden Praktikanten plötzlich heftig zu weinen beginnt, weil er angeblich so distanziert mit den Kindern umgehe. Die Lehrerin versteht nach einigem Überlegen, daß sie selbst sich den Kindern gegenüber so unsicher fühlt wie dieser Praktikant und aus der Unsicherheit heraus sich in ein intellektuelles, psychologisierendes, distanziertes Verhalten den Kindern gegenüber geflüchtet hat. Sie träumt sich selbst in der Rolle dieses unsicheren Mannes —, ihr eigenes falsches, unsicheres, pseudo-männliches Ich ist es, das über die Gefühlskälte, über die Distanz zu den Kindern im Traume weint.

Ein anderes Beispiel: Ein Mann (übrigens auch ein Lehrer) träumt, seine Mutter säße am Pult und hielte den Kindern Unterricht. Er selbst steht daneben und schaut zu. Hier hat sich die Mutter der Lebensaufgaben des Mannes bemächtigt. Sie hat sein wahres Ich zur Seite gedrängt und besorgt an seiner Stelle seine Angelegenheiten.

Diese beiden Menschen werden von einem falschen, gegengeschlechtlichen Ich „besessen", okkupiert. Das wahre, eigentliche Ich steht untätig daneben und schaut zu. Seelisch gesehen sind Männer nicht selbstverständlich Männer und Frauen nicht selbstverständlich Frauen. Der Mann im vorangegangenen Traumbeispiel würde erst dann zum Manne werden, wenn er seine Mutter entschlossen zur Seite stellen und selbst seine Aufgaben als Lehrer in die Hand nehmen könnte; die Frau im erstgenannten Traumbeispiel müßte es lernen, ohne die Vermittlung des falschen, männlichen „Ich-Vorpostens" (vgl. Bittner 1977) zu den Kindern in Verbindung zu treten. Diese Suche nach dem wahren Ich, das mit seiner Geschlechtsnatur identisch ist, das Abstreifen der gegengeschlechtlichen Eierschalen, kann ungemein dramatische, krisenhafte, psychotische, auch kriminelle Formen annehmen. Oft genug bleibt die Entwicklung auch stecken und wird ergebnislos bzw. mit durchaus unerwünschten Ergebnissen abgebrochen.

Hierzu wiederum zwei etwas ausführlichere „Krankengeschichten". Die erste dieser Krankengeschichte handelt von Andreas Baader[1], dem Anführer der Baader-Meinhof-Gruppe. Sie stützt sich auf ein recht interessantes Psychogramm, das der „Spiegel" vor einiger Zeit veröffentlichte. Mir scheint, daß die Analyse von anarchistischen Denk- und Handlungsweisen gegenwärtig zu den wichtigsten Aufgaben der Psychoanalyse gehört — nicht einmal in erster Linie wegen der paar manifesten Terroristen, die von Zeit zu Zeit das öffentliche Interesse beanspruchen, sondern weil Anarchismus und Terrorismus in den verschiedensten Spielarten und Schattierungen tief im Lebensgefühl unserer Generation verankert sind. Die anarchistischen und terroristischen Leitbilder scheinen mir die Matrix, das Grundmuster vieler psychosozialer Störungen der Gegenwart zu sein. Die linke Szene der letzten 10 Jahre hat den Terrorismus ausgebrütet, wie die deutschnationale Begeisterung der 20er Jahre den Nationalsozialismus. Darum ist das terroristische Moment dem linken Lebensgefühl sozusagen „in die Wolle gefärbt", darum bestehen gute Gründe für unsere Generation, uns den „Terroristen in uns selbst" bewußt zu machen. Dazu kann die Betrachtung einer manifest-terroristischen Karriere wie der des Baader-Meinhof-Chefs dienen.

Dieser Andreas Baader, zur Zeit seiner Verhaftung 32 Jahre alt, war kein Student, auch kein Proletarier. Sein Vater war ein promovierter Archivar, im Kriege gefallen, als Andreas 2 Jahre alt war. Die Mutter ernährte sich und ihren Sohn durch Sekretärinnenarbeit. „Befehle konnte ich ihm nicht erteilen", sagt seine Mutter heute. Sie erinnert sich, wie er mit 12 Jahren seine Zahnschmerzen bekämpfte: „Ich wollte ihm Tabletten geben und mit ihm zum Zahnarzt gehen. Er lehnte ab. Er sagte, er wolle testen, wieviel Schmerzen er ertragen könne." Leider ist nicht gesagt, wie sich die Mutter selbst damals auf dieses Ansinnen ihres Sohnes einstellte. Ob sie wohl verstanden hat, warum er so handeln mußte?

Sein früherer Schulleiter bescheinigt ihm Intelligenz. Er habe „phantastische Aufsätze geschrie-

---

[1] Die nachfolgenden Überlegungen wurden etwa ein Jahr vor den dramatischen und tragischen Ereignissen von Köln und Stuttgart-Stammheim niedergeschrieben, die zum Mord an Hanns-Martin Schleyer und zum Selbstmord von Andreas Baader und Gudrun Ensslin führten. Hinsichtlich der hier behandelten Geschlechterrollen-Problematik besteht kein Anlaß, diesen Ausführungen aus der Perspektive der späteren Ereignisse etwas hinzuzufügen.

ben". Trotzdem ging er mit 18 Jahren von der Schule ab. Was er dann beruflich tat, ist nicht klar. Er fiel auf durch Verkehrsdelikte, fuhr ohne Führerschein, kam ins Gefängnis. Ist er ein Autonarr? Der Schriftsteller Wallraff findet, Baader sei „ein Großhubraumfetischist mit übersteigertem Selbstdarstellungs- und Imponiergehabe". Die Größen des politischen Show-Geschäfts sind einander offenbar nicht gewogen, sie gönnen sich nicht die Butter aufs Brot. Ob Wallraffs eigene Aktionen immer nur aus lauteren politischen Motiven entspringen, oder ob nicht auch ein bißchen Spektakel und Selbstdarstellung dabei ist?

Aber weiter zu Baaders Entwicklung. Er soll regelrecht gesoffen haben — zu Demonstrationszwecken: Fünf doppelte Schnäpse auf einmal bestellt, getrunken, und dann die Hand mit den fünf gespreizten Fingern erhoben zum Zeichen: „Dasselbe noch einmal." Und schließlich die Beziehung zu Mädchen. Ein Klassenkamerad erinnert sich, Baader habe schon in der Schule „immer einen Haufen Weiber gehabt. Aber er ist nie länger mit einer einzigen zusammengewesen. Er suchte ein Mädchen, das ihm intellektuell gewachsen war." Die Frauen sollen ihn schon damals „Baby" genannt haben.

Die gängigen tiefpsychologischen Deutungsmuster bieten sich an. Hat Andreas Baader einen Kastrationskomplex; zweifelt er an seiner männlichen Potenz; muß er seine Männlichkeit beweisen, indem er säuft, viele Mädchen hat, mit Autos renommiert? Oder hat er, nach Adler, einen Minderwertigkeitskomplex, den er durch Boß-Manieren überkompensiert? Das mag alles richtig sein; doch laufen viele mit einem Kastrations- oder Minderwertigkeitskomplex herum, ohne daß es zu solchen Eskalationen kommt.

In der linken Berliner Szene fand Baader dann die „Richtige": Gudrun Ensslin, die Pfarrerstochter. Das war, wie ganz richtig im „Spiegel" steht, eine „explosive Konstellation". Sie machten miteinander 1968 die Frankfurter Kaufhausbrandstiftung, wurden verurteilt, kamen ins Gefängnis und wieder frei, tauchten unter. Die Kaufhausgeschichte war ihre „befreiende Tat"; sie hatten die Brücken zur Gesellschaft verbrannt, waren neue, wenn auch böse Menschen geworden: Räuberhauptmann und Räuberbraut. „Böse" waren sie, genau genommen, nur im Urteil der anderen; sie selbst hielten sich für gut und umgekehrt alle anderen für böse, für „pigs", für „Schweine".

Was war das subjektiv „Befreiende" an dieser Entwicklung, und warum übt diese Geschichte, im Positiven wie im Negativen, so viel Faszination aus? Weil Menschen hier ihre Alltagsmaske abgeworfen haben, weil anstelle des Alltags-Ich ein anderes, unbekanntes Ich zum Vorschein gekommen ist, das niemand in der gescheiten Pfarrerstochter und dem bübchenhaften Gammler vermutet hätte. Dieses „Andere", so böse es auch ist, hat doch eine Art von Größe, der wir einen widerwilligen Respekt nicht ganz versagen können. Mehr noch: Wir ahnen, daß wir zu ähnlichem fähig wären, und daß es vielleicht mehr die Feigheit oder auch der Mangel an Gelegenheit ist, der uns hindert, zu werden wie diese.

Auch für das hier Ausgeführte gibt es eine gängige tiefenpsychologische Formel. C. G. Jung würde wahrscheinlich sagen, Baader und Genossen haben sich mit ihrer dunklen Seite, ihrem „Schatten" identifiziert. Sie sind in eine urbildhafte Rolle geschlüpft, haben sich selbst und der Welt das „archetypische" Stück vom Edelräuber und seiner Braut vorgespielt. In jedem Menschen, so meint C. G. Jung, liegen solche archetypischen Bilder als Möglichkeiten bereit, die Bilder des Bösen, Verworfenen (der Räuber, der Wolf, der sadistische Quälgeist) ebenso wie die Bilder des Guten und Heiligen (der Arzt, der Lehrer, der Priester, der Weise).

Ich wende gegen diese Sichtweise Jungs nur eines ein: Er tut so, als ob diese Bilder, die er archetypisch nennt, irgendwie freischwebend wären, irgendeinem undefinierbaren kollektiven Weltgrund angehörten. Ich würde darauf abheben, daß diese Bilder meinem Ich zugehören. Wenn ich im Alltag lebe, ohne nachzudenken, kenne ich nur den geringsten Teil meiner selbst, sozusagen die Spitze des Eisbergs. Alles das andere — der Bösewicht, der Rechtsbrecher, der sadistische größenwahnsinnige Teufel — bin ich zwar der Möglichkeit nach auch, vielleicht auch ein bißchen Künstler, Weiser, Lehrer, und schließlich, nicht zu vergessen: Mann oder Frau. Alles das bin ich, aber ich weiß nicht von mir, daß ich es bin.

Dies gilt, so befremdlich es klingt, auch für das Mann- oder Frausein. Auch die Männlichkeit oder Weiblichkeit gehört nicht zu den Dingen, die mir in die Wiege gelegt wurden (biologisch gesehen natürlich schon; zeugungs- und gebärfähig wird man ohne sein eigenes Zutun. Aber schon die Orgasmusfähigkeit kommt nicht „von selbst").

Die menschliche Ausfüllung dieser biologischen Funktionen ist bei vielen Menschen blockiert. Das „andere", das archetypische Ich ist wie in einem Eisblock eingeschlossen.

Dieser Eisblock muß nun erst aufgeschmolzen oder zertrümmert werden, damit der Mensch seines wahren, seines lebensgesetzlichen Ich innewird. Andreas Baader, das „Baby", das verzärtelte Muttersöhnchen, brauchte diese explosive Konstellation, diese Zertrümmerung seines ganzen bürgerlichen Lebens, um die Dominanz des Weiblichen abzuschütteln und ein Mann zu werden.

Eine Episode ist noch im „Spiegel" überliefert, die Baaders Kampf um seine Selbstbestätigung als Mann gegen das übermächtige und versklavende Weibliche in grellem Licht zeigt. Einmal habe er gegen die Frauen der Bande getobt: „Ihr Fotzen, eure Emanzipation besteht darin, daß ihr eure Männer anschreit" — woraufhin ihm Gudrun Ensslin ruhig geantwortet habe: „Baby, das kannst du doch gar nicht wissen." Dies sei nach Berichten einer Augenzeugin „der einzige Moment gewesen, wo er wirklich die Schnauze gehalten hat".

Das war auch eine großartige Antwort. Jeder Mann wünscht sich eine solche Frau, die ihm standhält, die weder heult noch geifert, noch Szenen macht, ihn nicht zu manipulieren sucht, sondern einfach ihren Standpunkt artikuliert. Es ist schon tief tragisch, welche schlimmen Wege und Irrwege manche Menschen zu gehen haben, um eine solche Konstellation zu finden.

Ein anderes klinisches Beispiel: Eine junge Frau, etwas über 30, gesteht einer Freundin, daß sie seit der Geburt ihres Sohnes vor knapp einem Jahr überhaupt keine Lust mehr zu sexuellem Kontakten mit ihrem Mann habe. Sie fragt, was sie da wohl machen könnte. Die Freundin vermittelt eine psychotherapeutische Konsultation.

Dabei ergibt sich folgendes: Sie ist Lehrerin an einer Heimschule, lernte dort einen Ersatzdienstleistenden kennen, der 8 Jahre jünger ist als sie, und mit dem sie gemeinsame politische Interessen verbinden. Vorher war sie längere Zeit befreundet mit einem Wissenschaftler, den sie für sehr intelligent, aber auch für schwierig hielt. Wegen seines schwierigen Charakters konnte sie sich nicht zu einer Heirat entschließen. Sie lebte dann einige Zeit mit dem anderen, jüngeren Freund zusammen. Während einer Schulfahrt entstand ein starkes erotisches Attachement an ihren Schuldirektor, der älter als sie und selbst verheiratet ist. Die Beziehung blieb rein seelisch, und nach ihrem plötzlichen Abbruch wurde sie von ihrem jungen Freund schwanger und heiratete diesen dann. Sie sagt, sie habe die Schwangerschaft sehr genossen. Sie ist auch des Lobes voll über ihren Mann, der ganz partnerschaftlich eingestellt sei, das Baby genauso versorge wie sie selbst, ihr unter Hintansetzung eigener beruflicher Wünsche die Fortführung dieses Berufes ermöglicht. Sie teilt auch nach wie vor seine politischen Überzeugungen — aber die sexuelle Beziehung ist einfach nicht mehr möglich.

Die Frau wirkte auf mich sehr redegewandt, klug, zugleich leidenschaftlich impulsiv — eine recht eindrucksvolle Frau. Trotzdem denke ich mir, daß sie eigentlich im Grunde ängstlich ist. Sie kann sich nicht genugtun in der Schilderung, wie prächtig sie sich mit ihrem Mann versteht, wie partnerschaftlich er ist — das Muster einer emanzipierten Rollenbeziehung mit Nicht-Unterdrückung der Frau, mit politischem Gleichklang. Nur das sexuelle Ungenügen steht als etwas Isoliertes im Raum. Wie soll ich ihr begreiflich machen, daß der „schwierige" Wissenschaftler seinerzeit vielleicht doch der bessere Mann für sie gewesen wäre, daß ihr einfach ein Gegengewicht fehlt für ihr eigenes Temperament? Daß sie seinerzeit, als sie mit dem jungen Ersatzdienstleistenden zusammenzog, vielleicht doch den Weg des geringsten Widerstandes gegangen ist? Nun hat sie einen Mann bekommen, der seelisch irgendwie zu leichtgewichtig ist für sie, an dem sie sozusagen ihr Schicksal nicht erfüllen, nicht zur Frau werden kann. Das Kind bekam sie, als sie seelisch aufgewühlt war durch ihren Schuldirektor. Ihr Mann schafft es offenbar von alleine nicht ganz, sie in den Tiefen zu berühren, wo ein Mädchen zur Frau wird und in der Lage ist, Kinder zu bekommen.

Dies als Gegenstück zur Anarchistengeschichte: Dort Leute, die aus ihren Rollenzwängen herauswollen, selbst auf dem Wege des Verbrechens, selbst wenn die Welt dabei in Scherben geht, die sich im Kampf um die eigene Befreiung höchst unnötige Schwierigkeiten bereiten — und hier ein Mensch, der auch Durchbruch zu seinem eigenen Wesen wollte, der sich aber dabei zu sehr geschont hat — Emanzipation ja, aber sie sollte nicht viel Einsatz kosten.

3. Die frühkindliche Entwicklung von Männlichkeit und Weiblichkeit

Ich behaupte, daß sich Knaben und Mädchen bereits von den ersten Lebenstagen an unterschiedlich entwickeln (ich muß aber sogleich hinzufügen, daß ich es schwer exakt beweisen kann). Natürlich sind diese ersten Unterschiede in der Entwicklung von Knaben und Mädchen hauchdünn, kaum objektivierbar; man konstatiert sie mehr mit dem Gefühl als mit dem Verstand. Die Geburt eines Knaben und eines Mädchens löst bei den Eltern und in der sonstigen Umgebung durchaus unterschiedliche Gefühlseinstellungen aus. Dies hat zunächst sicher *einen* Grund in der unterschiedlichen sozialen Wertschätzung, in der traditionellen Stammhalter-Mentalität. Doch wird das Phänomen damit nicht erschöpfend erklärt.

Als mir als erstes Kind eine Tochter geboren wurde, dachte ich: „Gott sei Dank, ein Mädchen." Ich traute mir ein Mädchen leichter zu als einen Jungen. Beim zweiten Kind war ich dann schon so weit erwachsen geworden, daß ich auch die Geburt eines Sohnes mit der nötigen Gelassenheit und Ruhe zur Kenntnis nehmen konnte.

Dies alles hat wenig oder gar nichts zu tun mit patriarchalischen oder sonstigen Wertvorstellungen, viel mehr dagegen mit der Frage, womit man selbst in seiner derzeitigen Entwicklungsphase mehr „anfangen" kann — mit einem Jungen oder einem Mädchen. Auch kleine Kinder von 3 oder 4 Jahren äußern ganz dezidierte Meinungen, ob sie als Geschwister lieber einen Bruder oder eine Schwester bekommen wollen. Wenn Menschen von sich sagen, es sei ihnen ganz gleich gewesen, ob Junge oder Mädchen, wollen sie damit wohl nur ausdrücken, daß sie weder einen Jungen noch ein Mädchen *höher bewerten* würden. Das spricht, wenn es wahr ist, für eine reife ausgeglichene Haltung. Doch müssen nicht auch diese Menschen, wenn sie genauer auf ihr Gefühl achten, feststellen, daß die Geburt eines Jungen ein anderes Gefühl in ihnen auslöst als die eines Mädchens — nicht im Sinne einer höheren Bewertung, sondern im Sinne eines qualitativen Unterschiedes? Und wenn dies so ist — sind solche Gefühlsurteile dann nichts anderes als Trug und Täuschung? Oder müssen wir nicht doch vernünftigerweise annehmen, daß ein „Körnchen Wahrheit" darin steckt — daß Menschen eben doch innerlich wissen, daß es schon von Anfang an etwas anderes ist, einen Jungen oder ein Mädchen als Kind zu haben?

Ein Unterschied, der mir zwischen meinen beiden Kindern auffiel, war auch der folgende: Die ältere Tochter reagierte schon als Baby ungemein sensibel auf Spannungen. Das ging so weit, daß sie manchmal weinte, wenn ich zu ihr hereinkam und schlechte Laune hatte, ohne daß ich mir selbst meiner schlechten Laune bewußt war. Erst an ihrem Weinen merkte ich meine schlechte Stimmung, als ich mich fragte: Was hat sie denn? Ist etwas mit mir?

Dergleichen habe ich bei meinem jüngeren Sohn nie erlebt. Der kümmert sich überhaupt nicht um Spannungen anderer Leute, sondern lacht oder weint, wenn er selbst Lust und Laune dazu hat. Er ist nicht so leicht „induzierbar". Hat diese unterschiedliche Empfänglichkeit für Fremdseelisches etwas zu tun mit männlich und weiblich? Ich kann es nicht sicher beantworten — von der begrenzten Erfahrung an meinen eigenen zwei Kindern her, zumal ich auch kaum abschätzen kann, ob ich mich selbst nicht in dieser Zeit geändert und vielleicht nicht mehr so viel schlechte Laune habe wie früher.

Ein „objektiver" Befund soll in diesem Zusammenhang erwähnt werden, der allerdings an wesentlich älteren Kindern erhoben worden ist. Sara Smilanski fand bei ihren Rollenspielübungen mit sozial benachteiligten jüdischen Einwandererkindern im Vorschulalter, daß die Fähigkeit zum sozialen Rollenspiel statistisch signifikante Unterschiede zwischen Jungen und Mädchen aufwies. Die Mädchen zeigten sich deutlich begabter für soziales Rollenspiel als die Jungen. Sollte dies vielleicht mit einer größeren Empfänglichkeit des Weiblichen für Fremdseelisches zusammenhängen?

Die Frage nach dem typisch Männlichen oder Weiblichen soll an diesem Punkte nicht entschieden werden. Es soll nur deutlich werden, auf welcher subtilen Gefühlsebene solche frühesten Unterschiede anzusiedeln sind. Man kommt ihnen gewiß nicht mit groben empirischen Meßverfahren bei. Darum bleibt im Hinblick auf die frühesten Anfänge wohl immer ein Rest des Unbeweisbaren und damit der Spekulation. Das kann gar nicht anders sein.

Der klassischen psychoanalytischen Theorie nach werden Unterschiede zwischen den Geschlechtern in der Ödipus-Phase zum ersten Male zum ausdrücklichen Thema der kindlichen Entwicklung. Dies bezieht sich zunächst auf die anatomischen Geschlechtsunterschiede: Der kleine Junge bemerkt, daß Mädchen kein Glied haben. Er denkt, es sei ihnen abgeschnitten worden, und hat Angst, ihm könnte das gleiche passieren, zur Strafe für seine Onanie und seine auf die Mutter gerichteten sexuellen Wünsche. Daraus entsteht beim Knaben die Kastrationsangst. Umgekehrt sieht auch das Mädchen, daß der Junge etwas besitzt, was ihm fehlt — es entwickelt den Penisneid.

Alle diese erwachenden sexuellen Interessen beim 4—5jährigen Kind sind inzestuös bestimmt, d. h., sowohl der „Sexualpartner" wie auch der „Rivale" ist für das kleine Kind jeweils ein Elternteil: Der kleine Junge liebt seine Mutter und fürchtet den Vater, identifiziert sich aber auch mit dem Vater, weil dieser sein nächst erreichbares Vorbild für männliches Wesen und Verhalten ist. Analoges gilt vom Mädchen: Es liebt den Vater und identifiziert sich mit der Mutter, weil es an der Mutter lernt, wie eine Frau normalerweise ist. Dies ist die bekannte Ödipus-Konstellation beim 4—5jährigen Kinde, die für die Bildung des männlichen und weiblichen Charakters nach Auffassung der klassischen Psychoanalyse von ausschlaggebender Bedeutung ist.

Wir haben heute Grund, dies etwas zu relativieren. Die genauere psychoanalytische Beobachtung (M. Mahler 1972) stellte im Bild des Kindes den anatomischen Geschlechtsunterschied keineswegs erst in der Ödipusphase fest, sondern bereits mit etwa anderthalb Jahren. Nach meinen Beobachtungen geschieht dies sogar noch früher: Mein Sohn stimmte schon mit 12 Monaten jedesmal ein Triumphgeschrei an, wenn er sein Glied in die Hand bekommen hatte. Auch die Liebe zum gegengeschlechtlichen Elternteil läßt sich schon erheblich früher beobachten, als Freud ursprünglich annahm. Daher hat die Psychoanalytikerin Melanie Klein die Lehre von den Frühstadien des Ödipuskomplexes entwickelt. Sie meinte, daß Rudimente, Vorläufer der von Freud beschriebenen ödipalen Konflikte bereits im ersten Lebensjahr aufträten. Wenn die Ausführungen Melanie Kleins auch in manchen Details recht spekulativ und phantastisch klingen, scheint sie die Verhältnisse im wesentlichen doch richtig erfaßt zu haben.

Welche Beiträge leistet der „klassische" Ödipuskomplex im Alter von 4—5 Jahren für die Mann- bzw. Frauwerdung, welche Entwicklungslinien sind bereits in den davorliegenden Stadien angelegt? Es soll hier unterschieden werden zwischen *Ur-Männlichkeit* bzw. *Ur-Weiblichkeit* und *Rollen-Männlichkeit* bzw. *Rollen-Weiblichkeit*. Jedes Kind bringt ein Stück männliches bzw. weibliches Wesen mit auf die Welt, das es nicht zu erlernen braucht, das es aus sich selbst hat, das ihm von der Natur mitgegeben ist. Dies nenne ich die Ur-Männlichkeit bzw. Ur-Weiblichkeit, die in sog. Frühstadien des Ödipuskomplexes, der Zeit vor dem 4—5 Lebensjahr also, zum Tragen kommt.

Für die *Ödipusphase* hingegen ist charakteristisch die große Empfänglichkeit des Kindes für *Nachahmung anderer Menschen, für Rollenspiele aller Art*. Das Kind übernimmt jetzt die Verhaltensmuster seiner Eltern; dadurch entsteht das, was ich Rollen-Männlichkeit bzw. Rollen-Weiblichkeit nenne. Wenn das männliche Vorbild des Vaters zum Ur-Männlichen des kleinen Buben paßt, dann ist es gut, und es ergibt sich eine bruchlose Entwicklung — oder vielleicht ist es auch nicht so gut, weil dann nämlich kein Befreiungs- und Selbstwerdungskampf stattfinden muß. Wenn die in der Ödipusphase übernommenen Rollenidentifikationen hingegen allzu different sind vom eigenen Wesen, dann kann es zu unvorstellbar schweren Krisen kommen. Die Entwicklung kann entgleisen bis zur Psychose oder bis zum Kriminellen hin. Wir haben bei dem „Räuberpaar" Andreas

Baader — Gudrun Ensslin eine entsprechende Entwicklung verfolgen können. Andererseits aber, wenn dieser Konflikt, der aus der Entdeckung der Diskrepanz zwischen der eigenen Ur-Männlichkeit bzw. Ur-Weiblichkeit mit den Rollenzwängen nicht gelebt wird, dann beobachten wir vielfach eine zwar glatte, unkomplizierte, aber zugleich auch eine selbstverständlich angepaßte, undifferenzierte Entwicklung. Nun sind die Verhältnisse der Entwicklung, wie sie hier vereinfachend dargestellt wurden, für Jungen und Mädchen nicht einfach spiegelbildlich parallel zu verstehen. Die Beziehungen werden dadurch kompliziert, daß zwar in der Ödipusphase der Junge den Vater, das Mädchen die Mutter zum Identifikationsobjekt nimmt, daß aber vorher für beide Geschlechter die Mutter die die Identifikationsfigur war. *Kinder beiderlei Geschlechts identifizieren sich zunächst mehr oder weniger stark mit der Mutter,* die ja in den Frühstadien die wichtigste Person im Leben eines jeden Kindes ist. In diesem Punkt nun, was die Lösung der Ur-Identifikation mit der Mutter betrifft, sind die Entwicklungslinien von Jungen und Mädchen verschieden. Wenn sich der Junge nicht löst aus der frühen Mutter-Identifikation, bleibt er sein Leben lang ein seelischer Krüppel. Für das Mädchen gilt dies nicht in gleichem Maße. Wenn es sich mit der Mutter identifiziert, ist es zwar nicht „es selbst" — aber doch so etwas Ähnliches wie „es selbst", jedenfalls nicht ganz und gar von sich entfremdet.

Erich Neumann, ein Tiefenpsychologe aus der Jungschen Schule, hat, von dieser Überlegung ausgehend, drei Phasen der weiblichen Selbstwerdung beschrieben, die, je nachdem auf welcher Entwicklungsstufe ein Mädchen stehenbleibt, zugleich drei Typen weiblichen Charakters beschreiben. Die erste nennt Neumann die Stufe der *Selbstbewahrung.* Sie besteht darin, daß die Frau sich in ihrem Selbstgefühl eigentlich nur auf Frauen bezieht (d. h. unbewußt auf die eigene Mutter). Es schließt nicht aus, daß sie mit Männern flirtet, manchmal sogar reichlich, aber das Anderssein des Mannes wird nicht als ein Wert erlebt. Wenn eine solche Kindfrau selbst Mutter wird, verlangt sie, daß sich alles um sie und das Kind dreht. Daß Männer auch noch andere Sorgen haben, empfindet sie als schwere Kränkung. Die nächste Stufe bezeichnet nach Neumann den Einbruch der *patriarchalischen Welt.* Die Frau findet das Männliche faszinierend, gibt sich selber auf, des Mannes willen. Der Mann verachtet das Weibliche und genießt es, daß die Frau ihm „zu Füßen" liegt. Erst jenseits dieser beiden Stufen, meint Neumann, ist echte Partnerschaft möglich: Daß keiner sich über den anderen erhebt, und jeder dem anderen hilft, sich in seiner Art zu verwirklichen. Das verlangt Opfer, vor allem das intellektuelle Opfer, die Illusion aufzugeben, alle Menschen seien so wie man selbst.

Literatur:

Beauvoir, S. de: Das andere Geschlecht. Reinbek b. Hamburg 1960.
Buytendijk, F. J. J.: Die Frau. Natur — Erscheinung — Dasein. Köln 1953.
Deutsch, H.: Psychologie der Frau. 2 Bde. Bern 1948, 1954.
Klein, M.: Das Seelenleben des Kleinkindes. Stuttgart 1962.
Lersch, Ph.: Vom Wesen der Geschlechter. München ³1950.
Mahler, M.: Symbiose und Individuation. Stuttgart 1972.
Mead, M.: Leben in der Südsee. München 1965.
Neumann, E.: Zur Psychologie des Weiblichen. München ²1975.
Smilanski, S.: Wirkungen des sozialen Rollenspiels auf benachteiligte Vorschulkinder. In: A. Flitner (Hrsg.), Das Kinderspiel, München 1973.

4. Kinderängste

Wenn die Angst in so weitem Umfang das menschliche Leben und vor allem auch das Gemeinschaftsleben bestimmt, wie es heute so vielfach beschrieben wird, wenn es zutrifft, daß sich die Angst lastend auf die menschlichen Beziehungen legt und sie erstarren und unlebendig werden läßt — was liegt dann näher, als von den Erziehern zu fordern, sie sollten eine neue Generation angstfreier, mutiger und zuversichtlicher Menschen heranbilden, die das gesellschaftliche Leben in einem neuen Geiste gestalten könnten? Solche Hoffnungen sind nicht frei von irrealen, utopischen Motiven. Die Welt ist voll von Ängsten — und da sollte es gelingen, die Kinder und Jugendlichen zur Angstfreiheit, zu Mut und Zuversicht zu erziehen? Dies kann niemand ernsthaft erwarten. Der Beitrag, den die Erziehungswissenschaft für die Auseinandersetzung mit der Angst leisten kann, besteht gewiß nicht in unfehlbaren Anweisungen zur Erziehung einer angstfreien Generation. Eine pädagogische Erörterung hat vielmehr zunächst die Ängste der Erwachsenen und ihre Auswirkungen auf die Kinder und Jugendlichen ins Auge zu fassen. Sodann ist zu untersuchen, welchen besonderen Erscheinungsformen der Angst wir beim Kinde selbst begegnen. Endlich haben wir zu fragen, welcher erzieherische Weg zur Meisterung der Angst in einer Welt sichtbar wird, in der Erwachsene und Kinder — und nicht zuletzt auch die Erzieher selbst — in Ängsten mannigfacher Art leben.

1. Die Angst der Erwachsenen

Soweit wir wissen, ist die Angst Menschen aller Kulturen und aller Zeiten bekannt. Ethnologische, sozialpsychologische und soziologische Forschungen haben gezeigt, daß eine wechselseitige Abhängigkeit zwischen den Verhaltensnormen einer Gesellschaft und ihren Erziehungsgewohnheiten besteht (Child 1954, Claessens 1962, Erikson 1965). Dies gilt auch für die kulturspezifischen Systeme der Angsterzeugung und Angstabwehr: für die Art etwa, wie eine Gesellschaft die Beachtung ihres Moralkodex erzwingt, für die Rituale, mit denen der Zorn der Götter abgewendet werden kann, für die Herrschaftsverhältnisse etc.

Von zwei Seiten her ist uns die anthropologische Bedeutung der Angst mit Nachdruck ins Bewußtsein gehoben worden. Die Existenzphilosophie hat in der Angst die Grundverfassung des menschlichen Daseins gesehen. Die Psychoanalyse und verwandte Richtungen sind bei der Erforschung der nervösen Störungen auf die Bedeutung der Angst aufmerksam geworden und haben von diesen Randzonen her zum Verständnis der Angst und ihrer Bedeutung für das menschliche Leben beigetragen (Die Angst 1959, Freud XIV, Coch 1959/60).

Es ist sicher nicht zufällig, daß die „Entdeckung der Angst" in den Zeitraum von der Mitte des vorigen Jahrhunderts bis zur Gegenwart fällt. „Die Aufdringlichkeit des Angstphänomens, seit hundert Jahren stetig zunehmend, hat einen bisher nie erfahrenen Grad erreicht", stellt v. Gebsattel fest. „Sollte vielleicht die Angstkapazität der abendländischen Menschheit im Laufe der letzten drei oder vier Generationen zugenommen haben? Korrespondiert der Aufdringlichkeit des Angstphänomens ein quantitativer Faktor? ... Oder ist es nur die Entwicklung der psychologischen, der psychiatrischen und psychopathologischen Forschung in den letzten 80 Jahren, was den Blick für das Vorkommen der Angst geschärft hat?" (Die Angst 1959, S. 121).

Im Gefolge der Existenzphilosophie und gewisser Formen der Kulturkritik ist manches modische Gerede von der „Daseinsangst des modernen Menschen" aufgekommen. Dies läßt uns zögern, allzu unbesehen an ein Anwachsen der Angst zu glauben. Doch gilt dies der pädagogischen Analyse letzten Endes gleich: ob nun die Angst zugenommen oder die Angsttoleranz abgenommen hat oder ob wir uns der Angst nur bewußter geworden sind — auf jeden Fall ist uns heute unabweisbar die Aufgabe gestellt, uns mit diesem Phänomen pädagogisch auseinanderzusetzen.

Die Angstobjekte des modernen Erwachsenen, wie sie sich der empirischen Forschung darbieten, sind mannigfaltig und enthalten Probleme von unterschiedlicher Tiefe: wirtschaftliche und politische Bedrohungen, Sorge um die Gesundheit, Furcht vor sozialem Statusverlust — es wäre verwunderlich, wenn alles dies an den Kindern und Jugendlichen spurlos vorüberginge und dort nicht auch sein Widerspiel fände.

Es gibt verschiedene Wege, auf denen die Ängste und Unsicherheiten der Erwachsenen in den Lebenskreis der Kinder eindringen. Besonders die heranwachsenden Jugendlichen nehmen oft unmittelbar an den Lebensfragen der Erwachsenen teil, auch an den Beunruhigungen im sozialen und politischen Bereich. So schreibt eine fünfzehnjährige Oberschülerin auf die Frage nach den Problemen, die sie beschäftigen: „manchmal habe ich sehr große Angst vor einem neuen Krieg. Ich wollte, ich hätte vor hundert Jahren gelebt, obwohl den Menschen damals ihre Zeit bestimmt auch so unsicher und durcheinander vorkam wie uns die jetzige..." (Göbel 1964).

H. Muchow meinte sogar zu beobachten, daß Kriminalität und auffälliges Verhalten der Jugendlichen in Zeiten weltpolitischer Spannungen sprunghaft zunähmen. Ein solcher Zusammenhang kann gewiß nicht als erwiesen gelten; doch erscheint es durchaus plausibel, daß Beunruhigungen im politischen und sozialen Feld auf das Verhalten der Jugendlichen in dieser Weise Einfluß gewinnen könnten.

Nachhaltiger als einzelne bedrohliche Ereignisse dürfte jedoch die Struktur des sozialen Gesamtfeldes auf die innere Sicherheit oder Unsicherheit der Kinder und Jugendlichen Einfluß nehmen. In einer Umwelt, in der die verschiedenen Wertungen, Moralgebote und Rollenerwartungen unverbunden nebeneinanderstehen oder sich im Widerstreit miteinander befinden, kann das Kind nur schwer erkennen, wo es hingehört und was es tun soll — und diese Unsicherheit erzeugt Angst. Erik H. Erikson hat an zwei Krankengeschichten gezeigt, wie ein Normenkonflikt zu angstneurotischen Störungen führen kann: am Beispiel eines jüdischen Jungen, der im bürgerlich-christlichen Milieu einer amerikanischen Kleinstadt, in der seine Eltern neu zugezogen sind, erfährt, daß sein aggressives Verhalten, das bis dahin gefördert und gelobt wurde, auf einmal „böse" ist; und an der Krise eines jungen Lehrers, der als überzeugter Pazifist im Kriege gezwungen werden sollte, auf Menschen zu schießen (Erikson 1965). Doch ist es eigentlich nicht nötig, solche Extremfälle zur Veranschaulichung des hier gemeinten Zusammenhangs heranzuziehen: Helmut Schelsky hat die „Rollenunsicherheit" als das hervorstechendste Kennzeichen einer ganzen Jugendgeneration beschrieben und das Bedürfnis nach Verhaltenssicherheit zu ihrem wichtigsten Motiv erklärt (Schelsky 1957 a). Mag Schelskys Auffassung auch in dieser zugespitzten Form angreifbar sein, so weist sie doch deutlich genug auf die verbreitete Unsicherheit und latente Angst der Jugendlichen hin.

Die Beunruhigungen der Kinder und Jugendlichen sind somit keineswegs unabhängig von den gesellschaftlichen Gegebenheiten. Doch viel unmittelbarer als die allgemeine Unruhe der Zeit, als die Ungewißheit der sozialen und moralischen Normen wirken die Ängste aus der nahen familiären Umgebung auf das Kind ein. Dieser Zusammenhang zwischen Elternängsten und Kinderangst konnte in vielen psychotherapeutischen Fallstudien immer wieder aufs neue bestätigt werden (Richter 1963). Wir alle kennen die Rolle des Kindes als Sündenbock, an dem die eigenen Fehler der Eltern bekämpft werden, oder des verzärtelten Kindes, das die Mutter aus ihrer eigenen Lebensangst heraus gern vor dem bösen Leben und Treiben der Welt bewahren möchte. Beide Male werden die Kinder eingeschüchtert und in Angst versetzt — und beide Male sind die Ängste der Kinder getreue Spiegelbilder der Elternängste.

2. Die Angst des Kindes

Zu den aus der Erwachsenenwelt importierten Ängsten kommen noch zahlreiche spezifische, entwicklungsbedingte Kinderängste hinzu, die der Erzieher kennen und im Auge behalten sollte. Was kann die pädagogische Besinnung mit den Daten anfangen, welche ihr die Entwicklungspsychologie vermittelt? Es geht nicht einfach darum, Rezepte für das praktische Erziehungshandeln auf den verschiedenen Altersstufen zu gewinnen. Ehe wir einzelne Maßnahmen erwägen, muß Klarheit gewonnen sein, was die psychologischen Fakten für die Erziehung bedeuten. Ist die Angst des Kindes unter allen Umständen ein Übel, das man bekämpfen muß? Oder erfüllt sie vielleicht eine bestimmte positive Funktion? Wie ist das Maß erzieherischen Eingreifens zu bestimmen? Alle diese Fragen weisen auf die Notwendigkeit hin, die Angst des Kindes im Zusammenhang einer pädagogischen Anthropologie des Kindesalters zu interpretieren.

Angst auf der Entdeckungsfahrt

Das Kind durchläuft die Stadien seiner Entwicklung nicht nach einem vorweg im Bauplan seines Organismus festgelegten Schema, das wie ein Uhrwerk abliefe — für die wichtigsten Schritte der Entwicklung fehlt eine eindeutige biologische Sicherung. Sie sind zu ihrer Realisierung auf günstige Umweltbedingungen, auf die Erziehung, auf die eigene Aktivität des Kindes angewiesen. M. Langeveld hat die Entwicklung des Kindes als die „Geschichte seiner Entdeckungsfahrten" bezeichnet. Am Anfang ist das Kind hilflos und auf die Pflege und Fürsorge der Eltern ganz und gar angewiesen. Je sicherer es unter dem Schutz und in der Liebe der Eltern geborgen ist, desto freier und mutiger kann es sich dem Abenteuer der Welt-Entdeckung, der Exploration des Fremden, Unbekannten zuwenden (Langeveld 1964).

Doch macht das Kind seine Entdeckungen in einer Welt, in der es mit seinen schwachen Kräften nicht bestehen kann und daher manchen Gefahren ausgesetzt ist. „Messer, Gabel, Scher' und Licht sind für kleine Kinder nicht" prägte man früher den Kindern ein. Heute müßte noch manches hinzugefügt werden, was auch „nicht für kleine Kinder" ist. Die Erwachsenen sind übermächtig, ihre Welt ist dem Kind fremd und nicht immer freundlich — mit Recht bezeichnet G. Möbus die kindliche Lebensfahrt als „Abenteuer der Schwachen" (Möbus 1955).

Angst und Furcht sind die Signale, die den Schwachen an seine Schwäche erinnern und ihm seine Grenzen zeigen. „Du bist ja zu feige, an der Dachrinne herunterzuklettern" — solche und ähnliche Hänseleien unter Kindern hört man oft. Manche tun dann wirklich, was von ihnen verlangt wird — doch ist auch die richtige Antwort auf diese Herausforderung in der Kindersprache beinahe rituell festgelegt: „Lieber feige sein, als einem Dummen einen Gefallen tun." Wie gut, daß die Kinder diese ganz real begründete Furcht vor den Gefahren ihrer Umwelt kennen! Die Furcht hat somit beim Kind wie auch beim Erwachsenen — ähnlich wie auch schon im Tierreich — eine lebenserhaltende Funktion, indem sie vor der Gefahr warnt.

Daneben gibt es auch die lockende, prickelnde Angst, den „thrill" (im Deutschen etwas mühsam mit „Angstlust" übersetzt), welcher das Fremde und Unbekannte erst so anziehend macht. Michael Balint hat über diese Art der Angst eine gehaltvolle kleine Studie vorgelegt (M. Balint o. J.). Seine psychologische Analyse läßt uns verstehen, was eigentlich für Erwachsene und Kinder den Reiz an bestimmten Jahrmarktvergnügungen (Geisterbahn, Schiffschaukel etc.) oder an Mutproben aller Art ausmacht: das Erlebnis, in aller Gefährdung gleichsam von einer mütterlichen Hand gehalten und damit unverletzlich zu sein. Die Angst hat demnach in der Beziehung des Kindes zur Welt eine doppelte Funktion: in Gestalt der Furcht setzt sie dem Wagemut des Kindes auf seiner Entdeckungsfahrt Grenzen — als Angstlust dagegen wird sie selbst eine treibende Kraft der kindlichen Exploration!

Doch ist auch die Angst kein Regulativ, auf das unbedingt Verlaß wäre. Das verschüchterte Kind hält sich nicht nur von wirklichen, sondern auch von eingebildeten Gefahren fern; es verspürt auch nichts von der abenteuersuchenden Angstlust. Welche Bedingungen führen dazu, daß die Angst in dieser Weise überhandnimmt? Die Erfahrungen der Psychoanalyse lassen vermuten, daß die hypertrophe Angstbereitschaft sich aus den nicht versiegten Angstquellen der frühesten Kindheit speist. S. Freud bezeichnet als „beinahe normal" die Angst der Kleinsten „vor Alleinsein, Dunkelheit und vor Fremden" (Freud XIV). A. Balint fügt diesen Formen noch eine weitere wichtige hinzu — die Angst des Kindes, fallengelassen zu werden, zunächst im ganz wörtlichen, dann auch im übertragenen Sinne (A. Balint 1933). Hier berühren sich die psychoanalytischen Gedankengänge mit dem, was von pädagogischer und kinderärztlicher Seite über die Bedeutung des Vertrauens und des sicheren Haltes für das Kind gesagt worden ist (Bollnau 1964, Nitschke 1962).

Angst und Schuld

Ein sechsjähriges Mädchen wird zur Erziehungsberatung vorgestellt, weil es öfters anderen Kindern in der Nachbarschaft und im Kindergarten Dinge weggenommen hat. Die Mutter, eine fromme, kirchlich gebundene Frau, findet das bedenklich und möchte den Anfängen einer schlechten Charakterentwicklung wehren. — Mutter und Kind müssen bei der ersten Beratung warten; das Mädchen beginnt unterdessen auf einer Wandtafel zu malen, die sich im Wartezimmer befindet. Ihr Bild zeigt tief unten auf dem Meeresgrund ein versenktes Seeräuberschiff, oben auf den Wellen groß und stolz das Schiff des Königs. Die Soldaten des Königs sind gekommen, haben das Piratenschiff versenkt, die Räuber getötet und die geraubten Schätze zurückgeholt.

In diesem Bild spiegelt sich die ganze innere Situation des Kindes: die Übermacht des strafenden Königs beherrscht die Szene; die Räuber liegen vernichtet am Meeresgrund. Wir dürfen annehmen, daß sich in dieser Darstellung das Schuldgefühl des Kindes wegen seiner eigenen „Missetaten" und das Erlebnis der eigenen Strafwürdigkeit niederschlägt — und dies alles im Zeichen einer übergroßen Angst. Es wundert uns nicht, daß das Mädchen in seinem Verhalten durch Nervosität, Unrast und Umtriebigkeit auffällt; die Angst als Triebkraft im Hintergrund ist leicht zu erkennen.

Die Erforschung des moralischen Bewußtseins beim Kind hat immer wieder bestätigt, was für eine große Rolle der Druck der Erwachsenen und die Angst vor Strafe spielen (28, 38). Lilly Zarncke sammelte eine Reihe von kindlichen Äußerungen zu der Frage: „Warum darf man eigentlich nicht lügen?" Einige Antworten: „Weil man dann sieht, daß ich einen roten Strich habe, sagt Mutti immer" (Junge, 7 J.), „Da wackelt einem die Nase, wenn man lügt, da schwellen die Blutadern auf und platzen" (Mädchen, 7 J.), „Wenn man lügt, kommt man in die Hölle" (Junge, 5 j.).

Gewiß macht dieses Stadium später einer realistischeren Einsicht Platz, die das moralische Verhalten mit Erwägungen der Zweckmäßigkeit und der sozialen Notwendigkeit zu begründen sucht. Ganz vereinzelt finden sich auch Äußerungen, die auf echt sittliche Motive im Sinne einer religiösen Einstellung hinweisen (Zarncke 1951, S. 23). Doch sollte man sich da keinen Illusionen hingeben. Beim Kinde wie auch später noch beim Jugendlichen und selbst beim Erwachsenen finden wir als eine der wichtigsten Triebfedern moralischen Verhaltens die Angst — sei es die persistierende Angst vor der Strafe der Eltern, sei es die Angst vor dem Zorn Gottes, dem staatlichen Gesetz, dem Verlust der Achtung vor sich selbst. M. Wandrnzka hat in seinen sprachvergleichenden Untersuchungen die Hinordnung der Angst auf den — oftmals strafenden — Zorn eines Übermächtigen herausgestellt: „Die Angst fürchtet sich vor dem Leiden, der Qual, dem Schmerz, hinter dem sie ein Böses, Boshaftes, Erbostes, einen Zorn, einen Grimm, eine Wut sieht" (Wandruszka 1950, S. 71).

Man hat versucht, alles Schuldgefühl auf das kindliche Erleben des Zorns der Eltern zurückzuführen. Das ist wahrscheinlich einseitig gesehen; doch ist die Frage, wie weit das Gewissen des Kindes sich noch aus anderen, tieferen Quellen speist, hier nicht im einzelnen zu erörtern. Jedenfalls steht fest, daß die Kinder auf Grund des erzieherischen Verhaltens der Eltern oft genug in Schuld- und Strafängste geraten, die mit tiefer begründeten sittlichen Ordnungen nicht das mindeste zu tun haben. Da gibt es Kinder, die „böse" sind, weil sie die Nerven der Mutter durch Lebhaftigkeit und Lärm strapazieren, weil sie das gute und teure Sonntagskleid beschmutzt haben, weil sie die Erwartungen der Eltern in der Schule nicht erfüllen. Der drohende Vater mit dem Stock, der strafende Familientyrann, ist heute weithin von der Bildfläche verschwunden. Die Art, wie Eltern den Kindern ihre Erwartungen und ihre Mißbilligung zeigen, ist im allgemeinen nicht mehr so drastisch, aber doch nicht weniger wirksam als früher. „Wenn du mich lieb hast, so tust du das." „Nimm doch Rücksicht auf meine Gesundheit. Du bringst mich noch ins Grab." „Du weißt, was du deiner Familie schuldig bist."

Der „moralische Druck" von seiten der Erwachsenen und die daraus entspringende Angst des Kindes sind mit die wichtigsten Momente der sittlichen Erziehung, wie sie alltäglich praktiziert wird. Die Schuld- und Strafangst ist die unausrottbarste und doch, erzieherisch gesehen, unnötigste von allen Kinderängsten. In unserem vom Christentum geprägten Kulturkreis sollte der Gedanke nicht allzu ungewohnt klingen, daß es eine sittliche Orientierung, ja selbst ein Schulderleben ohne massive Angst geben kann. Es steht in der biblischen Geschichte vom verlorenen Sohn nichts davon, daß dieser Angst gehabt habe. Und der Vater tut auch nichts, um ihn einzuschüchtern. Schuld hat nicht nur mit Zorn und Rache zu tun, sondern auch mit Vergebung. Die sittlichen Normen werden nicht nur auf dem Wege des Zwanges angeeignet, sondern auch in der Liebe (Oraison 1963, Zarncke 1951, Zulliger 1963). Daher ist der Wert der Angst als Mittel einer recht verstandenen sittlichen Erziehung nur gering.

Reifungsangst

Das Wort „Angst" geht auf das lateinische *angustiae* zurück was „Enge, Beengung, Bedrängnis" bedeutet und mit dem Verbum *angere*, „(die Kehle) zuschnüren, (das Herz) beklemmen" zusammenhängt. Diese Enge kann verschiedenes bedeuten. Es gibt eine Angst, die uns das Herz und die Kehle zusammenschnürt, bis wir ersticken. Wir wissen aber auch von der Angst als vorübergehender Beklemmung, als Durchgang durch dunkle Bedrängnis zu neuem Leben. Die Bibel kennt diese Perspektive, wenn sie zur Darstellung der Angst immer wieder auf das Bild der gebärenden Frau zurückgreift (Wanduszka 1950).

Das menschliche Leben, auch das Leben des Kindes, geht durch mancherlei Dunkelheit und durch manchen neuen Anfang hindurch; und immer wieder weicht die Angst und Beengung einer neuen Weite, Zuversicht und Freudigkeit. Die Geburt mag nicht nur für die Mutter ein solcher angsterfüllter, schmerzlicher Durchgang sein, sondern auch für das Kind. Hier hat Freud mit seiner Lehre vom Geburtstrauma einen Zusammenhang aufgedeckt, der auch in einer pädagogischen Anthropologie des Kindesalters Beachtung verdient (Bittner 1963).

Bekannt ist die Angstphase am Übergang vom Kleinkind- zum Schulalter. Josephine Bilz und Hildegard Hetzer haben an Spielen und Träumen von Kindern das Reifungsmotiv in den Ängsten dieser Altersstufe aufgezeigt. Die Hexe, der schwarze Mann, die schwarze Köchin, der Plumpsack — sie alle führen das Kind nach dieser Deutung in die Auseinandersetzung mit dem Übermächtigen hinein. Sie holen Kinder ab und nehmen sie mit, d. h. sie führen sie zur Ablösung vom Altgewohnten und stellen sie in die lebenslang unaufhebbare Spannung zwischen den Kräften des Werdens und des Beharrens, in den Prozeß der Wandlung hinein. In der Pubertät, vor dem Eintritt in die Ehe (Bühler-

Bilz 1958, um die Lebensmitte, als Vorboten des Todes (Die Angst 1959), erscheinen oftmals ähnliche Abholwesen. Wir haben es hier offenbar mit einem durchgehenden Lebensgesetz zu tun.

Die Angst des Kindes ist lebensgeschichtlich-dynamisch zu interpretieren, wie es G. Benedetti tut: „Jede Epoche, diejenige des Säuglings, die frühe Kindheit, die Schulzeit, die Vorpubertät und schließlich die Pubertät, bedingt das Auftauchen neuer Probleme und Angstmöglichkeiten, so wie sie auch neue Sicherheiten bringt ... Das Fortschreiten des Lebens heilt frühere Ängste (Benedetti in: Die Angst 1959, S. 171).

Reifungsangst wird es immer geben, und die Aufgabe der Erziehung besteht vor allem darin, das Kind nicht in einer Angstsituation festfahren und erstarren zu lassen, sondern ihm den Weg aus der Enge und Beklemmung in die Weite und Freiheit immer wieder zu eröffnen.

3. Aufgaben der Erziehung

Die anthropologische Analyse zeigt die Bedeutung und zugleich die Schwierigkeit der Aufgabe, die der Erziehung gestellt ist. Keines Menschen Leben ist frei von Angst — weder das Leben der Erwachsenen noch das der Kinder. Die Angst hat eine sinnvolle Funktion in der Begegnung des Kindes mit der Welt. Doch zugleich hemmen die Ängste die Entfaltung des kindlichen Denkens und Handelns und hinterlassen unter Umständen tiefgreifende Schädigungen, die sich im späteren Leben nachteilig bemerkbar machen.

Aus dieser doppelten Wirkung der kindlichen Angst ergibt sich eine spannungsvolle pädagogische Situation. Der Erzieher muß mit der Angst als mit einer im Grunde unabänderlichen Gegebenheit bei den Kindern wie auch bei sich selbst rechnen; er darf sie weder verleugnen noch überspielen. Zugleich hat er die Aufgabe, angesichts einer Welt voller Ängste das Maximum an Angstfreiheit bei den Kindern zu erreichen.

In unseren bisherigen Erörterungen wurde auf die letztliche Unvermeidbarkeit der Kindesangst besonderes Gewicht gelegt. Diese Akzentsetzung erschien notwendig, um verbreiteten Verharmlosungen vorwiegend im populären pädagogischen Schrifttum entgegenzutreten. Vielfach wird hier der Eindruck vermittelt, Kinderängste seien durch geeignete pädagogische Hausmittel leicht aus der Welt zu schaffen. Doch ist diese Erwartung trügerisch. Wenn Bemühungen um eine angstfreie Erziehung erfolgreich sein sollen, müssen sie von einer realistischen Sicht des Kindes und von einer nüchternen Einschätzung der pädagogischen Möglichkeiten ausgehen.

Doch wird eine solche realistische Betrachtung keine pädagogische Resignation zur Folge haben. Vieles läßt sich tun, um Kinderängste zu vermeiden, zu lindern oder aufzuheben. Erste Voraussetzung einer angstfreien Zuwendung zur Welt ist die Geborgenheit im frühen Kindesalter. Mannigfaltige Erfahrungen von pädagogischer, psychoanalytischer und kinderärztlicher Seite haben diesen Sachverhalt immer wieder neu bestätigt (Bollnow 1964, Nitschke 1962, Spitz 1945). Diese grundlegende Erfahrung der Geborgenheit ist notwendig, damit aus dem Kinde später ein tapferer und selbständiger Mensch werden kann.

Der philosophischen Ethik verdanken wir grundlegende Einsichten in das Wesen der Tapferkeit (Bollnow 1958, Pieper 1951). Übereinstimmend wird der rationale Zug der Tapferkeit hervorgehoben, der diese vom reinen Mut unterscheidet. „Der Mut springt ungebrochen aus der Vitalität, aus dem Lebensuntergrund selber empor. Die Tapferkeit dagegen muß errungen werden. Sie ist eine Haltung, die sich der Mensch selbst gibt, indem er die Versuchung der Feigheit bewußt in sich zurückweist". „Tapferkeit ist immer schon etwas Reflektiertes gegenüber der Unbefangenheit des Mutes" (Bollnow 1958).

Aus dieser Analyse ergeben sich Hinweise für die Aufgabe der Erziehung im späteren Kindes- und Jugendalter. Diese Aufgabe wird nicht darin bestehen, daß man mit einem

Appell an das Ehrgefühl und das sittliche Bewußtsein den jungen Menschen „tapfer zu machen" versucht. Vielmehr bietet sich eine indirektere Art des Vorgehens an. Wenn Tapferkeit eine wesentlich rationale Tugend ist, dann kann die Erziehung dem Kind und dem Jugendlichen jene Rationalität und Bewußtheit vermitteln, die er braucht, um sich entschieden und ohne Ängstlichkeit für eine gute Sache einzusetzen.

Für die Erziehung ergeben sich verschiedene Ansatzpunkte, um dem Kind das grundlegende Gefühl der Geborgenheit zu vermitteln und ihm zugleich bei einer zunehmend rationalen Meisterung seiner Angst zu helfen.

Angstfreie Gestaltung des Erziehungswesens

Der erzieherische Bereich, in dem die Grunderfahrungen von Vertrauen und Zuversicht vermittelt werden, ist die Familie. Wollten wir dem Kinde unnötige Ängste ersparen, so müßten wir hier ansetzen. Grobes Schrecken der Kinder — mit dem „Buhmann", dem „Nachtkrab", „Knecht Ruprecht" und dem Teufel — läßt sich leicht vermeiden. Doch haben wir einsehen müssen, daß es nicht so sehr diese einzelnen Schreckerlebnisse sind, die das Kind vorwiegend irritieren, sondern der gesamte Erziehungsstil und die Einstellung der Eltern (Richter 1963). Daher kommt es mehr auf das Atmosphärische an — und hier liegt eben die Schwierigkeit für ein gezieltes pädagogisches Handeln. Wer will eine auf Verzärtelung eingestellte Mutter oder einen drohenden Vater grundlegend ändern? Vorträge über Erziehungsfragen, Elternschulen, individuelle Beratungen können einiges erreichen, doch ist der Wirkungskreis solcher Erziehungshilfe von vornherein doppelt beschränkt: meistens werden nicht die Eltern angesprochen, die es am meisten anginge, und außerdem kann die bloße Information nicht viel nützen, wenn die Eltern es nicht lernen, mit ihrer eigenen Angst besser fertig zu werden. Auch wenn Eltern mit „modernen Erziehungsgrundsätzen" ihren Kindern alle Angst fernhalten wollen, so hilft das nicht viel: allzu schnell spüren die Kinder, daß ihre Eltern „Angst vor der Angst" haben.

Eines allerdings läßt sich fast als allgemeine Regel aufstellen: wenn sich beim Kind Angst zeigt, meinen die Eltern immer viel zu schnell, etwas „dagegen tun" zu müssen — ihm die Angst ausreden, es ermahnen, trösten usw. Viel hilfreicher wäre es, wenn die Eltern sich von der Angst erzählen ließen, sich in das Kind hineinversetzten, seine Gefühle teilten (Jersild 1960). Doch das scheitert zumeist eben daran, daß der Erwachsene der Angst gegenüber selbst unsicher ist und sie gern von sich abschiebt.

Auch gibt es im Alltag viele kleine Zeichen, mit denen Vater oder Mutter das Kind ihrer Nähe und ihres Schutzes versichern können. Hans Zulliger hat in seinem letzten nachgelassenen Büchlein über die Angst des Kindes auf die Bedeutung dieser angstmindernden Schutzsymbole hingewiesen. Da schenkt z. B. ein Vater seinem vierjährigen ängstlichen Töchterchen eine Halskette und erklärt dem Kind: „Da hast du jetzt etwas von mir. So bin ich immer bei dir und beschütze dich" (Zulliger 1966). Eine Stoffpuppe, ein Tier, ein „Zauberring" — alles das kann dem kleinen Kind in der magischen Phase seiner Weltdeutung die Angst überwinden helfen. Beim älteren Kinde werden allerdings rationalere und bewußtere Formen der Angstbewältigung anzustreben sein.

Auch in der Schule läßt sich ein angstfreies Klima schaffen. Die alte Pauk- und Prügelschule gibt es kaum mehr; doch zeigen sich auch in unseren Schulen noch verbreitet Züge autoritären, egozentrischen, einschüchternden Lehrergehabes. R. und A. Tausch haben die verschiedenen Formen autokratischen, stark lenkenden Führungsverhaltens von Lehrern ausführlich beschrieben (Tausch 1963). Sie zeigen auch, wie die Einstellungen der Lehrer im positiven Sinne verändert werden könnten. Für die Lehrerbildung stellen sich hier Aufgaben, die weit über die Vermittlung pädagogischen und psychologischen Wissens hinausgehen und die bis heute noch kaum in Angriff genommen sind.

Auch der Leistungsdruck auf die Schüler erzeugt Angst. Dabei liegt das Problem zumeist nicht in der Menge des Lehrstoffs, sondern z. B. in der Stoffverteilung: im Gymnasium finden wir die größten Arbeitsbelastungen gerade in der Mittelstufe während der Pubertätszeit, die genügend andere Konflikte mit sich bringt. Auch die Hypertrophie des Zensurenwesens, die zahlreichen Prüfungen und das Sitzenbleiben erhöhen den Angstdruck (Vgl. Metzger 1957, Redl 1933). Seitdem die Schule zur wichtigsten Verteilerin sozialer Chancen geworden ist, muß das Kind aufstiegswilliger Eltern „Erfolg haben" — wehe ihm, wenn es versagt und die Erwartungen enttäuscht!

Besondere Bedeutung dürfte dem Thema „Angst und Schule" neuerdings im Zusammenhang mit den Plänen zur Mobilisierung der Begabungsreserven zukommen. Es sollte rechtzeitig bedacht werden, daß es nicht genügt, möglichst viele Kinder auf die höhere Schule zu schicken. Man muß gleich von Anfang an ins Auge fassen, was es für die Kinder aus einfacheren Schichten bedeutet, wenn sie unvorbereitet in diesen neuen Lebenskreis eintreten. Auf Grund der mangelnden Orientierung können Unsicherheit, Angst und Minderwertigkeitsgefühle entstehen — ebenso wie umgekehrt die Kinder der gehobenen Schichten von der Angst ihrer Eltern angesteckt werden, sie möchten in der Schule nicht genug leisten und damit der Schichtprivilegien verlustig gehen. Mit alledem soll die Notwendigkeit eines verstärkten Bildungsangebots und einer Öffnung der höheren Schule in keiner Weise bestritten werden. Doch ist bisher kaum bedacht worden, daß die Funktion der Schule als Verteilerin sozialer Chancen, als Vehikel des sozialen Aufstiegs auch Rückwirkungen auf das Arbeitsklima der Schule und das affektive Gleichgewicht der Schüler haben muß, die es mit erzieherischen Mitteln zu kompensieren gilt.

Ermutigung

Wenn das Kind in einem aktuellen Angstkonflikt steht oder allgemein zur Ängstlichkeit neigt, versucht man vielfach, es zu ermutigen. Die Individualpsychologie Alfred Adlers und die Erziehungslehre von Maria Montessori haben gezeigt, welche schädlichen Folgen die Entmutigung für das Kind hat. „Das kannst du nicht, du bist zu klein." „Nimm dich vor bösen Menschen in acht." „Du bist hilflos, darum brauchst du mich." Das sind die Parolen der Entmutigung.

Was kann man dagegen tun? Maria Montessori konfrontiert das Kind mit ihrem Arbeitsmaterial und läßt es in der Auseinandersetzung mit der gestellten Aufgabe erleben, daß es das selbst leisten kann, was von ihm verlangt wird. Die Entmutigungserlebnisse werden durch die neue Erfahrung des Gelingens entkräftet. In der individualpsychologischen Erziehungsberatung vollzieht sich auf der Ebene des Gesprächs etwas Ähnliches: der Ratsuchende erkennt die Hintergründe seiner Entmutigung und soll den Weg zu einer neuen, positiven Lebensgestaltung finden (Seif 1940).

Es muß also möglich sein, Entmutigungen aufzuheben. Doch können wir als Erzieher einen andern ermutigen, ihm „Mut machen"? Werner Loch hat dies verneint —, wie mir scheint, mit guten Gründen. Wenn der Mut ein aus den Tiefen der Seele dringendes Lebensgefühl sthenischer Kraft ist (Loch 1965, Wanduszka 1950) — wie soll dann ein anderer mir „Mut machen", wie soll dann gar Ermutigung ein „Prinzip der Erziehung" sein (Henz 1964)? Wenn man einem andern Mut zuspricht, ihm vielleicht sagt: „Frisch gewagt ist halb gewonnen" — faßt man ihn dann nicht gerade an seiner Schwäche, an seinem Nicht-Wagen, während man sich selbst als leuchtendes Beispiel der Kraft und des Mutes hinstellt? Mit anderen Worten: ist die direkte Ermutigung nicht in Wirklichkeit eine subtilere Form der Entmutigung?

Gerade indem man nicht versucht, den Mut des Kindes zu forcieren, sondern es mit seiner Angst annimmt, gibt man ihm auch den Weg frei, aus dieser Angst herauszufinden. R. und A. Tausch haben in einem hübschen Modellversuch gezeigt, wie verschieden Erwachsene mit der Angst der Kinder umgehen. Folgendes Testbeispiel wurde den Versuchspersonen — Lehrern und Lehrer-Studenten — vorgelegt: „Auf dem Wege von der Schule nach Hause erzählt Fritz, 8 Jahre, seiner Lehrerin: ‚Heute nachmittag muß ich zum Zahnarzt — ich hab so Angst, er tut mir bestimmt wieder weh — ich will am liebsten nicht hin.' — Da sagt die Lehrerin zu Fritz:... ‚Eine Antwort lautet: Ich gehe mit dir zum Zahnarzt, dann hast du sicherlich keine Angst...' Das ist reine Entmutigung: du bist schwach, aber ich bin stark; ich werde dir helfen. — Eine andere Antwort: ‚Du bist schon ein großer Junge, Fritz, du darfst keine Angst haben, kleine Mädchen haben Angst.' Das ist ermutigend gemeint, aber auch nicht besser: nur kleine Mädchen haben Angst — also ist Fritz vielleicht doch ein kleines Mädchen? — Und eine letzte Antwort: ‚Wenn's ein bißchen weh tut, das schadet nichts. Dafür ist der Zahn wieder heil' (Tausch 1963)." Hier werden die Dinge genommen, wie sie eben sind. Die Angst wird nicht weggeleugnet, aber auch nicht ausgewalzt. Der Erzieher erwartet selbstverständlich, daß das Ich des Jungen stark genug ist, die Gegebenheiten zu akzeptieren. Eine solche Form der Ermutigung kann wirklich hilfreich sein.

Spiel und Märchen

Unter den erzieherischen Hilfen zur Überwindung der Angst sind auch Spiel und Märchen von Bedeutung. Daß das Spiel die im Kind angelegten Lebensmöglichkeiten ahnungsvoll vorwegnimmt und ihnen damit zur Entfaltung hilft, hat uns Fröbel sehen gelehrt. Wenn viele Ängste nichts anderes sind als ein Ausdruck der Beengung dieser innersten Lebenskräfte, dann müßte das freie Spiel der Kinder eins der wirkungsvollsten erzieherischen Heilmittel gegen die Angst sein. Und noch einen anderen Nutzen bietet das Spiel: wer Angst hat, sieht sich einem Übermächtigen passiv ausgeliefert. Im Spiel kann sich das Kind dagegen aktiv mit dem Angstobjekt auseinandersetzen. Damit wird dessen Übermacht gebrochen.

Die befreiende und angstlindernde Wirkung des Spiels ist in der Kindertherapie erkannt und genützt worden. Eine Fülle von Behandlungsmethoden liegt vor, die teils mehr von der kathartischen, teils von der kundgebenden, teils von der aktivierenden Funktion des Spiels ausgehen (Klein 1932, Pfahler 1951, Zulliger 1963). Der Erzieher sollte um diese Möglichkeit der Angstbefreiung wissen — denn sicher wird das Spiel, erzieherisch richtig genützt, im gesunden Kind die gleichen „heilenden Kräfte" erwecken, welche die Angst des kranken, nervös gestörten Kindes überwinden helfen.

Auch das Märchen ist unter den Hilfen gegen die Angst zu nennen. Zwar ist über seinen erzieherischen Wert oft gestritten worden: es verderbe die Phantasie, mache die Kinder grausam, ängstige sie usw. Doch bleiben diese Argumente an der Oberfläche. Das Märchen erzeugt durch seine Schrecknisse und Grausamkeiten keine Angst beim Kind, sondern bringt diese Angst nur zur Sprache und zum Bewußtsein. Wie wir aus der Tiefenpsychologie wissen, haben alle Märchenschrecknisse (der böse Wolf, das Gefressenwerden, das Abhacken von Gliedern) in der kindlichen Phantasie ohnehin ihre Entsprechung. Das Märchen nimmt diese Themen nur auf und führt sie zu einem guten Ende. In der einfachen, kindgemäßen Ethik des Grimmschen Märchens nehmen Tapferkeit und Unerschrockenheit (Das tapfere Schneiderlein, der Königssohn, der sich vor nichts fürchtet u. a.) einen wichtigen Platz ein. Doch wird die Tapferkeit nicht nur abstrakt als Charaktereigenschaft gerühmt. Es wird zugleich konkret gezeigt, wie diese Tapferkeit die Schrecknisse überwindet. Die tiefenpsychologische Märcheninterpretation hat deutlich gemacht, daß die glücklich bestandenen Abenteuer in symbolischer Verkleidung die Reifungsprobleme des Kindes und Jugendlichen enthalten: die Auseinandersetzung mit den Elternbildern (König und Königin, böse Stiefmutter, Hexe), mit der Triebwelt und der Schuld und das endliche Hinfinden des gereiften Menschen zum Lebenspartner (v. Beit 1952, Bühler-Bilz 1958).

In der Sammlung der Brüder Grimm lesen wir die tiefsinnig groteske Geschichte „Von einem der auszog, das Fürchten zu lernen". Kierkegaard hat zu diesem Märchen die bekannten Sätze geschrieben, in denen die Erziehungsaufgabe in ihrer ganzen Paradoxie ausgesprochen ist: „Wir wollen jenen Abenteuerlichen seines Weges ziehen lassen, ohne uns darum zu kümmern, wie weit er bei seiner Fahrt auf das Entsetzliche gestoßen ist. Dahingegen möchte ich sagen, daß dies ein Abenteuer ist, welches jeder Mensch zu bestehen hat: das Gruseln, das Sichängstigen zu lernen, damit er nicht verloren sei, entweder dadurch, daß er niemals in Angst gewesen, oder dadurch, daß er in Angst versinkt; wer daher gelernt, sich zu ängstigen nach Gebühr, er hat das Höchste gelernt" (Kierkegaard, S. 161).

Literatur:

Balint, A.: Über eine besondere Form der infantilen Angst, Zeitschrift für psychoanalytische Pädagogik, VII. Jg. 1933.
Balint, M.: Angstlust und Regression, Stuttgart o. J.
v. Beit, H.: Symbolik des Märchens, Bern 1952.
Bittner, G.: „Anfang" als anthropologische und pädagogische Kategorie. Stimmen der Zeit, Jg. 1963.
Bittner, G.: Überforderung in der Schule muß nicht sein. Ärzteblatt für Baden-Württemberg, Jg. 1966.
Bollnow, O. F.: Wesen und Wandel der Tugenden. Frankfurt 1958.
Bollnow, O. F.: Die pädagogische Atmosphäre, Heidelberg 1964.
Bühler, Ch., Bilz, J.: Das Märchen und die Phantasie des Kindes, München 1958.
Child, J.: Socialisation, in: Handbook of Social Psychology, ed. G. Lindzey, Vol. II, Reading-London 1954.
Claessens, D.: Familie und Wertsystem, Berlin 1962.
Die Angst, Studien aus dem C. G. Jung-Institut Zürich, Zürich 1959.
Erikson, E. H.: Kindheit und Gesellschaft, 2. Aufl. Stuttgart 1965.
Freud, S.: Hemmung, Symptom und Angst, in: Gesammelte Werke Bd. XIV 3. Aufl. Frankfurt/M. 1963.
Göbel, E.: Mädchen zwischen 14 und 18. Hannover 1964.
Henz, H.: Ermutigung — ein Prinzip der Erziehung. Freiburg 1964.
Jersild, Arthur: Child Psychology, 5. Aufl. 1960.
Kierkegaard, S.: Der Begriff Angst, in: Gesammelte Werke 11. und 12. Abteilung, Düsseldorf 1958.
Klein, M.: Die Psychoanalyse des Kindes, Wien 1932.
Kob, J.: Erziehung in Elternhaus und Schule, Stuttgart 1963.
Langeveld, M. J.: Studien zur Anthropologie des Kindes. 2. Aufl. Tübingen 1964.
Loch, Werner: Pädagogik des Mutes, in: Bildung und Erziehung, 18. Jg. 1965
Loch, Wolfgang: Begriff und Funktion der Angst in der Psychotherapie, in: Psyche 1959/60, 801.
Metzger, W.: Stimmung und Leistung, Münster 1957.
Möbus, G.: Die Abenteuer der Schwachen, Berlin 1955.
Nitschke, A.: Das verwaiste Kind der Natur, Tübingen 1962.
Oraison, Marc: Zwang oder Liebe?, Salzburg 1963.
Pfahler, G.: Kobolde und böse Geister in Kinderherzen, Stuttgart 1951.
Piaget, J.: Das moralische Urteil beim Kinde, Zürich 1954.
Pieper, J.: Vom Sinn der Tapferkeit, München 1951.
Redl, F.: Wir Lehrer und die Prüfungsangst, Zeitschrift für psychoanalytische Pädagogik, VII. Jg. 1933.
Richter, H. E.: Eltern, Kind und Neurose, Stuttgart 1963.
Schelsky, H.: Die skeptische Generation, Düsseldorf-Köln 1957.
Schelsky, H.: Schule und Erziehung in der industriellen Gesellschaft, Würzburg 1957.
Seif, L.: Wege der Erziehungshilfe, München-Berlin 1940.
Spitz, R.: Hospitalism, in: The Psychoanalytic Study of the Child, Vol. I 1945.
Tausch, R. u. A.: Erziehungspsychologie, Göttingen 1963.

Wandruszka, M.: Angst und Mut, Stuttgart 1950.
Zarncke, L.: Kindheit und Gewissen, Freiburg 1951.
Zulliger, H.: Umgang mit dem kindlichen Gewissen, Stuttgart 1953.
Zulliger, H.: Heilende Kräfte im kindlichen Spiel. 4. Aufl., Stuttgart 1963.
Zulliger, H.: Die Angst unserer Kinder, Stuttgart 1966.

5. Zur pädagogischen Theorie des Spielzeugs

Spielen ist, wie phänomenologische Analysen deutlich gemacht haben, immer „Spielen mit etwas" (Buytendijk 1933, S. 44), mit einem Partner, einem Tier oder einem Ding, welche dem Spielenden lebendig und beseelt begegnen und mit ihm spielen. Zum Spielding in diesem Sinne kann alles werden: der flache Stein, den ich übers Wasser schnelle, die Heftklammern, die ich zur Kette zusammenfüge, Kastanien und Tannenzapfen, Papier, Holz und vieles andere mehr.

Unter diesen Spieldingen bildet das, was wir im strengen Sinne als „Spielzeug" bezeichnen, eine gesonderte Gruppe: Während so ziemlich alles, was es gibt, unter anderem auch zum Spielding werden kann, haben wir im Spielzeug Gegenstände vor uns, die zu nichts anderem als zum Spielen da sind, die eigens in handwerklicher oder industrieller Produktion hergestellt und von Eltern und Verwandten oder auch von den Kindern selbst „zum Spielen" gekauft oder gefertigt werden. Während der Reiz der „zufälligen" Spieldinge gerade darin besteht, daß man von ihren objektiv dinglichen Eigenschaften absieht und ihre Spielqualitäten — daß man z. B. auf dem Schlüsselbund auch pfeifen kann — entdeckt, sind beim Spielzeug die Dingeigenschaften gerade auf die Spielqualität abgestimmt. Es kommt hier ein Moment des Gezielten und Absichtlichen hinzu, das gesuchten Spieleinfällen und spielstörenden Willkürlichkeiten Tür und Tor öffnet — das jedoch auf der anderen Seite auch eine verfeinerte Spielkultur und eine pädagogische und ästhetische Durchgestaltung des Spielmaterials erlaubt.

Spielzeug wird den Kindern in der Regel von Erwachsenen in die Hand gegeben. Man schenkt es aus vielerlei Gründen: um dem Kind Freude zu machen, um das Interesse des Kindes vielleicht frühzeitig in „nützliche Bahnen zu lenken" oder auch nur, um der Mutter die wohlverdiente Ruhe nach Tisch zu erkaufen. Auch wo das Kind von seinem selbstersparten Geld ein Spielzeug erwirbt, ist es ihm von den Erwachsenen dargeboten worden — zwar nicht von einzelnen Menschen, die ihm nahestehen, sonden in mehr anonymer Form von der Gesellschaft im ganzen, die durch die Spielidee, durch die handwerkliche und ästhetische Gestaltung und die kommerzielle Bereitstellung ihren Einfluß auf die Spielwelt des Kindes nimmt. Eine weit genug gefaßte pädagogische Theorie, die alle Formen der Einflußnahme von Erwachsenen auf Kinder mitbedenkt, wird daher auch das Spielzeug in den Umkreis ihrer Überlegungen einbeziehen müssen.

Es ist ein fast aussichtsloses Beginnen, sich eine Übersicht über das Spielwarenangebot auf dem heutigen Markt verschaffen zu wollen. Allein die Information über die vielen tausend angebotenen Artikel eines einzigen Produktionsjahrganges bereitet erhebliche Schwierigkeiten. Die Ordnung und Gruppierung der ganz verschiedenartigen Gegenstände und Materialien will schon gar nicht mehr in zufriedenstellender Weise gelingen. Praktisch brauchbar ist die Einteilung der Broschüre „Gutes Spielzeug", die Spielzeug „zum Bewegen", „zum Liebhaben", „zum Rollenspiel", „zum Gestalten" und „zum Miteinanderspielen" unterscheidet. Allerdings vereinigt bei dieser Einteilung die Gruppe der Spielzeuge „zum Bewegen" so heterogene Dinge wie Ball, Holzlastauto und Dreirad; und warum die Puppenkleidung beim „Spielzeug zum Liebhaben" mitläuft, während die Puppenküche „zum Rollenspiel" da ist, bleibt ebenfalls unklar. Bündiger ist die ältere Einteilung von Oskar Frey (Frey 1918): Gesellschaftsspiele, Puppen, Baukästen, Mechanismen — in ihr ist aber wieder ein so elementares Spielzeug wie der Ball einfach nicht unterzubringen. Klassifizierungen des Spielzeuges scheinen also zwar zur Verständigung notwendig zu sein, sie dürften jedoch kaum eine wissenschaftlich befriedigende Sicherheit der Zuordnung erlauben.

Die meisten Untersuchungen über das Spielzeug stammen von Volkskundlern und Kulturhistorikern. Das wird leicht verständlich, wenn man bedenkt, welche fruchtbaren Perspektiven das Spielzeug gerade für diese Disziplinen eröffnet. In das Spielzeug gingen, vor allem in älterer Zeit, mannigfaltige Stilformen der Volkskunst mit ein. Darüber hinaus ergeben sich zahlreiche Verknüpfungen zwischen Spiel und Volksbrauch; Spielgegenstände haben Beziehung zu kultischen und magischen Handlungen (zum Beispiel Spielkarte und Wahrsagen; die Klapper, mit der die bösen Geister verscheucht werden). Die Spielsachen vollziehen den Stilwandel der Kulturen so getreu mit, daß sie zu einem regelrechten Spiegelbild des Kulturlebens werden können. So ist es recht amüsant, in einer englischen Untersuchung zu lesen, wie sich die physikalischen Entdeckungen in sagenhafter Vorzeit schon genau wie im 19. und 20. Jahrhundert in allerhand verblüffenden Spielzeugkonstruktionen niedergeschlagen haben (Daiken 1953) — der ferngesteuerte Roboter in der Kinderstube hat also altehrwürdige Vorläufer. Puppen und Puppenstuben im Wandel der Zeiten zeigen ein getreues Abbild der sich wandelnden Kleidermoden und häuslichen Lebensformen.

Bisher liegen nur wenige Untersuchungen über das Spielzeug mit pädagogischer und psychologischer Fragestellung vor. So zahlreich auch die pädagogischen Veröffentlichungen über das Spiel sind, so gering ist seltsamerweise das Interesse am Spielzeug. Friedrich Fröbel und Maria Montessori haben innerhalb ihres Erziehungssystems Spiel- und Beschäftigungsmittel für Kinder entwickelt und theoretisch begründet. Zu einer Theorie des Alltagsspielzeugs, das Kindern ohne bewußte erzieherische Absichten gegeben wird, ist es jedoch noch nirgends gekommen. Lediglich auf einige Ansätze ist hinzuweisen. In einer kleinen, mit lebendiger Einfühlung geschriebenen Studie aus dem Jahre 1918 weist der Leipziger Seminaroberlehrer Oskar Frey auf die im Spielzeug liegenden Werte und erzieherischen Anknüpfungsmöglichkeiten hin. Der pädagogische Sinn des Spielzeugs wird mit Recht in erster Linie von der Bedeutung des Spielzeugs für das Spiel selbst her verstanden: Spielzeuge sollen nicht primär belehren, Kräfte üben usw., sondern eine echte „Spielillusion" ermöglichen. Frey beobachtet, was die Kinder mit ihrem Spielzeug anfangen, und er sucht zu verstehen, welche Grunderfahrungen die verschiedenen Spielbetätigungen enthalten. Entscheidungen über Wert oder Unwert eines Spielzeugs seien, meint er, „nicht vom grünen Tisch des schriftstellernden Pädagogen aus möglich. Wenigstens muß er sich herbeilassen, die Kinder beim Spiel zu beobachten, und muß es über sich gewinnen, den pädagogischen Unsinn geschehen zu lassen, ohne hineinzureden" (Frey 1918, S. 382).

Während die Arbeit von Frey noch von dem Optimismus getragen ist, daß die Spielwarenindustrie im Grunde auf dem rechten Wege sei und mit der Zeit immer bessere und brauchbarere Spielsachen auf den Markt bringen werde, sind die Autoren, die sich heute mit dem Thema befassen, wesentlich kritischer. Hildegard Hetzer, die einzige namhafte deutsche Kinderpsychologin, die sich in jüngster Zeit wiederholt und eingehend mit pädagogisch-psychologischen Problemen des Spielzeugangebots beschäftigt hat, betont die wichtige erzieherische Aufgabe, die dem Spielzeug heute in wachsendem Maße zufällt: Erfahrungsbrücke zwischen den immer mehr auseinanderdriftenden Lebenswelten der Erwachsenen und Kinder zu sein, das Erwachsenenleben in der Spielwelt des Kindes zu repräsentieren. Und hier wird deutlich, daß in der pädagogischen Theorie des Kinderspielzeugs auch grundlegende didaktische Erwägungen ihren Platz beanspruchen: „Das Spielzeug, das darstellend die Umwelt des Kindes in seinem Spiel vertritt, wirft unweigerlich für den Erwachsenen die Frage auf, ob er alles zur spielenden Auseinandersetzung zulassen soll, was sich in der Welt der Erwachsenen finde" — eine Frage, die sich u. a. beim Kriegsspielzeug stellt. Technischen Spielsachen kommt in dieser Sicht H. Hetzers eine wichtige Aufgabe zu. Das Kind soll in altersentsprechender Weise zu einer aktiven, denkenden Aneignung der technischen Realitäten hingeführt werden. Herbe Kritik wird an der Spielwarenindustrie geübt, die pädagogische Gesichtspunkte über ihren kommerziellen Interessen weithin außer acht läßt: „Die Folge des Produktionsdruckes ist die, daß etwa ein Drittel des Spielzeuges, das in der Bundesrepublik gekauft wird, sich nicht für das Kind eignet ... Von 407 in einem großstädtischen Kaufhaus vor Weihnachten angebotenen Spielsachen entsprechen nur sechsundsechzig (16,2%) den an ein gutes Spielzeug zu stellenden Anforderungen" (Hetzer 1960). Auf die Kriterien, die für gutes Spielzeug maßgebend sein sollen, geht H. Hetzer in ihrer Schrift „Spiel und Spielzeug für jedes Alter" näher ein (1950).

Unter dem Blickwinkel der Kunsterziehung und Geschmacksbildung behandelt Stephan Hirzel (1956) das Kinderspielzeug. Seinem Büchlein ist eine sorgfältige und liebevoll zusammengestellte Auswahl von Abbildungen vorbildlicher Spielsachen beigegeben, die veranschaulichen, worauf es dem Verfasser ankommt: auf gute, moderne Formen unter Verzicht auf Anleihen bei der Volkskunst in kunstgewerblicher Art wie auch auf alle technische Konfektion und Perfektion; auf Materialgerechtheit, solide handwerkliche Verarbeitung usw. Technischem Spielzeug ist er nicht sonderlich gewogen; in kaputtem Zustand scheint es ihm am kindgemäßesten zu sein. „Alsdann ist der langersehnte Augenblick gekommen, da ein tüchtiger Junge auf seine Art zu „reparieren" beginnt: er untersucht den Schaden genau, zerlegt das Ganze in seine Bestandteile und sorgt mit Phantasie dafür, daß aus der Spielwarenruine rechtes Leben wächst" (Hirzel 1956, S. 27 f.). — Ebenfalls vorwiegend unter ästhetischen Gesichtspunkten (aus der Sicht des „sozialistischen Realismus") werden die Kriterien für gutes und schlechtes Spielzeug in einer kleinen Bildbroschüre von Erwin Andrä (1955) dargestellt und an Beispielen aus den Sammlungen des Sonneberger Spielzeugmuseums und der heutigen ostdeutschen Produktion illustriert.

Die unbefriedigende Entwicklung auf dem Spielzeugmarkt, der den Käufer vor eine Flut von Erzeugnissen durchaus unterschiedlicher Qualität stellt, veranlaßte zu der Gründung des Arbeitsausschusses „Gutes Spielzeug". Dieser Kreis hat sich die Aufgabe gestellt, für den Gedanken des guten Spielzeugs zu werben und die Verbreitung erzieherisch wertvoller Spielsachen zu fördern. Im Dienste dieser Ziele stehen pädagogisch-psychologische Untersuchungen, die Begutachtung der auf dem Markt befindlichen Spielzeugmuster (Auszeichnung mit dem Gütezeichen) sowie die Aufklärung und Orientierung von Eltern und Erziehern vor allem durch das Handbuch „Gutes Spielzeug" und die Wanderausstellungen. In verschiedenen Fachtagungen im größeren Rahmen der internationalen Organisation ICCP (International Council for Children's Play) werden theoretische und praktische Fragen der Spielpflege behandelt.

Während Frey seinerzeit den erzieherischen Wert von Spielzeug im allgemeinen behandelt hatte, geht es heute vor allem um die Unterscheidung von gutem und schlechtem Spielzeug. Das kleine Spielzeug-Handbuch faßt die Güte-Anforderungen des Arbeitsausschusses in zwölf Punkten zusammen. Die Mehrzahl von ihnen wird allgemeine Zustimmung finden: Das Spielzeug soll dem Alter des Kindes angemessen und in der richtigen Größe und Menge vorhanden sein, es soll Sicherheit gegen Unfälle bieten usw. Einige andere Forderungen dagegen, und zwar vor allem die eigentlich erzieherisch gemeinten (freier Phantasiespielraum, reiche Spielmöglichkeiten, Spielinhalte aus der selbsterfahrenen Umwelt des Kindes) erscheinen uns nicht so ohne weiteres selbstverständlich und bedürfen wohl noch einer grundsätzlichen Klärung. Es scheint, als würde in diesem Punkt noch allzusehr — keineswegs nur vom Arbeitsausschuß „Gutes Spielzeug" — mit dem „gesunden pädagogischen Hausverstand" argumentiert, der sich über die Voraussetzungen seiner Position nicht hinreichend klar ist. Wir glauben, daß diese unreflektierten Erziehungsauffassungen in vieler Hinsicht richtig sind — um die Problematik zu verdeutlichen, sollen jedoch zunächst einige scharfe Antithesen formuliert werden.

Wenn in der Broschüre „Gutes Spielzeug" die lapidaren Sätze zu lesen sind: „Was interessiert unsere Kinder? Ihre Umwelt! Und die Folgerung für das Spielzeug? Postkutsche oder Bagger?" — so muß man sich doch gegenwärtig halten, daß die „Folgerung" ebenso wie ihre Voraussetzungen gar nicht so zwingend sind, wie es scheint, daß sie vielmehr durchaus schlüssiger psychologischer und pädagogischer Begründungen bedürfen. Denn so eindeutig ist die Sachlage gar nicht: Warum spielen Kinder „Indianer", „Räuber", „Hochzeit" usw.? Doch sicher nicht, weil sie ihre Umwelt nachahmen wollen, sondern weil in diesen Spielen eine innere Lebensthematik der Kinder zum Austrag kommt. Daß Kinder den Bagger der Postkutsche vorziehen, mag zutreffen; ob dagegen das Tretauto in jedem Fall die Konkurrenz mit dem Schaukelpferd gewinnt, ist noch nicht sicher.

„Je reichere Spielmöglichkeiten ein Spielzeug bietet, desto interessanter ist es für das noch nicht spezialisierte Kind. Ein Baukasten, der nur zum Zusammensetzen einiger weniger Formen geeignet ist, wird schnell langweilig ..." (Handbuch Gutes Spielzeug). Was für den Baukasten zweifellos gilt, kann für andere Spieldinge durchaus zweifelhaft sein. Mit Pfeil und Bogen kann man schießen, sonst nichts; auf der Schaukel oder Wippe kann man eben schaukeln oder wippen, weiter gar nichts — aber die Kinder tun es gern und ausdauernd, ohne an der „Einseitigkeit" dieser Spieldinge Anstoß zu nehmen. Die Forderung der „Vielseitigkeit" und „Reichhaltigkeit" gilt also offenbar nur unter ganz bestimmten Bedingungen. Das Spielthema entscheidet darüber, ob ein vielseitiges oder spezialisiertes Spielzeug angemessen ist. Das gleiche gilt für den „weiten Phantasiespielraum", den ein Spielzeug offenhalten soll. Auch hier kommt es ganz auf die Struktur und innere Thematik des Spiels an. Natürlich stört es — um ein Beispiel von H. Hetzer (1950, S. 59 f.) aufzugreifen — auf die Dauer die Imagination, wenn man einen schwarzbefrackten Puppenbräutigam als Baby ins Steckkissen legen muß. Für das Spielthema „Puppenfamilie" geben eben Braut- und Bräutigam-Figuren zu wenig her. Aber wie verhält es sich z. B. beim „Schwarzen-Peter-Spiel", das von Kindern auch mit Begeisterung gespielt wird? Hier wird ein und derselbe Phantasiegehalt unter wechselnder Gruppenkonstellation immer neu produziert: Einer wird „Schwarzer Peter", seine Karte bleibt übrig, während alles andere sich zu Paaren findet, er wird schwarzgemalt und ausgelacht — diese Phantasie vom „Ausgestoßensein" beschäftigt das Kind so sehr, daß es immer wieder „Schwarzer Peter" spielen kann. — Es wäre also kritisch zu fragen, aus welchen Quellen das verallgemeinerte Denkmodell „Vielseitigkeit der Betätigung und Phantasieentfaltung" stammt und wo es seinen legitimen Platz hat.

Ein weiteres Motiv, das bei der Bewertung von Spielen und Spielzeug eine wichtige Rolle spielt, scheint der Klärung ebenso bedürftig: der Gedanke, daß Spiel schlechthin „Tun", wenn nicht gar „angestrengtes Tätigsein" (Hetzer in: Handbuch Gutes Spielzeug) bedeute. Gibt es nicht auch das „Schau-Spielzeug", von dem Hirzel spricht: die glänzenden Christbaumkugeln, die Weihnachtspyramide, die sich im Schein der Kerzen dreht, das tanzende Mobile? Auch bei der elektrischen Eisenbahn geht es sicher nicht nur um die aktive Auseinandersetzung mit der technischen Welt, sondern dieses Spiel hat auch ästhetische Erlebnisqualitäten (Scheuerl 1954, S. 203). Ein sechsjähriger Junge, der mit Hilfe des pädagogisch so suspekten „Knöpfchen-Drückens" seine elektrische Eisenbahn in Betrieb setzt, von der er im technischen Sinne noch gar nichts versteht, vermag aber vielleicht etwas anderes an diesem Vorgang zu erfassen: die ruhige, geordnete, kreisende Bewegung. Diesen ästhetischen Aspekt ziehen wir nicht gern in Betracht, weil das Spiel damit in bedenkliche Nähe zu der stets als abschreckendes Gegenbild genannten Haltung „passiven Genießens" geraten würde (z. B. bei Rüssel 1953, S. 11). So sicher die Gefahr des Abgleitens in Genußsucht und Bequemlichkeit immer gegeben und erzieherisch zu bestehen ist — so wenig ist jedoch eine ideologisch gefärbte Aktivitäts-Pädagogik in der Lage, dieser Gefahr zu begegnen. Man könnte ja der rohen Genußsucht auch dadurch entgegenwirken, daß man im Rezeptionsspiel aller Arten den Zugang zu einem verfeinerten, menschenwürdigen Genießen eröffnet!

Es läßt sich demnach feststellen, daß wir mit unseren gängigen pädagogischen Bewertungen zwar immer „etwas" Richtiges treffen, daß unsern Kategorien jedoch die Tendenz zu einer gewissen Unschärfe und unzulässigen Verallgmeinerung innewohnt. In einem kulturgeschichtlichen Vergleich können wir dies am besten verdeutlichen. Schon in den alten Hochkulturen der Ägypter und Griechen gab es Spielzeug. Im Leidener Museum befindet sich z. B. die altägyptische Holzfigur eines Brotkneters (Hetzer 1950, S. 41), bei der das Kind wie bei einem Hampelmann an einem Strick zieht, um sie zu einer Auf- und Abbewegung mit den Händen auf dem Knetbrett zu veranlassen. Was ist an diesem Spielzeug? Von „reichhaltigen Spielmöglichkeiten" kann nicht die Rede sein, die Phantasie wird auch nicht zu schöpferischer Sinngebung angeregt. Es ist anzunehmen, daß das Kind den Vorgang des Brotknetens ohnehin kennt, daß also auch die Einführung in das Leben der Erwachsenen nicht das beherrschende Motiv sein kann. Das eigentlich Reizvolle an diesem Spielzeug scheint für das Kind in diesem Fall das Gefühl zu sein: „Hier besitze ich ein Stück Erwachsenenwelt im kleinen. Das ist ein kleiner Brotkneter, den ich kneten lassen kann, wann ich will." Ähnliche Motive sind auch heute im Spiel mit manchen Spielsachen noch wirksam, bei der Eisenbahnanlage in gleicher Weise wie bei der Puppenstube und dem Bauernhof. Es ist im Grunde die Situation Gullivers bei den Zwergen: Ich habe da eine kleine, geschlossene Welt mit Menschen, Tieren, Autos, Häusern und Zügen, die ich betrachten und in der ich schalten und walten kann — so wie Gott in der großen Welt der Städte, Dörfer und Menschen waltet.

In Sizilien werden den Kindern am Allerseelentag bunte Zuckerfiguren geschenkt, die als „Spielzeug" gelten[1]. Mit diesen Figuren kann man nichts „machen" außer sie auf die Kommode stellen oder allenfalls auf dem Tisch herumschieben. Nicht einmal essen kann man sie, weil sie mit ungenießbarem Flitter bestreut sind. Solche Gegenstände sind pädagogisch völlig uninteressant, so lange wir darauf bestehen, Erziehung und speziell Spielerziehung habe es immer und unter allen Umständen nur mit Weckung der Selbsttätigkeit und Einführung in die kulturelle Umwelt zu tun. Diese sizilianischen Zuckerfiguren haben jedoch eine ganz andere, gleichfalls pädagogische Bedeutung, die nur unserem Denken ein wenig ferner liegt. Sie werden nämlich vom „toten Großvater" oder von der „toten Großmutter" gebracht, so wie bei uns St. Nikolaus die süßen Sachen bringt. Diese Geschenke tragen also dazu bei, das Gefühlsband zwischen dem Kind und seinen Vorvätern enger zu knüpfen. Das ist für eine traditionsbestimmte Gesellschaft eine erzieherische Funktion, die nicht gering geachtet werden darf.

Es wäre offensichtlich wenig sinnvoll, die Spielzeuge der altägyptischen oder sizilianischen Kinder nach unseren Vorstellungen über „gutes Spielzeug" zu beurteilen. Unsere Bewertungskriterien haben nur im Hinblick auf unsere eigene kulturelle Situation einen vertretbaren Sinn. Weil Erwachsenenwelt und Kinderwelt sich fortschreitend mehr voneinander entfernen, hat das Spielzeug eine vermittelnde Funktion bekommen, die es früher bei weitem nicht in diesem Umfang hatte. Die Kulturabhängigkeit der erzieherischen Bedeutung des Spiels reicht aber noch weiter: Daß Selbsttätigkeit, produktive Phantasie und aktive denkerische Auseinandersetzung zu erzieherischen Leitwerten geworden sind, hängt gleichfalls mit den Anforderungen unserer mobilen Gesellschaftsstruktur und — tiefer gesehen — mit der Selbstauslegung des Menschen in der gegenwärtigen geschichtlichen Situation zusammen.

Für das Spiel selbst sind alle diese kulturpädagogischen Ziele jedoch nur am Rande

---

[1] Für diesen Hinweis habe ich Herrn Dr. Schenda zu danken.

5. Zur pädagogischen Theorie des Spielzeugs

von Bedeutung. Es trägt seinen Sinn in sich — und je vollkommener es diesen innewohnenden Sinn entfalten darf, ohne daß sich sekundäre Absichten der Belehrung, der Einübung sozial erwünschter Verhaltensweisen oder der Kräftebildung in den Vordergrund drängen, desto besser. Spielzeug kann letzten Endes nicht von solchen generellen pädagogischen Intentionen, sondern allein von seiner Spielfunktion her auf seinen Wert und seine Qualität hin beurteilt werden. Wenn man schön damit spielen kann, ist es gutes Spielzeug. Mit Plastilin muß man kneten können, ein Puppenkind sollte — gleichgültig, ob an- und ausziehbar, mit oder ohne Schlafaugen — „zum Liebhaben" da sein, einem Mobile soll man mit Freude zuschauen können. Ein Satz Montessori-Zylinder braucht zu nichts anderem gut sein als dazu, daß man die Klötze gern in die Löcher steckt — kein Verständiger wird es übel vermerken, daß nicht auch deren eventuelle Verwendung als „Eisenbahnzug" mitbedacht wurde.

Es bleibt zu fragen, welches pädagogische Menschenverständnis eigentlich im Hintergrund steht, wenn die üblichen Anforderungen an gutes Spielzeug erhoben werden. Fröbel wird als Begründer der Kleinkinder- und Spielpädagogik zwar gern zitiert, jedoch hat sich seine Denkweise noch nicht in befriedigender Weise in pädagogisches Handeln hinein konkretisieren lassen: teilweise begnügt man sich mit einer rein theoretischen Rezeption, teilweise klebt man an den „Spielgaben". Statt dessen sollten wir lernen, die moderne Spiel-Praxis als Pädagogen der Gegenwart und zugleich mit den Augen Fröbels zu sehen — wir werden am Schluß dieser Arbeit noch kurz andeuten, was das heißt. Wir arbeiten in der Spielerziehung — vor allem in der Frage des „guten Spielzeugs" — auf dem Boden reformpädagogischer Ideen: Weckung der kindlichen Phantasie (als einer inhaltlich noch gar nicht bestimmten, reinen „Seelenkraft"), Anregung zur Selbsttätigkeit und Wertgestaltung, harmonische Entfaltung aller Anlagen des Kindes — alle die Motive lassen sich bereits in den Spielauffassungen der pädagogischen Reformbewegung nachweisen (vgl. Scheuerl 1954, S. 11 ff.). Auch dürfte — in einer seltsamen Umkehr der ursprünglichen Intention — die übermäßig didaktische Beanspruchung mancher Spiele (vor allem bei Gesellschaftsspielen und technischem Spielzeug) durch reformpädagogische Ideen zusätzlichen Auftrieb bekommen haben: Wenn das Lernen „kindgemäß", also spielend geschehen soll, dann wird es eben auch Spiele geben müssen, die mit nützlichem Lernstoff befrachtet werden.

Niemand wird die Fortschritte geringachten, welche die Reformpädagogik in der erzieherischen Bewertung des kindlichen Spiels gebracht hat. Wohl aber ist zu prüfen, ob von den reformpädagogischen Voraussetzungen her alle Aspekte der Spielpflege und des Spielangebots sinnvoll zu verstehen sind. Uns scheint, es müßte heute an zwei Punkten über die reformpädagogische Auffassung hinausgedacht werden. Diese neu zu erschließenden Dimensionen suchen wir an einem praktischen Beispiel zu demonstrieren. Eine Studentin der Pädagogik schreibt über ihre Gedanken und Beobachtungen beim Aussuchen eines Spielzeugs für ihren dreijährigen Vetter.

„... Ich betrat ein Spielwarengeschäft: von einfachen Bausteinen über Autos, Eisenbahnen bis zu komplizierten Metallbaukästen wurde alles angeboten für Kinder jeder Altersstufe. Erst jetzt, als ich dem Spielzeug direkt gegenüberstand, um ein Stück auszusuchen, fiel mir auf, wie schwer es war, eine Wahl zu treffen. Ich begann zu überlegen: Alter und ‚Interessen' des kleinen Jungen kannte ich, aber was wollte ich mit dem Geschenk erreichen? Ganz einfach, ich wollte ihm eine Freude machen; also hätte ich doch jedes beliebige Spiel, das seinem Alter entsprach, nehmen können. Ein Plastikauto, einen Baukasten, einen Ball, oder vielleicht ein ... ja was? Worüber würde er sich am meisten freuen? Ich versuchte mich selbst um Jahre zurückzuversetzen und stellte mir die Frage: Worüber hättest du dich am meisten gefreut?

Das Spielzeug bekam plötzlich eine ganz andere Bedeutung für mich, ich sah es mit anderen Augen. Nach langem, aber nicht ziellosem Suchen entschied ich mich für ein Steiff-Tier. Ich erinnerte mich, daß ich früher jeden Abend, anstelle von Puppen, ein Stoffkätzchen (das mir meine Oma gemacht hatte) brauchte, um ‚einschlafen zu können'. Sehr, sehr lange behielt ich mein Kätzchen und hatte es lieb. Heute überlege ich mir, ob ich wohl durch dieses Tier ein ganz anderes Verhältnis zur Tierwelt bekam ... Auch Stefan sollte dieses Zutrauen zu den Tieren bekommen! Vielleicht konnte ich es durch mein Geschenk erreichen. Zwar suchte ich ihm nicht eine Katze aus — nein, er war ja ein Junge —, sondern einen Löwen. Die natürliche, etwas idealisierte Nachbildung des Tieres mit seinem ‚freundlichen Ausdruck' mußte Stefan gefallen. Die ansprechenden Farben, die runden Formen, das weiche Material machten das Tier als Spielzeug sehr geeignet.

Dieses Geschenk war jetzt nicht mehr nur für Stefan eine Freude, sondern löste gleichzeitig auch in mir eine innere Befriedigung aus: ich hatte etwas gefunden, was ihn und mich, zwar von verschiedenen Gesichtspunkten aus, erfreute.

Es war ein ganz eigenartiges Gefühl, als ich Stefan dann später beim Auspacken des Geschenkes beobachtete: Er beschaute sich das Steiff-Tier, nahm es in die Arme und brachte es zu seinem Bett. ‚Er (Stefan meinte den Löwen) ist groß und stark und muß mich beim Schlafen bewachen. Ich bin auch stark, aber in der Nacht ...'."

In dieser Niederschrift sind alle Überlegungen enthalten, die man bei einer erzieherisch verantwortungsbewußten Spielzeugauswahl üblicherweise anstellt: Alter und „Interessen" des Kindes werden berücksichtigt, ohne daß der Spenderin allerdings aus solchen Überlegungen eine Erleuchtung zukommt; auf die ästhetischen Qualitäten des Spielzeugs wird geachtet; das junge Mädchen überlegt als rechte Pädagogin sogar, was sie mit dem Geschenk „erreichen" will: Vertrauen zur Tierwelt! Alle diese Überlegungen wirken aber doch wie ein künstlicher Überbau — denn eigentlich will sie ja nichts „Pädagogisches", sondern bloß „eine Freude machen".

Wir haben uns daran gewöhnt, Erziehung allein in der planvollen „Einwirkung" von Erwachsenen auf Kinder zu sehen. Dabei haben wir vergessen, daß solche Einwirkung nur auf dem Grund einer tragenden menschlichen Verbundenheit fruchtbar werden kann. In vielen Formen pädagogischer Kontaktnahme ist gar nicht das „Einwirken" das Entscheidende, sondern das „In-Beziehung-Treten" zum Kind. In einer mehr philosophischen Terminologie hat man von „dialogischem Verhältnis" und „Ich-Du-Beziehung" gesprochen. Fröbel mag etwas Ähnliches gemeint haben, als er das bekannte Wort niederschrieb: „Laßt uns unsern Kindern leben ..." (Fröbel S. 56).

Der grundlegend pädagogische Akt beim Spielzeugschenken ist also das In-Beziehung-Treten, das *Schenken* selbst. Indem ich Spielzeug schenke und nicht Schokolade oder eine Zopfschleife oder einen Griffelspitzer, bekommt dieses Geschenk noch eine zusätzliche Valenz. Ich trete mit dem Kind in einer zentralen Lebenssphäre in Beziehung.

In der Erzählung der Studentin geschieht nun etwas Merkwürdiges. Als sie sich die Frage stellt, worüber sich der kleine Vetter am meisten freuen würde, und sich damit auf die Ebene der emotionalen Beziehung begibt, taucht auf einmal die Frage auf: „Worüber hättest du dich am meisten gefreut?" Erzieherisch „einwirken" kann man offenbar auf Grund seiner ästhetischen Wertvorstellungen, entwicklungspsychologischen Kenntnisse usw. Wenn man aber in Beziehung zu einem Kind treten will, ist man selbst mitgefragt: die Erfahrungen, die man mit dem Stoffkätzchen der Oma gemacht hat, die Erfahrungen mit Tieren überhaupt ...

An diesem Punkt geht die kleine Geschenk-Beziehung haarscharf an einem entscheidenden Mißverständnis vorbei, welches etwa in der Folgerung bestehen würde: „Also schenke ich den Kindern das, was mir selbst Spaß macht" — ein ungemein häufiges Motiv unverhohlen egoistischer oder mit sentimentaler Kindertümelei verbrämter Spielzeuggeschenke. Diese sind dann Ausdruck der eigenen infantilen Züge des Spenders. So ist es im Falle unserer Studentin nicht: Die eigene Erfahrung wird nicht auf das Kind projiziert, sie dient nur als Wegweiser zu dem hin, was das Kind braucht. „Ich hatte etwas gefunden, was ihn und mich, zwar von verschiedenen Gesichtspunkten aus gesehen, erfreute." „Von verschiedenen Gesichtspunkten aus ..." — darin liegt eben das Geglückte dieser Schenkbeziehung.

Nachdem diese Haltung des Aufeinander-Einschwingens vollzogen ist, läuft alles anders als erwartet. Es zeigt sich, daß in einem menschlich-erzieherischen Verhältnis immer mehr enthalten ist als das vordergründig Intendierte. Die „ungewollten Nebenwirkungen" sind oft entscheidender und positiver als die beabsichtigte Hauptwirkung. Von der „Vertrautheit mit der Tierwelt" als didaktischem Ziel ist bald keine Rede mehr. Es geht jetzt darum, daß der Löwe ein starkes Tier ist und daß so etwas zu einem Jungen paßt. Doch ist auch diese Intention noch zu einschichtig gesehen, wie die Reaktion des Jungen zeigt: Der Löwe erlaubt ihm, stark zu sein, indem er sich mit ihm identifiziert — er läßt ihn aber auch schwach und in seiner Schwäche geborgen sein, indem er ihn beschützt.

Damit ist bereits der zweite Punkt berührt, an dem die pädagogische Theorie des Spielzeugs über die reformpädagogischen Vorstellungen hinausgreifen muß. Der Löwe bekommt für den kleinen Jungen eine eigentümliche Valenz; der Spielgegenstand wird zum *symbolischen Ausdruck der Selbst- und Welterfahrung* des Kindes. Von reformpädagogischer Seite (besonders in der Kunsterziehungsbewegung) wurde die vielseitige, schöpferische Entfaltung der kindlichen Phantasie erstrebt — Phantasie vor allem funktional als „Seelenkraft" verstanden. Bei unserer Art der Betrachtung geht es dagegen entscheidend um die Phantasie*inhalte:* Nicht dann spielt das Kind am besten, wenn es vielerlei Beliebiges imaginiert, sondern wenn es die Grundthemen seiner Selbsterfahrung und seiner Begegnung mit der Welt im Spiel zu gestalten und aus sich herauszustellen vermag.

Dieser Gedanke ist nicht neu; er hat bereits in der Spieltheorie und den Spielgaben Fröbels seinen klassischen Ausdruck gefunden. Fröbel hatte selbst zunächst versucht, das Spiel im Sinne Pestalozzis als Mittel der Kräftebildung zu interpretieren (Bollnow 1952, S. 182). In seinem Alterswerk tritt jedoch immer deutlicher die aus romantisch-mystischem Denken gespeiste symbolische Spieldeutung hervor: Das Kind soll in ahnungsvoller Weise das Lebensgesetz in sich aufnehmen, das in den geometrischen Gebilden, den Körpern und lebendigen Organismen und endlich im Menschen selbst waltet. Eduard Spranger hat in einem kleinen Aufsatz aus dem Jahre 1918 Fröbels pädagogische Leitidee der „gesetzlich gebundenen Phantasie" von dem reformpädagogischen Streben nach Befreiung der kindlichen Schöpfernatur abgehoben und als einen der „unverlierbaren Gedanken" für die Kleinkindererziehung bezeichnet.

Im Spiel ist dem Kind in besonderer Weise die Möglichkeit gegeben, „Innerliches äußerlich, Äußerliches innerlich zu machen", das eigene innere Leben in symbolischer Sprache aus sich herauszustellen und in verhüllter Form des Weltgesetzes innezuwerden (vgl. Heiland 1967). Fröbel selbst hat wohl seiner Persönlichkeit wie auch seiner philosophischen Grundüberzeugung nach die zweite der genannten Sinnrichtungen — das ahnende Erfassen der Weltgesetzlichkeit — nähergelegen. Gerade diesen Gedanken aber können wir heute nicht mehr ohne weiteres nachvollziehen, weil uns die metaphysische Grundlage des Fröbelschen Systems nicht mehr selbstverständlich ist. Die Vorstellung einer umfassenden All-Harmonie, eines gleichermaßen die innere wie die äußere Welt durchwaltenden Lebensgesetzes ist uns fremd geworden.

Eine inhaltlich-symbolische Spielinterpretation ist jedoch nicht an die Voraussetzungen eines romantischen Weltbildes gebunden. Zwar kann es Symbole nur in einer „doppelbödig" gebauten Wirklichkeit geben, in der das sinnlich Erscheinende als Ausdruck eines Dahinterliegenden, Wesentlicheren verstanden wird — aber dieses Dahinterliegende braucht nicht das „Weltgesetz" des objektiven Idealismus oder der Romantik zu sein. Wenn das moderne anthropologische Denken aufs neue die Einsicht Pascals zu realisieren beginnt, daß der Mensch den Menschen um ein Unendliches übersteige, dann haben wir im Menschen selbst jene „Doppelbödigkeit" wiedergefunden, die eine symbolische Deutung freigibt. „Äußerliches innerlich zu machen", im Spiel das Weltgesetz zu erfahren, mag heute nicht mehr uneingeschränkt möglich sein. „Innerliches äußerlich machen", sich selbst in die Welt hinaus darleben und symbolisch kundgeben — diese komplementäre Möglichkeit wurde von Fröbel zwar konzipiert, sie zeigt jedoch erst in anthropologischer Betrachtung ihren vollen Sinn.

Spiel spricht symbolisch aus, was in bzw. hinter dem anschaubar Gegebenen liegt: etwas „Tieferes" im Menschen selbst. Von daher finden wir einen Zugang zur Spielsymbolik der Tiefenpsychologie, welche die Spieldeutung neben der Traumdeutung, der Verhaltens- und Widerstandsanalyse usw. zu einer eigenen analytischen Technik vor allem für die Kinderpsychotherapie entwickelt hat (Zulliger 1963, 1966).

Dies alles kann hier nur in Kürze angedeutet werden; das Thema „Spielsymbolik" würde eine eigene Untersuchung erfordern. Dem Kinderspielzeug wächst unter diesem Aspekt eine neue, bisher noch nicht genügend beachtete Funktion zu: Es wird zum Requisit der symbolischen Selbstdarstellung des Kindes. Da es immer dieselben Urerfahrungen sind, die das Kind in seiner Entwicklung zu bestehen hat, ist der Kreis der notwendigen Spielzeug-Requisiten grundsätzlich beschränkt. Zwar soll das Kind — besonders in unserer Kultur, in der manche anderen Möglichkeiten der Selbstauslegung und -darstellung fehlen — reichlich Spielzeug zur Verfügung haben. Immer handelt es sich aber um eine thematisch gebundene Mannigfaltigkeit: Die Puppe ist „Kind", der Teddy „Gefährte", die Puppenstube Gestaltungsvorwurf für „Haus" und „Familie"; Schwert, Gewehr, Pfeil und Bogen können als Symbole des Männlichen, Aggressiven (der Psychoanalytiker würde sagen: als „phallische" Symbole) gelten; die „kleine Welt" mit Häusern, Zäunen, Fahrzeugen, Menschen, Tieren und Pflanzen gestattet die Projektion des gesamten seelischen Innenraumes. Das Spielzeug ist nicht nur ein verkleinertes Abbild der kulturellen Umwelt, mit der das Kind bekannt und vertraut gemacht werden soll. Es gibt daneben gleichsam „archetypische" Spielgehalte und -notwendigkeiten, die bei der Bereitstellung von Spielzeug für Kinder mit zu bedenken sind.

Dieser symbolischen Dimension von Kinderspiel und Spielzeug müßte die Aufmerksamkeit der Erzieher und pädagogischen Theoretiker heute wohl in besonderem Maße gelten. Gewiß besteht die Aufgabe weiter, die Kinder im Spiel in die immer fremder werdende Welt der Erwachsenen Schritt für Schritt einzuführen und die kindlichen Kräfte zur Entfaltung zu bringen. Größer als die Gefahr der Entfremdung von Kinderwelt und Erwachsenenkultur scheint aber die Gefahr zu sein, daß Kinder wie Erwachsene einer Entfremdung von sich selbst zum Opfer fallen. Die Trennungswand, die es im Spiel aufzuheben gilt, verläuft sozusagen mitten durch jeden einzelnen Menschen. Das Kind will in der Sprache des Spiels von dieser abgeschobenen Innenwelt reden. Spielzeuge sind Worte dieser Sprache — an uns ist es, Organe zum Sprechen und zum Hören auszubilden.

Literatur:

Andrä, E.: Spielzeug. Dresden 1955.
Bollnow, O. F.: Die Pädagogik der deutschen Romantik. Stuttgart 1952.
Daiken, L.: Children's toys throughout the ages. London 1953.
Frey, O.: Über Spielzeuge als Erziehungsmittel. Zeitschrift für Pädagogische Psychologie, XIX, 1918.
Fröbel, F.: Die Menschenerziehung. In: Ausgewählte Schriften Bd. 2, hrsg. v. E. Hoffmann, Bad Godesberg 1951.
Gutes Spielzeug. Kleines Handbuch für die richtige Wahl. Herausgegeben vom Arbeitsausschuß Gutes Spielzeug. Ravensburg.
Heiland, H.: Die Symbolwelt Friedrich Fröbels. Heidelberg 1967.
Hetzer, H.: Spiel und Spielzeug für jedes Alter. Lindau ⁴1950.
Hetzer, H.: Spiel und Spielzeug unserer Kinder. In: R. Demoll (Hrsg.), Im Schatten der Technik. München-Esslingen 1960.
Hirzel, S.: Spielzeug und Spielware. Ravensburg 1956.

Scheuerl, H.: Das Spiel. Weinheim 1954.
Spranger, E.: Was bleibt von Fröbel? Neudr. in: Beiträge zur Sozialpädagogik, hrsg. v. Luise Besser u. a., Heidelberg 1961.
Rüssel, A.: Das Kinderspiel. München 1953.
Zulliger, H.: Heilende Kräfte im kindlichen Spiel. Stuttgart ^{4}1963.
Zulliger, H.: Bausteine zur Kinderpsychotherapie. Bern-Stuttgart ^{2}1966.

IV. Die Erziehungsfelder

Familie und Kindergarten sind die wichtigsten erzieherischen Einrichtungen, die auf die Entwicklung des Kindes im Kleinkindalter Einfluß nehmen. Beide sind in den letzten Jahren Gegenstand pädagogischer Kritik geworden: der Familie warf man vor, sie begünstige die Entwicklung eines gesellschaftlich angepaßten, autoritätshörigen Charakters; sie zementiere die Ungleichheit der Lebenschancen von Mann und Frau und halte starr an den traditionellen Geschlechterrollen fest. Als Alternativen zur Familie werden Modelle angeboten, die an kollektive Lebensformen wie die des israelischen Kibbuz angelehnt sind.

Die Kritik am traditionellen, von Fröbel und der Reformpädagogik geprägten Kindergarten kam aus zwei nahezu entgegengesetzten Richtungen: einerseits wurde argumentiert, die Lernfähigkeit des Kindes müsse planvoller ausgenützt werden, als dies im traditionellen Kindergarten geschehe. Dieser Absicht dienen die zahlreichen Vorschulprogramme, die in den letzten Jahren entwickelt und erprobt wurden. Andererseits wurde dem Kindergarten vorwiegend von seiten der studentischen Protestbewegung angelastet, er mißachte und unterdrücke die Bedürfnisse der Kinder. Diese Bewegung, die sich ausdrücklich auf psychoanalytische Erkenntnisse beruft, schuf den „Kinderladen" als Alternative zum traditionellen Kindergarten.

In diesen Kontroversen nehmen die nachfolgenden, tiefenpsychologisch begründeten Überlegungen einen eher „konservativen" Standpunkt ein. Sie wollen zeigen, daß manche allzu ungeduldigen Innovationen im pädagogischen Bereich auch als Ausdruck unbewußter, persönlich motivierter Wunschvorstellungen ihrer Urheber verstanden werden müssen, daß man sich vielfach die „Bedürfnisse des Kindes" so zurechtdenkt, wie sie einem zur Entschärfung eigener innerer Konflikte passend scheinen. Mit diesen Überlegungen sollen ernsthafte pädagogische Reformdiskussionen nicht disqualifiziert werden; es ist nur die Absicht, die vielfach unbewußte Motivierung pädagogischer Konzepte ins Blickfeld zu rücken.

1. Über die sogenannte „Sozialisation" in der Familie

Ich will von zwei Beispielen aus der psychotherapeutischen Praxis ausgehen. Ich habe seit längerer Zeit zwei Männer in Analyse, beide um die 40 Jahre alt, die bei aller sonstigen Verschiedenheit ihres Lebensweges das eine gemeinsame Problem haben: Beide sind verheiratet, haben Kinder, und beide überlegen sich, ob sie sich von ihren Familien trennen sollen, weil ihre Ehe leer läuft, weil keine Basis mehr da ist und jeder von beiden eine andere Frau gefunden hat, die er mehr liebt.

Bei dem älteren von beiden, einem erfolgreichen Geschäftsmann, dauert dieser Schwebezustand nun schon viele Jahre, und die Analyse wurde begonnen, um endlich zu einer Entscheidung zu kommen. Nun geht auch die Analyse schon einige Zeit, und die Entscheidung läßt immer noch auf sich warten. Ich möchte sogar zweifeln, ob sie überhaupt nähergerückt ist.

Wir haben alles miteinander durchgearbeitet, was die Regeln der Kunst verlangen: Wir haben untersucht, wie sehr die erste Ehe im Zustande einer unreifen Mutterfixierung geschlossen wurde, wie er noch zu jung war, als er heiratete, und bei seiner Frau vor allem Anlehnung, Führung, Geborgenheit suchte und wie er sich jetzt erst langsam reif fühlt, sein Leben einigermaßen zu überschauen, wie er sich danach sehnt, ein neues Leben anzufangen, das alte hinter sich zu lassen — aber da sind eben Realitäten geschaffen, vollendete Tatsachen, wie man so schön sagt: 5 Kinder, und dann das Geschäft, ein ansehnliches Privatunternehmen mit zahlreichen Beschäftigten, und die wirtschaftlichen Verpflichtungen, die bei einer Scheidung recht erhebliche finanzielle Komplikationen auslösen würden. Wie man es auch dreht und wendet, er kann letzten Endes ebensowenig bei seiner Familie bleiben wie sich von ihr trennen.

Der andere, jüngere von beiden, ist ein linker Intellektueller, Politologe, an einer Hochschule tätig. Auch bei ihm eine ähnliche innere Lebensgeschichte: Zu früh geheiratet, lange keine Kinder gewollt, um sich nicht endgültig zu binden, dann doch mit innerer Reserve zwei gezeugt — ein Mädchen, 3 Jahre, und einen Jungen, 1 Jahr alt. Ein Geschäft zu teilen gibt es bei ihm nicht, aber leichter hat er es deswegen auch nicht: Er kann zwar scharf und logisch argumentieren, betrachtet mit Wilhelm Reich die bürgerliche Ehe als eine Institution zur „Fesselung des Geschlechtstriebs", die nur der Stabilisierung ökonomischer Interessen diene — aber es hilft ihm wenig: Denn auf der anderen Seite hat er mit seinen Kindern eine intensive, unterschwellige Kommunikation, vor allem mit der älteren Tochter. In einer Art Telepathie träumt er jedesmal, wenn das Kind eine Krankheit ausbrütet, in der Nacht vor Ausbruch des Fiebers, es stürze in einen Schacht, laufe vor ein Auto, und er habe es fallengelassen und habe nicht aufgepaßt etc. — und ziemlich prompt stellt sich dann beim Kind die Krankheit ein. Auch hier die Frage: er liebt eine andere Frau — aber wie soll man sich trennen, wenn alles so eng verbunden ist?

Ich würde gern systematisch untersuchen, wie oft psychoanalytische Behandlungen bei Ehekonflikten eigentlich zur Scheidung führen. Ich glaube, je länger Menschen darüber nachdenken — und Psychotherapie ist eine besonders intensive Form des Nachdenkens —, desto schwerer wird es ihnen, eine Familie mit Kindern aufzulösen (das ist wichtig: eine Familie mit Kindern! Bei kinderlosen Ehen liegt der Fall ganz anders). Wer seine Familie verlassen will, kann dies nach meiner Erfahrung leichter aus einem spontanen Entschluß heraus tun, gleichsam ohne nach rechts und links zu schauen.

Ich habe mich angesichts dieser beiden Fälle gefragt: Was sind das eigentlich für eiserne Klammern, die Menschen in Familien zusammenhalten — in Familien selbst noch, in denen das Leben tot, erloschen erscheint? Man könnte es soziologisch so ausdrücken, daß diese beiden Männer eben ihre Rolle in der Familie so weit internalisiert hätten, daß sie nicht herauskönnen. Familie wird ja beschrieben als der Ort des Rollenlernens, vor allem für das Kind: durch Identifikation werden Beziehungs- und Wertsysteme verinnerlicht; das Subsystem Familie reglementiert das Sprachverhalten, besorgt darüber hinaus gegliederten Gesellschaften unmittelbar die Statuszuweisung etc. Die Familie wird als gesellschaftliche Institution des Rollen- und Normenlernens, als die „Sozialisationsagentur" der Gesellschaft bezeichnet.

Man sollte die Bilder und Vergleiche, die Wissenschaftler gebrauchen und für die sie dann meist keine Verantwortung übernehmen wollen, viel energischer beim Wort nehmen. Die Familie soll also eine agency, eine Agentur sein. Lassen wir die englisch-amerikanischen Konnotationen dieses Begriffs einmal dahingestellt und halten uns an die deutschen, da wir es ja zunächst mit den Auswirkungen dieser Wortneuprägung in unserem Sprachraum zu tun haben. Nach Creifelds Rechtswörterbuch ist ein Agent einer, der im Auftrag und zum Nutzen eines anderen dessen Geschäfte tätigt. So ein Agent in Sozialisationsgeschäften soll nun — bildlich gesprochen — die Familie sein. Die Gesellschaft handelt also nach diesem Modell wie eine Firma, die ihre Werte an den Mann bzw. an die nachwachsenden kleinen „Barbaren" (Fend 1970, S. 11) bringen will. Die Gesellschaft gründet viele kleine Agenturen, um ihren Plunder im Auftrag und gegen seelische Entlohnung zu verkaufen.

Nimmt man das Bild so wörtlich, dann zeigen sich zugleich seine niemals zugegebenen Hinkefüße. Erstens ist die Gesellschaft in diesem Bilde personifiziert, gedacht wie eine Firma oder gar ein einzelner Boß, der die Familien „beauftragt". Zweitens legt das Bild von der Agentur die Vorstellung von etwas Zielbewußtem, Rationalem nahe: Agenturen werden gegründet, geplant, für größere Einzugsgebiete gibt es sogar Generalagenturen.

Man kann im Bilde bleiben und sagen, daß die Gesellschaft ihre Schulen nach diesem Muster einrichtet. Bestimmte Schultypen werden durch Gesetze begründet, die Einführung der Schulpflicht läßt sich genau datieren, Standortplanung für Schulen ist eine wichtige Aufgabe. Insofern sind die Schulen echte Institutionen im Sinne des Modells. Aber wann hätte eine Gesellschaft einmal beschlossen: Jetzt gründen wir Familien? Oder vielleicht Standortplanungen in dem Sinne betrieben: Da sind noch so ein paar kleine Barbaren übrig, also muß eine Agentur her? Ich bin mir bewußt, Absurditäten auszuspinnen. Ich will deutlich machen, daß eine ganze Portion guter Wille, um nicht zu sagen, ein Stück *sacrificium intellectus* dazu gehört, um diese wissenschaftlichen Zumutungen zu schlucken. Natürlich werden die Soziologen sagen, das seien alles nur Mißverständnisse, man dürfe diese Gleichnisse nicht reifizieren — wie gehabt bei der Diskussion um Dahrendorfs „Homo sociologicus": Da werden zunächst recht suggestive Bilder unter die Leute gebracht, aber wehe, man nimmt sie beim Wort — dann wird man von der Soziologenzunft belehrt, es sei eben doch alles gar nicht so.

Indessen soll uns das nicht anfechten. Wir wissen aus der Denkpsychologie spätestens seit Dunckers Arbeiten (1935), daß auch für scheinbar hochabstrakte Denkmodelle stets irgendwelche anschaulichen Momente konstitutiv sind, die das Denken und mehr noch das Handeln nach diesem Modell determinieren. Diese Bildelemente zu verdrängen würde heißen, der Suggestion der Modelle Tür und Tor zu öffnen. Um auf die Eingangsbeispiele zurückzukommen: Die beiden Männer, welche zögern, die Verbindung zu ihren Kindern zu lösen, wären also nichts anderes als Agenten, die noch nicht wissen, ob sie ihren „Geschäftsbesorgungsvertrag" mit der Firma „Gesellschaft" aufrechterhalten oder kündigen sollen?

Es wird jetzt vielleicht deutlicher, wohin die Kritik am Begriff und Konzept der „Sozialisation" zielt: daß wir die Probleme in windschiefe Sprachspiele gießen und uns dann über die windschiefen Lösungen wundern, die dabei herauskommen[1]. Auch Pädagogen, die auf die Probleme hinweisen, die sich daraus ergeben, daß wir in einer immer totaler von Menschen gemachten Welt leben, können sich dem Sog der windschiefen Sprachspiele nicht immer entziehen: auch ihnen unterläuft das Sprechen von Sozialisation, von Rollen, von Institutionen — und es wird dabei oft übersehen, daß diese Sprachspiele eben das zum Prinzip erheben, was gerade geändert werden soll: die zwischenmenschlichen Vorgänge so anzusehen, als ob sie aus irgend jemandes Absicht „gemacht" wären. Die Familie ist nun ein guter Einstiegspunkt, um diesen Zirkel des Denkens zu durchbrechen: Gehen wir einfach in unseren weiteren Überlegungen probeweise davon aus, die Familie sei keine von der Gesellschaft hergestellte Agentur für irgend etwas, und versuchen wir, das, was die Familie tut, mit anderen Begriffen als mit dem der „Sozialisation" zu bezeichnen.

Um zuvor noch ein wenig fortzufahren bei den windschiefen Problemen, die uns die Soziologie der Familie beschert hat: Sie hat uns die nahezu unbegrenzte Wandlungsfähigkeit der familiären Rollen glauben machen wollen, beeindruckt einmal vom interkulturellen Vergleich, ausgehend von Margaret Meads und B. Malinowskis bekannten

---

[1] Vgl. Wittgenstein: „Es bestehen nämlich, in der Psychologie, experimentelle Methoden *und Begriffsverwirrung* ... Das Bestehen der experimentellen Methode läßt uns glauben, wir hätten das Mittel, die Probleme, die uns beunruhigen, loszuwerden; obgleich Problem und Methode windschief aneinander vorbeilaufen" (1967, S. 267).

Studien, und zum anderen von der Entwicklung der Familie in unserem eigenen Kulturkreis von der Großfamilie, dem „ganzen Hause" Martin Luthers, zur modernen Kleinfamilie. Die Soziologen und Kulturanthropologen sind nicht müde geworden, auf die Nicht-Notwendigkeit bestimmter familiärer Lebensformen hinzuweisen: Gibt jemand zu bedenken, daß die sogenannten „Geschlechterrollen" doch ein biologisches oder anthropologisches Fundament haben könnten, so werden gleich Margaret Meads Tschambuli bemüht, bei denen natürlich alles anders ist als anderswo. Man vergißt dabei aber meist, festzustellen, daß die Tschambuli schon zu Margaret Meads Zeiten ein nicht gerade stolzer Stamm von 500 Personen waren, und es ist anzunehmen, daß sie sich seitdem angesichts ihrer unzweckmäßigen sozialen Rollenverteilung nicht gerade sprunghaft vermehrt haben dürften. Oder wenn man meint, zur Kern-Familie würde doch wenigstens überall die Mutter und der Erzeuger eines Kindes gehören, so erfährt man bei Claessens, daß eben bei irgendwelchen Stämmen irgendwo auch einmal dem Mutterbruder die Vateraufgabe zufalle. So eingedeckt mit exotischen Fakten, die er kaum durch eigene Nachschau prüfen kann, auch wenn sie ihm rätselhaft vorkommen mögen, schickt sich der Wissenschaftskonsument darein, daß eben offenbar doch alles möglich ist. Ich komme auf die Rolle, die solche teils singulären, teils recht weit hergeholten Beispiele in der soziologischen Argumentation spielen, später noch einmal zurück.

Die radikalere, von der Studentenbewegung akzentuierte Frage ist die nach den Alternativen zur Familie. Wenn die bürgerliche Familie, wie Horkheimer (1936) in seinen Studien über „Autorität und Familie" zeigte, immer wieder den autoritären Charakter als Bedingung des Haftens faschistischer Systeme hervorbringt, dann liegt die Forderung nahe, eben diese Brutstätte der Charakterdeformation in ihren Grundfesten zu verändern. Auch aus psychotherapeutischen Motiven können sich solche Veränderungswünsche herleiten, wie H. E. Richter vor kurzem begründete: Wenn man als Psychoanalytiker immer wieder erlebe, wie die bürgerliche Kleinfamilie sich in den Verzahnungen ihrer Konflikte festrenne, dann verstehe es sich „fast von selbst, daß man ... mit großem Interesse Experimenten begegnet, die an den Bedingungen der Familienstruktur etwas ändern wollen ... Denn natürlich möchte man nicht immer nur nachträglich an den Folgen von Schäden herumkurieren, die zumindest teilweise durch präventive Änderung der Struktur von Ehe und Familie verhütet werden könnten" (Richter 1972, S. 56 f.). Auch in diesen Sätzen klingt die Überzeugung mit, man könne die Familie einfach ändern, wenn einem dies aus psychohygienischen Gründen tunlich erscheine — im Sinne der verführerischen soziologischen Überzeugung von der Machbarkeit der menschlichen Verhältnisse. Natürlich: wenn es gelänge, Menschen ohne Gehirn zu züchten, dann brauchte man keinen Gehirntumor zu operieren.

Ich habe mich selbst in einer früheren Veröffentlichung (Bittner ³1972, S. 93 ff.) an der Suche nach „Alternativen zur Familie" beteiligt und habe seinerzeit die Kibbuzim und die Kommunen der frühen Studentenbewegung als solche Alternativen bezeichnet. Ich finde die Motive dieser Alternativensuche immer noch berechtigt, die damals vertretenen Standpunkte aber, um mit Freud zu reden, als einen Erfolg meines Wunschlebens: Ich wünschte, es möge solche Alternativen geben, und ich wünsche es heute noch. Mich reizte zum Widerspruch die heilige, gottgewollte christliche Familie mit ihrer weihevollen Aura. Solcher Tabus, welche dem Tabubrecher alle Strafen Gottes in Aussicht stellt, kann man sich nur erwehren, wenn man sie planmäßig entweiht, verletzt, verhöhnt. Ich würde an den frühen Kommuneexperimenten heute diesen Aspekt des Schockens, des Verspottens von Heiligtümern stark in den Vordergrund stellen. Ich empfinde heute die Familie als eine Zumutung an das persönliche Glücksverlangen des einzelnen, der man sich aus persönlichen Gründen auch versagen kann — nur glaube ich nicht mehr daran, daß Alternativen gefunden werden können.

Ich möchte die Familie als eine archetypische Struktur bezeichnen — und beeile mich hinzuzufügen, was ich damit meine. Der Ausdruck „archetypisch" ist selbstverständlich von C. G. Jung entnommen, und in der Tat liegt das Ärgernis an der Jungschen Archetypenlehre ähnlich wie das an der Familienideologie: Die gleiche, quasi-religiöse, weihevolle Aura, die Umlagerung mit Tabus, der Rekurs auf angebliche Urgegebenheiten. Ich teile Blochs Kritik an Jungs Archetypenlehre, wenn er sie eine „Urbilderei in Bausch und Bogen", ein „magisches Wischi-Waschi" nennt (Bloch 1959, S. 70), meine allerdings, daß Bloch in seinem Eifer, die Böcke von den Schafen, d. h. die abgegoltenen von den unabgegoltenen, zukunftsweisenden Archetypen zu sondern, seinerseits das Wesentliche an den Archetypen recht flüchtig abgetan hat: Daß sie einen „Kategorienbestand bildhaft-objektiver Art" (Bloch 1959, S. 182) darstellen, der „situationshafte Verdichtung", formelhafte Verkürzung im geradezu fabelhaften Ausmaß ermögliche. Dies läßt nun zweierlei folgern: Erstens, daß diese Kategorien Grundraster unseres Erkennens sind, hinter die wir nicht zurückkönnen, so sehr wir es auch versuchen; und zum anderen wenigstens eine kleine Rechtfertigung für Jungs wabernde Mystik. Das Denken gerät gewissermaßen in Ekstase, wenn es dieser seiner Grundkategorien ansichtig wird, und projiziert sie an den Himmel oder in den Kosmos oder Gott weiß wohin — und auch Bloch ist ja nicht gerade einer der Nüchternsten, sondern einer, der sich gern trunken macht an seinem eigenen Denken. Das scheint irgendwie am Gegenstande selbst zu liegen.

Nun möchte ich also zu bedenken geben, ob „Alternativen" zur Familie nicht deswegen illusorisch sind, weil wir sie gar nicht denken können, weil Kategorien des Familienhaften so sehr zum kategorialen Bestand unserer sozialen Wahrnehmung gehören wie Raum und Zeit zu den Koordinaten unserer Naturerfassung.

An diesem Punkte ist von der Kibbuz-Erziehung zu sprechen. Die Kibbuzim spielen in der pädagogischen Diskussion eine ähnliche Rolle wie Margaret Meads Tschambuli und Claessens' Mutterbruder-Familien in der soziologischen: Als Renommier-Alternativen, als Beweismittel dafür, daß eben doch auch alles anders sein könnte, daß es nichts Festes gibt, daß alles der Variabilität sozialer Rollen unterliegt. Die Vorurteilslosigkeit dermaßen auf die Spitze treiben heißt zugleich, das Denken des Menschen über sich selbst der Beliebigkeit „schlechter Subjektivität" anheimstellen.

Bestätigung solcher Gedankengänge von unerwarteter Seite habe ich in einem naturphilosophischen Aufsatz von Joseph Agassi gefunden. Die kleine Abhandlung trägt den provozierenden Titel: „Wann sollten wir Beweisgründe zugunsten einer Hypothese ignorieren?" (Agassi 1973) — das heißt auf unser Problem bezogen: Gibt es Umstände, unter denen wir die Tschambuli, die Mutterbruder-Familien und die Kibbuzim getrost auf sich beruhen lassen können? Der stramme Poppersche Positivist würde niemals zulassen, daß Beweismaterial zugunsten einer Hypothese ignoriert wird. Kritisches Denken, sagt Agassi dagegen, besteht darin, Gegenbeispiele zur eigenen Hypothese als solche zu erkennen. Alle Menschen tun das gelegentlich, niemand tut es immer. Stets so verfahren zu wollen, würde bedeuten, den Wahnsinn zur Methode zu erheben. Poppers Falsifikationsregeln sollen als Schutz vor Dogmatismus dienen, indessen: „Wer dogmatisieren will, tut es sowieso und wird jede nur erdenkliche Regel mit Leichtigkeit umgehen" (Agassi 1973, S. 104). Agassi spricht in diesem Zusammenhang von Basis-Sätzen, die zu bezweifeln unsinnig wäre: „Wer auch nur einen Augenblick lang bezweifelt, daß er von einer Frau geboren wurde, ist wahnsinnig. Und es ist ganz gleichgültig, ob er je die Geburt eines Menschen oder eines Tieres beobachtet hat, von wem er die erste Aufklärung über die Vorgänge des Lebens bezogen hat und wie zuverlässig sein Informant zufällig war" (Agassi 1973, S. 191). Ist es zufällig, daß Agassi dieses Beispiel eines Basis-Satzes aus der Sphäre der Mutter-Kind-Beziehung wählt, obwohl der Aufsatz sonst ausschließlich von Problemen der Naturphilosophie handelt?

Im krassen Gegensatz zu dieser abgewogenen, naturphilosophischen Reflexion hat sich die Erziehungswissenschaft weithin zu ihrem eigenen Schaden einem bodenlosen

Empirismus überlassen, weil ihr der Dogmatsimus noch allzu sehr in den Knochen steckte. Es ist auch in der Erziehungswissenschaft notwendig, wieder nach Basis-Sätzen zu suchen, die unmittelbar einleuchten und bei denen schon allerhand empirisches Material zusammenkommen müßte, um sie zu erschüttern. Das Feld der Familie ist besonders geeignet, um sich auf solche Basis-Sätze zu besinnen.

Nehmen wir das Beispiel: *Das kleine Kind, mindestens bis zu drei Jahren, gehört zu seiner leiblichen Mutter.* Das nehme ich als einen Basis-Satz, an dem zu zweifeln unsinnig sein soll.

Unser autonomes Bewußtsein ärgert sich an dem Satz, nimmt Anstoß an ihm: „Wie" — sagt es —, „da soll es etwas in uns geben, das unumstößlich ist, Lebensgesetz ist, dessen wir nicht Herr sind? Das kann und darf nicht sein". Also kommen die Einwände: Wenn die leibliche Mutter sich nicht um ihr Kind kümmert? Wenn die Mutter berufstätig sein muß? Wenn sie geisteskrank ist? Ist dann nicht Fremdversorgung besser? Gewiß, aber das berührt nicht die Richtigkeit des Basis-Satzes. Unter solchen Umständen muß man sich eben mit einer zweitbesten Lösung zufriedengeben. Und dann kommt das schwere Geschütz der empirischen Untersuchungen: Die Wissenschaft hat festgestellt, daß Fremdversorgung nicht unter allen Umständen nachteilig (Yarrow 1964), daß „multiple mothering" im Kibbuz nicht schädlich sei (Liegle 1971), daß überhaupt — und dies wird von Erziehungswissenschaftlern mit besonderem Eifer eingeschärft — an der biologischen Blutsbindung gar nichts liege und daß es allein darauf ankomme, daß das Kind eine zuverlässige „Dauerpflegeperson" besitze.

Was bringen alle diese Untersuchungen? Doch letztlich nur das eine, was jedermann weiß: daß die menschlichen Verhältnisse vielfältig sind und daß alles Mögliche geht, wenn es gehen muß. Aber ist nicht das kategoriale Raster aller dieser Untersuchungen doch die idealtypisch mitgedachte, normale Mutter-Kind-Beziehung und die Leitfrage aller dieser Forschungen: wie weit kann man abweichen? Das sind gewiß notwendige Fragen; zu einem Verwirrspiel führen sie erst dann, wenn dabei der Basis-Satz, die Grundkategorie aus dem Blick gerät, die alle diese Daten beim Forscher zu einem sinnvollen Ganzen ordnet: Was geht alles noch — außer dem Natürlichen, Nächstliegenden, daß das kleine Kind bei seiner leiblichen Mutter aufwächst?

Alle diese Untersuchungen über die frühe Mutter-Kind-Trennung sind doch letzten Endes von der Frage geleitet: Wie lange und wie intensiv kann sich das Kind von der Mutter trennen, ohne daß Auffälligkeiten entstehen, die mit unserem recht groben Prüfgerät meßbar sind?

Gewiß sehe ich in solchen Basis-Sätzen, die nur beschränkt empirischer Überprüfung zugänglich sind, weil unser Bewußtsein „in" ihnen lebt, weil es sie bei allem, was es denkt und forscht, stillschweigend mitdenkt, die Gefahr eines Dogmatismus. Dogmatismus entsteht dann, wenn man als Basis-Satz etwas ausgibt, was in Wirklichkeit keiner ist, was unserem Denken bloß wider besseres Wissen oktroyiert wird, was es nicht unbefangen als das seine erkennt. Aber, wie Agassi in seinem vorhin genannten Aufsatz sagt: Es ist ziemlich sinnlos, den Dogmatismus durch Falsifikationsregeln austreiben zu wollen. Wer dogmatisieren will, wird jede empirische Finderegel zu umgehen wissen und womöglich gar diese Finderegel selbst dogmatisieren. Wie gedankenleer ist eine Erziehungswissenschaft, die von Ergebnis zu Ergebnis hüpft, Wichtiges von Unwichtigem nicht zu unterscheiden vermag, sich stets nach der neuesten ideologischen Mode zurechtputzt und keinen Herrn über sich anerkennt als Korrelationsrechnung und Gauß-Kurve!

Es scheint nun, daß dies der Beitrag der Psychoanalyse zum Problemfeld Familie und zu anderen grundlegenden pädagogischen Fragen sein könnte und müßte, bis heute aber erst ansatzweise ist: deutlich zu machen, wo unser Denken nicht frei, wo es determiniert ist — und zwar determiniert nicht bloß durch neurotische Deformation, sondern aus der Natur der Sache heraus. Diese Determination menschlichen Denkens durch seine eigenen

Vorgegebenheiten — wie gesagt, nicht neurotischen, sondern strukturellen Vorgegebenheiten — ist wohl heute an der Reihe, bewußtgemacht zu werden. Daß dies von vielen so empfunden wird, erklärt wohl zum Teil die Aufmerksamkeit, die psychoanalytische Zugriffe wie der sprachkritische von Jacques Lacan, in denen sich das psychoanalytische Denken seiner eigenen Voraussetzungen und Vorgegebenheiten bewußt wird, zunehmend auch in unserem Lande finden. „Kleine Kinder gehören zur Mutter" — das ist ein Satz, über den man m. E. nicht streiten kann, oder doch nur um den Preis, die Stimme der Vernunft in sich zum Schweigen zu bringen.

Die Familie ist für jedes Kind ein Nest, eine Höhle wie für das Tierjunge — *ein Nest, gebildet gleichsam aus den schützenden Händen von Vater und Mutter*. Wenn Vater und Mutter nicht harmonisieren, dann ist das Nest nicht geschlossen, dann bläst der Wind durch die Ritzen. Auch das Bild vom Nest scheint mir sozusagen archetypisch zu sein, ein Basis-Modell, hinter das man nicht zurückkann.

Oder ein anderes kategoriales Element: die sogenannte Wunscherfüllung: Das zwei- bis dreijährige Kind hält seine Eltern manchmal durch recht launische Wünsche in Bewegung. „Ich will diese Marmelade" — und sobald es sie auf dem Teller hat: „Nein, ich will lieber einen Honig." Wunscherfüllung kann nur heißen: *„Du willst das, also tue ich es"* — alle andern möglichen Verhaltensweisen der Eltern sind weniger, sind Abstriche an diesem Grundtypus. Es gibt zu diesem Satz nur Minusvarianten (in Anlehnung an Scheunert 1974).

Schließlich ist von der Funktion des Vaters zu sprechen. Einen Beitrag zu der auch von mir intendierten kategorialen Interpretation von Familienbezügen als einem Stück jener Wahrheit, über die wir nicht verfügen, sondern die wir selbst sind, hat vor kurzem Wolfgang Loch anhand einer Reinterpretation der bekannten Freudschen Krankengeschichte vom „kleinen Hans" vorgeführt, unter dem bezeichnenden Motto-Satz von L. Wittgenstein: „Ist es also so, daß ich gewisse Autoritäten anerkennen muß, um überhaupt urteilen zu können?" (W. Loch und G. Jappe 1974, S. 1). Das Kind wird, wie Loch ausführt, zum Mitglied der transzendentalen Interpretationsgemeinschaft einer Sprache, die Erkennen erst ermöglicht, durch Identifikation mit dem Vater. Ohne diese Identifikationsleistung droht die Vernichtung des Ich durch die Stärke der eigenen Triebwünsche — oder einfacher formuliert: *Das Kind braucht das Vorbild des Vaters, um zu lernen, wie man gefahrlos mit der Mutter umgehen kann* (W. Loch, G. Jappe 1974, S. 29). Auch dies ist ein Basis-Satz.

Von solchen Basis-Sätzen ausgehend, wäre vielerlei zu forschen und zu fragen. Ich fürchte, daß meine Ausführungen trotz aller gegenteiligen Versicherungen mißverstanden werden könnten als ein Stück konservativer Familienideologie. Doch was ich vorführen wollte, war nichts Normatives, sondern eine bestimmte Art, über menschliche Gegebenheiten nachzudenken — diktiert allerdings von Unbefriedigung an der geschäftigen Ansammlung von Beliebigkeiten am Gängelband von Korrelationsrechnung und Gauß-Kurve einerseits, einem modischen Hauch von Aktualität auf der anderen Seite, was sich beides vielerorts heute als wissenschaftliche Pädagogik präsentiert.

Ich wollte zeigen, daß Familie nicht etwas ist, „über" das man reden und das man verändern kann, so wie man legitimerweise beschließen kann, das dreigliedrige Schulsystem durch die Gesamtschule zu ersetzen. In diesem Sinne ist Familie keine Institution, die wir geschaffen haben, sondern eher eine, die uns geschaffen hat, und über deren Nicht-Sein und dessen mögliche Folgen uns etwa ebenso viele Vorstellungen zur Verfügung stehen wie über die Rückseite des Mondes.

Familie gehört zum grundlegenden Kategoriensystem unserer sozialen Wahrnehmung. Natürlich gibt es dazu auch Antikategorien, die ihr Recht haben, wie denn überhaupt in meinem „Archetypenhimmel" im Unterschied zum Jungschen vielerlei Streit und Krieg herrscht: da gibt es einerseits das Recht des Kollektivs, der überfamiliären gesellschaft-

lichen Gruppen, andererseits das Recht des einzelnen auf Glück und eigenes Leben —
beides notfalls auch gegen die Familie. Doch war dies nicht das Thema der gegenwärtigen
Erörterungen.

Literatur:

Agassi, J.: Wann sollten wir Beweisgründe zugunsten einer Hypothese ignorieren? Ratio, 1973.
Bittner, G.: Psychoanalyse und soziale Erziehung. München ³1972.
Bloch, E.: Das Prinzip Hoffnung. Frankfurt 1959.
Claessens, D.: Familie und Wertsystem. Berlin 1962.
Duncker, K.: Zur Psychologie des produktiven Denkens. Berlin 1935.
Fend, H.: Sozialisierung und Erziehung. Weinheim ²/³1970.
Liegle, L. (Hrsg.): Kollektiverziehung im Kibbuz. München 1971.
Loch, W. und G. Jappe: Die Konstruktion der Wirklichkeit und die Phantasien. Psyche 28. Jg. 1974.
Mead, M.: Leben in der Südsee. München 1965.
Richter, H. E.: Die Gruppe. Reinbek bei Hamburg 1972.
Scheunert, G.: Sadomasochismus. In: Psychologie für Nichtpsychologen, hrsg. v. H. J. Schulz, Stuttgart 1974.
Yarrow, L. J.: Separation from parents during early childhood. In: M. L. und L. W. Hoffman: Review of child development research. New York 1964.
Wittgenstein, L.: Philosophische Untersuchungen. Frankfurt 1967.

2. Vorschulerziehung und kindliche Identität

Meine Ausführungen möchten auf einige Entwicklungen in der Kleinkinderziehung der Gegenwart aufmerksam machen, die das Interesse des Psychoanalytikers verdienen. Sie verdienen es nicht primär aus Gründen der Psychohygiene: also nicht etwa deshalb, weil beispielsweise Kinder, die zu früh lesen lernen, intellektuell überfordert sein könnten und mit nervösen Störungen reagieren, wie von manchen befürchtet wird, oder weil Kinder, die — wie von der Kommune 2 berichtet — an Koitusversuchen mit Erwachsenen nicht gehindert, sondern vielleicht gar zu solchen gereizt werden, ein sexuelles Trauma davontragen müßten.

Man wird im Verständnis solcher und ähnlicher Erscheinungen nicht weit kommen, wenn man sie isoliert betrachtet und sie ablöst von dem Hintergrund epochaler Wandlungsprozesse in der Kleinkinderziehung, in deren größerem Zusammenhang ihnen lediglich Symptomwert zukommt. Es wird auch nicht tunlich sein, im Namen dessen, was man herkömmlicherweise als „gesunde kindliche Entwicklung" ansieht, einzelne, besonders krasse Erscheinungen zu kritisieren. Denn Argumente der Psychohygiene nehmen sich angesichts stürmischer gesellschaftlicher Entwicklungen oft etwas betulich und kurzatmig aus; sozialer Umbruch hat sich noch nie an hygienische Empfehlungen gehalten.

Es geht darum, den Prozeß als ganzen zu begreifen, der das Aufwachsen des Kindes in unserer Gesellschaft so nachhaltig zu verändern beginnt. Begreifen heißt für den Psychoanalytiker: die treibenden Kräfte im Hintergrund, die unbewußten Motive, den Wandel der Objektbeziehungen zwischen Erwachsenen und Kindern zu verstehen, die eine neue Form institutionalisierter Kleinkindererziehung, die Ablösung des traditionellen Fröbelschen Kindergartens durch Einrichtungen der Vorschulerziehung einerseits, durch die antiautoritären und sozialistischen Kinderläden auf der anderen Seite mit sich gebracht haben.

Indem unsere Gesellschaft den traditionellen Kindergarten durch die Vorschule oder durch den antiautoritären Kinderladen ersetzt, leistet sie zugleich ein Stück kollektiver psychischer Arbeit: sie definiert die Rolle — mehr noch: die Identität — des kleinen

Kindes neu und revidiert zugleich ihre Vorstellung vom Kindlichen und Kindgemäßen und damit einen nicht unwesentlichen Anteil ihres Selbstverständnisses, da doch alle, die heute „Gesellschaft" sind, auch einmal Kinder waren.

Man erinnert sich an das Nietzsche-Wort, das H. E. Richter seinen Untersuchungen über „Eltern, Kind und Neurose" voranstellte: „Die unaufgelösten Dissonanzen von Charakter und Gesinnung der Eltern klingen in dem Wesen des Kindes fort und machen seine innere Leidensgeschichte aus" (Richter 1963, S. 5). Gilt nicht ähnliches, wie Richter für die einzelne Familie zeigen konnte, für die Gesellschaft im ganzen? Könnten nicht die pädagogischen Institutionen, die eine Gesellschaft erfindet, die Rollen, die den Kindern von diesen Institutionen angesonnen werden, als Ergebnis einer kollektiven, durch unbewußte Prozesse erzwungenen Konfliktlösung bei den Erwachsenen zu verstehen sein? P. Fürstenau hat unter ähnlichem Blickwinkel eine „Psychoanalyse der Schule als Institution" versucht. Wir fragen hier nach den Institutionen der Kleinkindererziehung, „in welcher Richtung die ‚äußeren' Faktoren Wirkungen auf den einzelnen auszuüben suchen, welche ‚inneren' Entwicklungen sie von sich aus begünstigen oder erschweren" (Fürstenau 1969, S. 10) und weiter: welche Motive der Erwachsenen in diesen Institutionen Gestalt gewonnen haben.

Wenn wir im folgenden das institutionelle Grundarrangement des traditionellen Kindergartens als „ödipales", das der künftigen Vorschule als „präödipal-narzißtisches" charakterisieren, so sind wir uns der Problematik solcher Etikettierungen bewußt: Begriffe, die ursprünglich zur Bezeichnung bestimmter Phasen der kindlichen Libido-Entwicklung dienten, finden damit Verwendung als Termini einer psychoanalytischen Sozialpsychologie, indem sie auf das pattern sozialer Interaktion abheben, das jeder einzelnen der klassischen Phasen der Libidoentwicklung zugehörig gedacht werden muß. Die Institutionen der Kleinkindererziehung können mit diesen Kategorien insoweit erfaßt werden, als sie jeweils einzelne dieser Interaktionsformen begünstigen und damit die kindliche Entwicklung in entsprechender Richtung mitdeterminieren. Die Gefahr solchen Vorgehens liegt jedoch in einer allzu schematischen Typisierung: nur einzelne Aspekte eines komplexen sozialen Beziehungsgefüges können auf diese Weise, überakzentuiert vielleicht, ins Blickfeld treten.

Ergänzend ist darauf hinzuweisen, daß sich das psychoanalytische Verständnis des „Ödipus-Komplexes" im Laufe der Zeit deutlich ausgeweitet hat: das Ödipus-Konzept kann heute als Schlüssel-Konstrukt einer psychoanalytischen Sozialpsychologie gelten, das ein ganzes Syndrom sozialer Konfigurationsmerkmale umfaßt: die Drei- (bzw. „mehr als Zwei") Personen-Beziehung, die männliche und weibliche Identität, die Wechselseitigkeit von Liebes- und Rivalitätsbeziehungen von Individuen, Spontaneität, Autonomieprobleme und anderes mehr. Indessen hat sich diese Anreicherung des Ödipus-Konstrukts mehr oder weniger unbemerkt und allmählich vollzogen; eine systematische Erörterung wäre dringend erforderlich, kann an dieser Stelle jedoch nicht geleistet werden.

1. Der Kindergarten Fröbels als „ödipales Arrangement"

Will man den traditionellen deutschen Kindergarten als kollektiven Versuch der Lösung eines unbewußten Konflikts verstehen, so muß man auf die ursprüngliche Gestalt und Idee der Kindergartenschöpfung Friedrich Fröbels zurückgreifen, denn schon durch dessen nächste Mitarbeiter wurde der Kindergartengedanke weiterentwickelt und später durch Einflüsse ganz anderer Herkunft (Reformpädagogik, moderne Kinderpsychologie) kräftig überlagert.

Auf den inhaltlichen Reichtum des Fröbelschen Systems, seiner Spielgaben, seines symbolischen Weltverständnisses, seines mystisch-naturphilosophischen Hintergrundes kann hier nicht eingegangen werden (vgl. dazu Bollnow 1952, Heiland 1967). Doch lassen sich als wesentliche Charakteristika des Kindergartens vergegenwärtigen: dem kleinen Kinde soll ein Raum geschaffen werden, „ganz das zu sein, was diese Stufe erfordert". Das Lebens- und Ausdrucksmedium des Kindes auf dieser frühen Stufe ist das Spiel, und es ist zugleich Anknüpfungspunkt für das Erziehungsverhältnis zwischen Erwachsenen und Kindern: „Das Spiel, recht erkannt und recht gepflegt, einigt das keimende Kindesleben ... mit dem reifen Leben des Erwachsenen und fördert so eines durch das andere ..." Zwischen der Erlebniswelt des Kleinkindes und der des Schulkindes besteht ein qualitativer Unterschied: letztere ist die Zeit der „hervortretenden, auch äußerlich erscheinenden, sich bewußt werdenden Gemüts- und Geisteskraft", der vorangeht die Zeit der „inneren Erstarkung und der unsichtbaren Ausbildung des Gemüts, des Geistes" (E. Hoffmann 1968, S. 350). Zwischen Erwachsenen und Kindern besteht ein Verhältnis wechselseitigen Gebens und Nehmens, die Beschäftigung mit dem Kinde führt den Erwachsenen zur „Lebenseinigung". „Laßt uns unsern Kindern leben", ruft Fröbel seinen Zeitgenossen zu, „so wird uns unserer Kinder Leben Friede und Freude bringen, so werden wir anfangen, weise zu werden, weise zu sein" (Fröbel, Menschenerziehung S. 56). Es ist leicht zu sehen, wie in solchen Sätzen eine bestimmte Identität des Kindes und zugleich eine bestimmte Weise der Objektbeziehung zwischen Erwachsenen und Kindern und ein Selbstkonzept des Erwachsenen definiert wird.

Fragen wir nach den persönlichen Dispositionen, die es Fröbel ermöglichten, diese für das neuzeitliche Bürgertum so kennzeichnende Erziehungsform des Kindergartens zu schaffen, so bewegen wir uns damit auf einem Wege, den E. H. Erikson in seinem bekannten Buch über den jungen Luther vorgezeichnet hat, als er die psychodynamischen Zusammenhänge zwischen der persönlichen Identitätskrise Luthers und seinem Hineinwachsen in die Rolle des Reformators, zwischen Selbstheilung und kultureller Neuschöpfung aufwies. Fröbel verlor zweimal eine Mutter: die eigene, leibliche Mutter starb an den Folgen seiner Geburt; und als der Vater ein zweites Mal heiratete, verlor er auch diese zweite Mutter — wiederum durch die Geburt eines Kindes.

„Ich erinnere, daß ich meiner neuen Mutter die Gefühle einer einfach, treuen Kindesliebe reichlich entgegenbrachte. Sie wirkten beglückend, entwickelnd und erstarkend, weil sie gutmütig aufgenommen und erwidert wurden. Doch diese Freude, dieses Glück bestand nicht lange, bald erfreute sich die Mutter eines eigenen Sohnes, und jetzt wandte sich ihre Liebe nicht nur ganz von mir und zu diesem; sondern mich traf auch mehr noch als Gleichgültigkeit — völlige Entfremdung" (zit. nach H. Klostermann, S. 2).

Als die gleiche Wunde beim jungen Fröbel ein drittes Mal aufgerissen wurde, da Frau von Holzhausen, die Mutter der Kinder, deren Hauslehrer er war und mit der ihn eine tiefe, geistige Liebesbeziehung verband, wieder ein Kind von ihrem Gatten erwartete, da gelang Fröbel eine für ihn selbst zunächst unerwartete Lösung seines Konflikts, die es ihm diesmal ermöglichte, den Verlust der Mutter-Geliebten zu vermeiden: hatte er sich zuvor mit dem Gedanken getragen, die Hauslehrerstelle aufzugeben und die Freundin zu verlassen, so bewirkte die Eröffnung ihrer Schwangerschaft bei ihm einen völligen Umschwung. Er blieb, um dem Kinde ein „geistiger Vater" zu werden.

Zum ersten Geburtstag der kleinen Caroline arrangierte er für die Mutter ein symbolisches Geschenk:

Grünende, blühende und duftende Stubengewächse bildeten auf großen Tischen im Eckraum eines Zimmers ... einen Garten, in dessen Mitte ein freier, grüner Raum und in demselben ein rundlich erhabenes Beet, in welchem eine vielknospige Lilie stand. Dabei lag eine mit guter Erde gefüllte Wanne umgestürzt und eine Gießkanne in der Lage des Besprengens, Begießens. Ein Sonnenstrahl fiel aus einem Gewölk auf die Lilie vom Himmel herab, und in diesem Gewölk traten gleichsam durch die Brechung des Sonnenlichts die Worte *Gottes Garten* hervor" (Fröbel, Briefe, S. 52).

Noch in der späten Rückschau drückte dieses Arrangement für Fröbel die „höchste Idee" und die „reinsten Gedanken vom Familienleben" aus (Fröbel, Briefe, S. 52). Hatte Fröbel auch, äußerlich betrachtet, die Bestimmung zum Erzieherdasein von seinem Frankfurter Lehrer Gruner empfangen, so wirkte die unmittelbar darauf folgende, erste Begegnung mit Frau von Holzhausen doch unverkennbar befestigend auf den „kaum tagealten Erzieherberuf" (vgl. Fröbel, Briefe, S. 44). Die Erzieher-Identität Fröbels scheint sich letztlich doch erst mit dem Entschluß, im Holzhausenschen Hause zu bleiben und dem Kinde „geistiger Vater" zu sein, endgültig konstituiert zu haben. Nicht zufällig, so will es scheinen, wurde eben in dieser Frankfurter Zeit (vgl. auch Bollnow 1967, S. 208) die Lilie zum Symbol seines persönlichen Wirkens.

Das Lilienmotiv erscheint vielfach wieder in seinen pädagogischen Schriften (vgl. Bollnow 1952, Heiland 1967), vor allem als Titelvignette seines pädagogischen Hauptwerkes, der „Menschenerziehung", mit der bezeichnenden Unterschrift:

„Frisch und fröhlich, wie die Lilie im Garten, wachse nach von Gott ihm gegebenen Leben in mütterlicher Pflege und väterlicher Sorgfalt, unter dem Schutze der nach göttlichem Gesetze wirkenden Natur und unter Gottes himmlischem Segen, der Mensch in der Familie, dem Garten Gottes, empor."

In diesem Symbol lag Fröbels persönliche Lösung beschlossen: er brauchte die geliebte Mutter-Frau nicht wieder um des Kindes willen zu verlieren; die eigene Liebe konnte er nunmehr als „lilienrein", d. h. entsexualisiert, akzeptieren — freilich um den Preis, daß das Kind ebenfalls entsexualisiert, zur „Lilie", zur Blume in Gottes Garten stilisiert werden mußte, das in keinem Punkte mehr an die eigenen stürmischen Kindheitsempfindungen erinnerte.

Fröbels Kindergarten, Selbstheilung und gesellschaftliche Reform zugleich, gab Generationen gebildeter Frauen der bürgerlich-viktorianischen Epoche die ihnen gemäße Lösung des Identitätskonflikts: entsexualisierte, „geistige" Mutterschaft im Berufe der Kindergärtnerin — eine Identitätsformel, die das Spielen mit Kindern für diese Frauen zu einem auch für sie persönlich sinnvollen Lebens- und Berufsinhalt werden ließ. Daß Kindergärtnerinnen und besonders auch Mütter es heute vielfach als „langweilig" oder „sinnlos" empfinden, mit Kindern „immer nur zu spielen", mag als Indiz dafür gelten, wie sehr sich diese Identitätsformel geändert hat.

Fröbels persönlicher Versuch der Konfliktlösung, soweit er hier nachgezeichnet werden konnte, betrifft wohl vor allem die Mutterbeziehung in ihren ödipalen Anteilen. Im gleichen Sinne wäre dann seine Kindergartenschöpfung als ein ödipales Arrangement aufzufassen, das dem Kinde einerseits Sequenzen ödipalen Rollenverhaltens auferlegt, anderseits aber die triebdynamischen Fundamente ebendieses Vehaltens ausdrücklich negiert:

1. Die ödipale Dreierkonstellation setzt voraus, daß Kinder als Dritte im Familienbunde nicht nur Abklatsch und Spiegelbild ihrer Eltern, sondern in gewissem Maße „anders" sind und deshalb ein Eigenleben führen, daß sie durch ihr Anderssein die Eltern in Frage stellen, ihnen neue und doch altvertraute Erfahrung — „Lebenseinigung" — vermitteln. Daher begünstigt Fröbels Konzept von der qualitativen Unterschiedenheit der Lebensphasen ein ödipales Rollenverhältnis zwischen Erwachsenen und Kindern.

2. In der Erlebnisweise ist die ödipale Phase — ebenso wie das Kindergartenalter nach der Auffassung Fröbels — durch das Vorherrschen der freien, schöpferischen Phantasietätigkeit bestimmt. Psychoanalytische Autoren heben den Erfindungsreichtum, die triumphierende, sieghafte Grundstimmung, die Neugier, den Sinn für symbolische Einkleidung als Merkmale dieser Phase hervor. „Es scheint gerechtfertigt, das Spielen der Kindheit, das wirklich phantasiereich ist und Spuren schöpferischer Fähigkeiten zeigt, im Zusammenhang mit ödipalen Sublimationen zu sehen" (L. Peller 1968, S. 211).

3. Sind die Spiele der Kinder dieser Altersstufe von der unbewußten Angst bestimmt, klein zu sein und deshalb von den Freuden der Erwachsenen ausgeschlossen zu werden, und zugleich von kompensierenden Größen- und Potenzphantasien (Peller 1968, S. 209), so kommen dieser Bedürfnislage im besonderen Maße die Illusions- und Rollenspiele entgegen, die von der Entwicklungspsychologie seit jeher als besonders charakteristisch für diese Lebensstufe angesehen wurden und die auch unter den Beschäftigungen der Kinder im traditionellen Fröbelschen Kindergarten stets besondere Förderung gefunden haben.

4. Für dies alles ist nun ein Preis zu zahlen: da die gesamte ödipale Aktivität im Fröbelschen Kindergarten ja einerseits im Dienste der Wunscherfüllung, zugleich aber auch im Dienste der Abwehr des grob und unverhüllt ödipalen Triebkonflikts steht, ist es nur folgerichtig, daß gerade diese Kindergartenpädagogik die frühkindliche Sexualität und alle ihre Manifestationen besonders nachdrücklich negiert und das Kind mit einer Aura des Pflanzen- und Knospenhaften, der kindlichen „Unschuld" umgibt.

2. Das Kind in der „Lerngesellschaft" — oder: die narzißtische Kränkung der Erwachsenen in der Erziehung der Kinder

Das Ziel der Vorschulplanung, das sich bis heute — spätestens seit den Empfehlungen des Deutschen Bildungsrats — bereits in recht bestimmten Umrissen abzeichnet, sieht etwa folgende Entwicklungen vor: der Schulbeginn soll vorverlegt, Vor- und Grundschulstufe sollen zur neuen schulischen Primärstufe zusammengefaßt werden. Der Kindergarten bleibt als Institution für die Altersstufe der Drei- bis Vierjährigen erhalten, jedoch mit kritisch revidierter Zielsetzung: die Primarstufe ebenso wie der neue Kindergarten (Elementarstufe) sollen klar definierte Lernziele im kognitiven, emotiven, sozialen und spontan-imaginativen Funktionsbereich (Deutsche UNESCO-Kommission 1970, S. 44) in planvoll strukturierten Lernfeldern realisieren. Lernstrategien und Curricula sollen den systematischen Aufbau des Lernfeldes und die Kontrolle des Lernerfolgs ermöglichen. Den traditionellen Kindergarten trifft die Kritik, er habe es versäumt, Programme zu entwickeln, die es gestatten, „gelenkte Lernprozesse systematisch in Gang zu setzen und den Erfolg der pädagogischen Anregungstätigkeit zu kontrollieren" (H.-R. Lückert in: Deutsche UNESCO-Kommission 1970, S. 8) — oder, grundsätzlicher noch: die bisherige Kindergartenerziehung habe sich in „sterilen Schonräumen" abgespielt mit „stress-freiem und angeblich ‚sinnvollem' Spiel, bemutternd, psychologisch abgesichert und entintellektualisiert" (M. Deutsch in: Hechinger 1970, S. 29).

Das Pathos der Vorschulpädagogen scheint dem ersten Eindruck nach aus recht verschiedenen Motiven gespeist zu sein, je nachdem, ob die Begründung der Notwendigkeit systematischer Vorschulerziehung von der Beseitigung ungleicher Startchancen für Kinder aus unterprivilegierten Gesellschaftsschichten, von der Teilnahme des Kindes an den Errungenschaften der technisch-industriellen Zivilisation oder ganz ungeschminkt und direkt vom Trainieren des Kindes für Leistung und Wettbewerb ihren Ausgang nimmt.

So spricht Hechinger von der Vorschulerziehung als einer Einrichtung, die „als Lebensrettung für die Kinder auf den untersten Stufen der sozialen Rangordnung eingeführt wurde" (Hechinger 1970, S. 20); im gleichen Sinne bezeichnet sie J. Feldhoff als Mittel zur „Einlösung des demokratischen Postulats der Chancengleichheit" (in: Deutsche UNESCO-Kommission 1970, S. 27). H.-R. Lückert sieht den Weg des Mündigwerdens durch die „Teilnahme an den wirtschaftlich-technischen, sozial-politischen und wissenschaftlich-künstlerischen Errungenschaften, Problemen und Projekten der Gesellschaft" vorgegeben (in: Deutsche UNESCO-Kommission 1970, S. 7). Noch deutlicher wird der gleiche ideologische Begründungszusammenhang bei H. Deissler: „Die sentimental-romantische Vorstellung vom Schonraum der Kindheit, vom unbeschwerten Spiel-Raum wie auch die Auffassung vom antiautoritären Freiheitsraum läßt sich in der Wettbewerbsgesellschaft nicht aufrechterhalten" (in: W. Hornstein 1970, S. 65). Der gutgläubige Leser, der sich mit gesellschaftlichen Autostereotypen der letztgenannten Art identifiziert, wird mit ein wenig Pathos leicht zu überzeugen sein, daß wir als ernsthafte Lern-, Leistungs-, Wettbewerbs- etc.- Gesellschaft für Kinderkram keine Zeit verschwenden dürfen.

Die imposante Wissenschaftlichkeit, mit der sich die Vorschulpädagogik heute präsentiert, könnte leicht vergessen lassen, daß sie ihren Anfang zumindest in unserem Lande von einer Art Volksbewegung mit mehr oder weniger irrationaler Motivation nahm: der von H.-R. Lückert entfachten Frühlese-Bewegung. Nicht zufällig fand Lückert mit seinen Thesen breiteste Resonanz in Illustrierten, Frauen- und Elternzeitschriften. — Eine solche Volksbewegung für frühes Lesenlernen, vorschulisches Intelligenztraining etc. wird naturgemäß das psychoanalytische Interesse erwecken. Wie sind die Objektbeziehungen zu beschreiben, die systematisches Intelligenztraining als sinnvolle Form des Umgangs zwischen Eltern und Kindern erscheinen lassen?

Freud sprach einmal von drei großen narzißtischen Kränkungen der Menschheit durch die Wissenschaft, der kosmologischen, biologischen und psychologischen Kränkung: der Erkenntnis des Kopernikus, daß die Erde nicht der Mittelpunkt des Weltalls, der Erkenntnis Darwins, daß der Mensch nur in sehr eingeschränktem Sinne die Krone der Schöpfung, und der Erkenntnis Freuds schließlich, daß das Ich nicht Herr im eigenen Hause, der Seele, sei (Freud XII, S. 11). Neuerdings scheint sich diesen Kränkungen eine vierte, pädagogische, zuzugesellen: wiederum die Einsicht, daß der Mensch nicht „Herr im eigenen Hause" sei, doch diesmal im buchstäblichen Sinne verstanden: daß wir aus unseren Kindern nicht machen können, was wir wollen, daß der Macht der Erziehung durch soziale Schranken und Klassenunterschiede wie auch durch zwangsläufige pädagogische Unzulänglichkeit Grenzen gesteckt sind, daß Erziehung — allem Erkenntnisfortschritt zum Trotz oder gerade durch ihn — in einem von S. Bernfeld seinerzeit noch ungeahnten Sinne zu einer „Sisyphus"-Arbeit geworden ist (vgl. Bernfeld 1925). Die pädagogischen Strategien der Gegenwart scheinen im Zeichen dieser Kränkung zu stehen: die Objektbeziehungen zwischen Erwachsenen und Kindern nehmen daher narzißtischen Charakter an, d. h., sie orientieren sich zunehmend am Selbstkonzept der Erwachsenen und begünstigen prä-ödipale Triebziele. Dies läßt sich an verschiedenen Entwicklungstendenzen der Vorschulerziehung aufweisen.

Die „szientifische Voreingenommenheit" im Umgang mit Kindern

Wird die Kleinkind-Erziehung nicht mehr von den traditionellen Über-Ich-Forderungen, sondern von wissenschaftlichen Strategien geleitet, so verändert sich der gesamte psychologische Kontext des Umgangs zwischen Erwachsenen und Kindern: Über-Ich-Forderungen im alten, harmlosen Sinne des Wortes als solche zu durchschauen und durch „antiautoritären" Protest außer Kraft zu setzen, bedarf heute weder besonderer Gedankenarbeit noch besonderer Kühnheit mehr: Schwieriger ist die Rolle zu durchschauen, die „wissenschaftliche" Normierungen in der Erziehung als Nachfahren der alten Über-Ich-Normen spielen. S. Escalona hat bereits vor längerer Zeit darauf hingewiesen, wie schon in den stets „wissenschaftlich" — gelegentlich sogar psychoanalytisch! — approbierten Moden der Säuglingsernährung unbewußte Vorentscheidungen am Werke sind, und sie schließt ihre Überlegungen mit der Warnung: „Es würde Ironie und Tragik zugleich bedeuten, wenn wir bei der Bemühung, Frustrationen und Hemmungen zugunsten einer optimalen psychischen Entwicklung aufzuheben, ausgerechnet einem wahren Verständis der seelischen Bedürfnisse der Kinder entgegenarbeiten würden, indem wir sie mit unseren ... Schrecknissen und Unsicherheiten belasteten" (Escalona 1968, S. 43).

In gleichem Sinne muß diese Warnung für die wissenschaftlich begründeten Strategien der Vorschulerziehung gelten, besonders dort, wo soziale Verhaltensweisen, Phantasie und Emotionalität zu „Lernzielen" werden. Denn damit finden sich die Kinder wieder an eine Idealnorm ausgeliefert: an das Ideal der wissenschaftlich begründeten, fehlerfrei angewandten Methode. Hinter solchen wissenschaftlich begründeten Strategien wird ein Über-Ich-Ideal greifbar, das der ‚Wahrheitsfindung' Absolutheitsanspruch verleiht und sie gegebenenfalls gegen alle Vernunft durchsetzt" (Lincke 1970, S. 397).

Idealisierung des Kindes — Idealisierung der Methode

Es war das Kennzeichen aller „charismatischen" Pädagogen — von Fröbel über Maria Montessori bis hin zu Alexander Neill in unseren Tagen — daß sie das Kind, besonders das kleine Kind, in seinem Werte und in seinen Werdemöglichkeiten idealisierten. Etwas von dieser Idealisierung — man fühlt sich erinnert an die von Freud konstatierte „Überschätzung des Sexualpartners" im Zustand der Verliebtheit — scheint konstitutiv für einen lebendigen und schöpferischen pädagogischen Umgang mit Kindern zu sein. Maria Montessori wählte für die Ansprache zur Einweihung ihres ersten Kinderhauses den biblischen Text von der Epiphanie des Gotteskindes; und die weniger vom Charisma ergriffenen Zuhörer mögen sich in der Tat gefragt haben: Warum übertreibt die Montessori so? (vgl. Montessori 1961, S. 159).

Über solche Übertreibungen haben wir uns heute kaum zu beklagen. Idealisiert wird das Curriculum, die Reinheit der Methode, nicht mehr wie bei Fröbel, die Reinheit des Kindes. Lernziel und Methode werden nicht primär von der Objektrepräsentanz „Kind", sondern von der kollektiven Selbstrepräsentanz des Erziehers, d. h. von den von ihm imaginierten gesellschaftlichen Notwendigkeiten her konzipiert. Das mag dann bei den Sprachtrainingsprogrammen für Unterschichtkinder zu „Dialogen" zwischen Erzieher und Kind von dieser Art führen:

„Ein Kind wurde aufgefordert, sich auf den Tisch zu setzen. Reagierte es nicht richtig, half ihm die Lehrerin dabei und sagte: „Du sitzt jetzt auf dem Tisch." Kind und Lehrerin wiederholten diese Feststellung. Dann wiederholte die Lehrerin den Satz noch einmal und fragte das Kind „Wo sitzt du jetzt?" Das Kind antwortete gewöhnlich „Auf dem Tisch." Lehrerin: „Jetzt sag einmal das Ganze." Kind: „Ich sitze auf dem Tisch." Schließlich war das Kind so weit, daß es ein anderes auffordern konnte, sich unter den Tisch zu setzen, sich neben den Tisch zu stellen, eine Hand über den Tisch zu halten usw." (Hechinger 1970, S. 90).

Was macht denn nach solchen Proben perfekter Erziehungskunst ein Buch wie die „Vorschulkinder" von E. Niggemeyer, N. Hoenisch und J. Zimmer trotz seiner didaktischen und konzeptuellen Mängel so viel anziehender als alle methodisch ausgekochten Trainingsprogramme? Wohl doch die idealisierende Vision — oder soll man vorsichtiger sagen: die optische Illusion? — einer glücklichen Kinderwelt. Man ist schon dankbar genug für ein paar hübsche Fotos auf Glanzpapier inmitten einer pädagogischen Szenerie, die durch Intellektualisierung und Methodenkult „den restlichen Schimmer des frühen narzißtischen Glanzes zum Erlöschen zu bringen droht" (Lincke 1970, S. 401).

Funktionsspiel gegen Phantasiespiel

Die freie, schöpferische Phantasie, die zu den vornehmsten Ich-Leistungen der ödipalen Stufe gehört, hat einen Zug zum Anarchischen: wie sich der Sexualtrieb erzieherischen Bemühungen gegenüber „eigenwillig und ungefügig benimmt" (Freud VII, S. 160), so läßt sich auch die ödipale Phantasie nur ungern pädagogisch domestizieren. Das Spiel, das seine „imaginierten Objekte gern an die greifbaren und sichtbaren Dinge der wirklichen Welt" anlehnt (Freud VII, S. 214), ist die dem Kinde dieser Stufe am besten entsprechende Form der Vermittlung zwischen Lustwelt und Realität.

Manche Entwürfe heutiger Vorschulpädagogik suchen diese anarchische Potenz erzieherisch in den Griff zu bekommen, sie in die kleine Münze von pädagogisch geplanten Lernzielen umzusetzen. Das kann geschehen durch „gezieltes (!) Erzählen, Vorlesen, Musikhören und Bildbetrachten" sowie durch „Singen, Musizieren, Malen, Zeichnen, Gestalten mit verschiedenen Materialien und durch rhythmische Bewegung" (Deutsche UNESCO-Kommission 1970, S. 45). Phantasietätigkeit — im Fröbelschen Kindergarten wider alle Vernunft zwar, aber psychologisch akzeptabler, zugelassen, ja gefördert als Negation der banalen Wirklichkeit — degeneriert im perfektionierten Vorschulprogramm zu einem „psychischen Funktionsbereich", der pädagogisch trainiert werden muß — wie eben schlechtweg alles zu „trainieren" ist, weil Kinder nach dieser pädagogischen Auffassung grundsätzlich nichts, aber auch gar nichts von alleine können. Dabei kann man hingestellt sein lassen, was der eigentliche Sinn dieser Phantasieübungen ist — soll erreicht werden, daß den Kindern bestimmte Dinge einfallen oder ist es vielleicht eher das Ziel der wohlmeinenden pädagogischen Prozedur, daß andere, erzieherisch unerwünschte Phantasien den Kindern gerade *nicht* einfallen?

So wird praktisch gerade das Gegenteil des scheinbar Erstrebten erreicht: Phantasie wird nur schöpferisch, wenn sie aus dem glückhaften Gefühl ödipaler Unüberwindlichkeit ihre eigenen Wege geht; indem sie zur trainierbaren Funktion wird, ist sie als ödipalschöpferische blockiert. Man muß sich klarmachen, daß zwischen Funktionsspiel und Phantasiespiel ein Unterschied der psychischen Qualität, von den Organisationsstufen der Libido her betrachtet, anzusetzen ist. Es ließe sich wahrscheinlich nachweisen, daß die meisten „Spiele", die im Rahmen der vorschulischen Bildungsförderung angeboten werden, dem Typus der auf das Funktionieren des psychophysischen Organismus bezogenen Spiele oder allenfalls noch den Spielen vom Typus der präödipalen Mutterbeziehung — im Sinne der Einteilung L. Pellers — zugeordnet sind. Treffend beschreibt sie diesen Typus von Spielen: „Da gibt es zahllose Wiederholungen mit kaum einer Veränderung. Die zugrundeliegende Fabel ist äußerst dürftig ... Die Stimmung im präödipalen Spiel ist oft nüchtern, ernst, fast geschäftlich. Alle diese Charakteristika stehen in direktem Gegensatz zu der endlosen Veränderbarkeit, dem Glücklichsein und der phantasiereichen Leichtigkeit späterer Spiele auf der ödipalen Stufe" (Peller 1968, S. 207).

Omnipotenz des Erziehers

Das traditionelle Entwicklungsmodell mit seiner Betonung der inneren Wachstums- und Reifungsfaktoren, das Bild vom Erzieher als Geburtshelfer, Gärtner etc. erfüllte für diesen bei aller offenkundigen theoretischen Unzulänglichkeit zumindest eine psychohygienische Funktion: es schützte ihn vor einer Überschätzung seiner Möglichkeiten. Wenn dagegen kindliche Entwicklung maßgeblich vom Milieu bestimmt ist, dann wird der Pädagoge in den Strudel zwischen Allmachts- und Ohnmachtsgefühl hineingerissen: er möchte beispielsweise den unterprivilegierten Kindern helfen und bekommt die Bedingungen ihrer Unterprivilegierung — auch wo und gerade weil diese sozialer und politischer Natur sind — nur unzulänglich in die Hand. Er schließt fortwährend Kompromisse zwischen seinem Gefühl an Ohnmacht angesichts der „Verhältnisse" und der Überschätzung seiner pädagogischen Veränderungsmöglichkeiten. So unternimmt er immer wieder Anläufe zu immanenten, pädagogischen Revolutionen, die nicht viel Aufwand kosten und doch beruhigen, indem man angesichts der erkannten Misere nicht untätig bleibt: in diesem Sinne drohen beispielsweise Sprachtrainingsprogramme zur wohltuenden pädagogischen Illusion zu werden, die uns vorspiegelt, größere geistige Produktivität der Massen sei um einen vergleichsweise billigen Preis zu haben. So werden in vielen pädagogischen Schlachten Geistersiege auf Geisterfeldern über Geisterfeinde errungen, nur um das quälende Gefühl loszuwerden, etwas tun zu sollen und doch nichts Sinnvolles tun zu können: seien es nun Sprach- und Leseprogramme, sei es das Verhaltenstraining für Lehrer und Kinder mit seinen ehrfurchtgebietenden Erfolgsmeldungen oder unentwegt und mit allen denkbaren und doch stets hinter den Notwendigkeiten zurückbleibenden Mitteln der Kampf um die Aufhebung der Folgen von Unterprivilegierung.

IV. Die Erziehungsfelder

3. Um eine „adäquate" Rolle des Kindes heute

Auch die Psychoanalyse hat kein pädagogisches Konzept zu bieten, wie die gesunde Entwicklung des Kindes unter den gewandelten gesellschaftlichen Bedingungen zu sichern wäre. Allzu gründlich sind die Versuche „psychoanalytischer" Kleinkindererziehung — von Vera Schmidts Kinderheim-Laboratorium bis hin zu den anti-autoritären Kinderläden der Gegenwart — gescheitert. Allzu klar haben wir auch erkennen müssen, daß letztlich jede Erziehung, auch die früheste Mutterpflege, von den Bedürfnissen des Kindes her gesehen, in irgendeiner Weise notwendig unzulänglich bleibt (vgl. Balint 1970).

Die pädagogische Empfehlung kann weder dahingehend lauten, den Fröbelschen Kindergarten zu restaurieren — Fröbels Identitätskonzept ist mit dem unseren nicht mehr in Einklang zu bringen, und eine bloß pädagogisch-vordergründige Wiederbelebung der Institution Kindergarten wäre von vornherein zum Scheitern verurteilt—, noch kann sich die Pädagogik auf das utopische Ziel einlassen, Institutionen zu ersinnen, die sich schlechtweg an den „Bedürfnissen des Kindes" orientieren, ihnen vollkommen und immer vollkommener Rechnung tragen wollen — das würde zu einer Spirale ohne Ende führen, da die Grundbedürfnisse des Kindes unstillbar, im wahrsten Sinne des Wortes unersättlich sind.

Der Defekt der meisten gegenwärtigen Vorschulkonzepte scheint an anderer Stelle zu liegen. Schon vor längerer Zeit hat A. Mitscherlich in seinem Aufsatz „Ödipus und Kaspar Hauser" einen Typus von Kindern beschrieben, deren Fehlentwicklung nicht, wie im klassischen Ödipus-Konflikt, auf eine falsche Sicht und falsche Behandlung durch die Eltern zurückzuführen ist — deren Störung vielmehr darin begründet liegt, daß sie verlassen, von überhaupt niemandem „gesehen", identifiziert worden sind. Was Mitscherlich damals noch als einen bestimmten und umgrenzten Typus einer kindlichen Störung beschrieb, scheint sich mittlerweile zu einem epochalen Erziehungsproblem ausgeweitet zu haben.

Nicht umsonst hat E. H. Erikson als ein wesentliches Kennzeichen der Identitätsentwicklung des Kindes in den verschiedenen Kulturen sein „Identifiziertwerden" durch die Erwachsenen beschrieben, und eben dieser Prozeß scheint in den gegenwärtig konzipierten Institutionen der Kleinkindererziehung äußerst problematisch geworden zu sein. Der alte Kindergarten besorgte die „Rollenzuweisung" des Kindes mit aller wünschenswerten — und auch mehr als wünschenswerten! — Eindeutigkeit, wie unangemessen uns von unserer heutigen Perspektive aus diese Positionszuweisungen auch immer erscheinen mögen. Doch welches sind die möglichen Alternativen? Soll versucht werden, die Identität des Kindes heute „adäquater" zu definieren, als es der Kindergarten Fröbels vermochte — oder soll man überhaupt darauf verzichten, Kinder in bestimmtem Sinne zu identifizieren? Eben dieser Verzicht scheint für die Beliebigkeit und Austauschbarkeit der Inhalte und Zielsetzungen von Vorschulcurricula verantwortlich zu sein. Sie gehen von vielerlei nützlichen Erwägungen aus, warum Kinder dies oder jenes bereits im frühen Alter lernen sollten — Erwägungen, denen im einzelnen auch kaum zu widersprechen ist, die nur allesamt von keinem besonders starken und überzeugenden Motiv der Identifizierung, der Identitätszuweisung und -stärkung des Kindes getragen sind.

Auch die Psychoanalyse hat lange Zeit die Notwendigkeit der Identifizierung des Kindes durch die Erwachsenen nicht im vollen Umfang erkannt: unter dem starken Eindruck, den die Ödipusgefahren hinterließen, übersah sie vielfach den noch bedrohlicheren Charakter der Kaspar-Hauser-Situation. So ist es symptomatisch, daß beispielsweise H.-E. Richter in seinem vielgelesenen Buch „Eltern, Kind und Neurose", das eine „Psychoanalyse der kindlichen Rolle" zu geben verspricht, eben nur die „typisch inadäquaten" kindlichen Rollen beschreibt und daß es dem Verfasser gar nicht in den Sinn kommt, die Möglichkeit oder gar Notwendigkeit einer „typisch adäquaten" Rolle des Kindes auch nur in Betracht zu ziehen.

Auf ihrem ureigenen Felde der psychischen Krankenbehandlung hat die Psychoanalyse erst in jüngster Zeit begonnen, die therapeutische Bedeutung solcher strukturierender Erwartungsphantasien — in diesem Falle nicht von den Eltern auf das Kind, sondern, analog dazu, vom Analytiker auf den Patienten gerichtet — neu zu entdecken. Während früher die von Freud aufgestellte Forderung der Abstinenz in der psychoanalytischen Kur dahingehend verstanden wurde, daß der Analytiker dem Patienten vorurteilslos, d. h. strenggenommen ohne jede eigene vorgängige Erwartungsvorstellung, gegenüberzutreten habe, spricht neuerdings beispielsweise W. Loch von den „produktiven Vorurteilen", die erforderlich sind, um das Verstehen in Gang zu bringen, die allerdings, „zum Zwecke der Sinnerhellung eingeführt, dem Zweck der Sinnfindung weichen, d. h. daß sie jederzeit korrigierbar sein müssen" (Loch 1965, S. 40 f.).

Wenn Empathie die Eigenschaft ist, die zu solchen Identifizierungen verhilft, ohne die nur „dynamisch unwirksames Wissen entstünde" (Loch 1965, S. 41), und wenn weiterhin eben diese Versuchs-Identifizierungen das ausmachen, was man in der psychoanalytischen Behandlung als „Gegenübertragung" bezeichnet, so scheint sich im Erziehungssektor in der Diskussion um die Vorschulerziehung etwas abzuspielen, was analog dazu interpretierbar ist: der Ausfall der „Gegenübertragung", jener Versuchs-Identifikation mit den Kindern, die in den neuen Einrichtungen aufgezogen werden sollen.

Eben diese an sich banale, doch immer wieder leicht aus dem Blick verlorene Tatsache muß aus psychoanalytischer Sicht in die pädagogische Diskussion um die frühkindliche Erziehung eingebracht werden: daß alle pädagogischen Konzepte von seiten der Erwachsenen *motiviert*, und das heißt zugleich, daß sie auf deren Selbstkonzepte zurückbezogen sind. In diesem Sinne enthalten auch Konzepte, die scheinbar aus der Retorte „reiner Wissenschaftlichkeit" kommen, ein Selbstkonzept der Erwachsenengesellschaft und ein Konzept vom Kinde — ein sehr unbewußtes allerdings und ein tief defizientes. Dies scheint nun die pädagogische Aufgabe zu sein, bei deren Lösung die Psychoanalyse behilflich sein könnte: die Identität des kleinen Kindes in unserer Gesellschaft neu zu formulieren: und das heißt gerade nicht, sie nur theoretisch und vom grünen Tische aus definitorisch festzulegen, sondern mittels psychischer Arbeit eine solche Identität geradezu hervorzubringen; im praktischen Umgang mit Kindern abzustimmen, welche Erwartungen wir an sie haben und welche sie an uns haben können. Ob es gelingt, diese Erwartungen zu präzisieren, in den Institutionen der Kleinkinderziehung Rollensysteme zu entwickeln, die unseren Vorstellungen eines lebenswerten Kindes- und Erwachsenenlebens entsprechen, die zugleich lebbar, also nicht abstrakt utopisch sind — eben davon wird das Gelingen neuer Formen der Vorschulerziehung entscheidend abhängen.

Literatur:

Balint, M.: Therapeutische Aspekte der Regression. Die Theorie der Grundstörung, Stuttgart 1970.
Bernfeld, S.: Sisyphos oder die Grenzen der Erziehung, 1925, Neudr. Frankfurt 1971.
Bollnow, O. F.: Die Pädagogik der deutschen Romantik, Stuttgart ²1967.
Deutsche UNESCO-Kommission, Das Kind in der Lerngesellschaft — Neue Aspekte der Vorschulerziehung, Köln 1970.
Deutscher Bildungsrat, Empfehlungen der Bildungskommission, Strukturplan für das Bildungswesen, Bonn 1970.
Erikson, E. H.: Der junge Mann Luther, Reinbek 1970.
Escalona, S.: Betrachtungen zum Wandel der Kleinkinderpflege in neuerer Zeit, in: G. Bittner u. E. Schmid-Cords (Hrsg.), Erziehung in früher Kindheit, München 1968.
Freud, S.: Gesammelte Werke, London-Frankfurt 1940 ff.
Fröbel, F.: Die Menschenerziehung, in: Ausgewählte Schriften II, hrsg. v. E. Hoffmann, Bad Godesberg 1951.
Fröbel, F.: Briefe an die Frauen in Keilhau, hrsg. v. B. Grumlich, Weimar 1935.

Fürstenau, P.: Zur Psychoanalyse der Schule als Institution, in: Zur Theorie der Schule, Weinheim 1969.
Hechinger, F. (Hrsg.): Vorschulerziehung als Förderung sozial benachteiligter Kinder, Stuttgart 1970.
Heiland, H.: Die Symbolwelt Friedrich Fröbels, Heidelberg 1967.
Hoenisch, N., Niggemeyer, E. und Zimmer, J.: Vorschulkinder, Stuttgart 1969.
Hoffmann, E.: Frühkindliche Bildung und Schulanfang, in: G. Bittner u. E. Schmid-Cords (Hrsg.), Erziehung in früher Kindheit, München ⁶1976.
Hornstein, W. (Hrsg.): Kindheit und Jugend in der Gesellschaft, Bericht vom Nürnberger Jugendhilfetag, München 1970.
Klostermann, H.: Friedrich Fröbels Werdegang, Leipzig 1927.
Lincke, H.: Das Überich — eine gefährliche Krankheit? Psyche, 24. Jg. 1970.
Loch, W.: Voraussetzungen, Mechanismen und Grenzen des psychoanalytischen Prozesses, Bern-Stuttgart 1965.
Mitscherlich, A.: Ödipus und Kaspar Hauser, Der Monat 3. Jg. 1950.
Montessori, M.: Kinder sind anders, Stuttgart 1952 u. ö.
Peller, L.: Das Spiel im Zusammenhang der Trieb- und Ichentwicklung, in: G. Bittner u. E. Schmid-Cords (Hrsg.), Erziehung in früher Kindheit, München ⁶1976.
Richter, H.-E.: Eltern, Kind und Neurose, Stuttgart 1963.

3. Was bleibt von der „antiautoritären Erziehung"?

Eine Vorbemerkung erscheint am Platze: Die antiautoritäre Bewegung zu kritisieren kann nicht heißen, der Wiedereinsetzung von Autorität im traditionellen Sinne das Wort zu reden. Insbesondere macht es sich eine Kritik zu leicht, die meint, rein terminologisch-definitorisch „wahre" von „falscher" Autorität unterscheiden zu können, und die dann alle unwiderlegliche Autoritätskritik der Linken nur der „falschen" Autorität anlastet, um dann die „wahre" in desto reinerem Lichte erstrahlen zu lassen. Dieser terminologische Kunstgriff kann nur dazu dienen, das traditionelle Autoritätsverständnis — unter dem Anschein, es kritisch „gereinigt" zu haben — desto wirksamer zu stabilisieren. So muß am Beginn dieser Überlegungen ein Bekenntnis zu den Zielen der studentischen Protestbewegung stehen — und gerade aus dieser Verbundenheit heraus ist dann zu fragen, ob die antiautoritäre Bewegung ihre pädagogischen Ziele erreichte und ob sie sie mit ihren Mitteln überhaupt erreichen konnte.

Drei Schritte sind zu tun:

1. In einem knappen Rückblick sind die Entstehungsgeschichte der antiautoritären Bewegung und ihr politischer Hintergrund zu vergegenwärtigen.

2. Zu erörtern ist die Rolle, welche die Psychoanalyse für die antiautoritären Erziehungsvorstellungen gespielt hat. Hängt das Scheitern antiautoritärer Erziehungsversuche mit der Art und Weise zusammen, wie psychoanalytische Konzepte aufgefaßt, in Pädagogik umgesetzt und dabei vielleicht mißverstanden wurden?

3. In einigen Thesen sind die Problemstellungen zu fixieren, die uns die antiautoritäre Bewegung hinterlassen hat.

1. Zur Geschichte der antiautoritären Bewegung

Die antiautoritäre Bewegung im „klassischen" Sinne — als Sammlungsbewegung der Schüler und Studenten, deren Widerspruch sich an den verkrusteten Strukturen der Hochschule, der Schule und der frühkindlichen Erziehung entzündete — existiert nicht mehr. Sie war unpolitisch, sagt die Linke heute, weil sie die Erscheinungen, die sie bekämpfte, nicht in ihrer gesellschaftlichen — und das heißt vor allem: ökonomischen — Bedingtheit begriff, weil sie meinte, sich einen Freiraum von gesellschaftlichen Zwängen schaffen zu können, ohne die Verhältnisse von Grund auf in ihrer politischen und ökonomischen Basis zu ändern.

Andererseits sind die pädagogischen Forderungen der antiautoritären Gruppen inzwischen weithin Gemeingut bürgerlich-„progressiver" Erziehung geworden. Es scheint fast, als habe sich die pluralistische Gesellschaft vordergründig wieder einmal als die stärkere erwiesen: sie hat den antiautoritären Protest in vielen Punkten dadurch entschärft, daß sie sich die Forderungen zu eigen machte.

Die antiautoritäre Schüler- und Studentenbewegung selbst ist in der sozialistischen aufgegangen. Darum mag es gerade zum gegenwärtigen Zeitpunkt einer beachtlichen Breitenwirkung antiautoritärer Erziehungspraktiken und -forderungen bei gleichzeitiger Auflösung bzw. Umwandlung der ursprünglichen studentischen Trägerbewegung lohnend sein, eine kritische Bilanz zu versuchen: worin war die antiautoritäre Schüler- und Studentenbewegung erfolgreich, woran ist sie gescheitert — und was bleibt?

Ausgangspunkt der Studentenrevolte war die Berliner Freie Universität (Im folgenden vgl. Berliner Autorengruppe 1971, S. 18 ff., Sozialistischer Projektarbeit 1971). Der großen Anti-Schah-Demonstration vom 2. Juni 1967, bei der der Student Benno Ohnesorg durch eine Polizistenkugel erschossen wurde, waren bereits verschiedene Konfrontationen der Studenten mit der Universitätshierarchie und den staatlichen Organen vorausgegangen: die erst größere ereignete sich anläßlich des Redeverbots, das der Rektor der Universität über den vom Asta eingeladenen Schriftsteller Erich Kuby verhängt hatte. Kuby hatte in einem schon längere Zeit zurückliegenden Vortrag einmal geäußert, daß gerade der Name „Freie Universität" durch seine „antithetische Bindung an die andere, an die „unfreie Universität jenseits des Brandenburger Tores" seinerseits ein äußerstes Maß an Unfreiheit zum Ausdruck bringe. Der Rektor sah die Freie Universität durch diese Äußerung diffamiert und verhängte das Redeverbot.

Im Wintersemester 1965/66 begann die Studentenzeitung „FU-Spiegel" mit der Veröffentlichung von „Vorlesungsrezensionen" — eine bis dahin unerhörte Tat gegen die geheiligte Unantastbarkeit der Lehrenden. Am 22. Juni 1966 nahmen etwa 3000 Studenten am ersten großen „sit-in" aus Protest gegen die geplanten Zwangsexmatrikulationen teil. Burleske Züge bekam die studentische Revolte sodann mit dem „Pudding-Attentat" auf den amerikanischen Vizepräsidenten Humphrey bei seinem Berlin-Besuch im Frühjahr 1967 und in den weiteren Aktionen der Polit-Clowns Teufel und Langhans. Wem wäre nicht mehr der großartig entlarvende Satz Fritz Teufels im Gedächtnis, der vor Gericht der Aufforderung, sich zu erheben, langsam und zögernd nachkommt mit den Worten: „Ja, wenns der Wahrheitsfindung dient..." Es ist weiter zu erinnern an das Attentat auf Rudi Dutschke durch den Rechtsradikalen Bachmann und die darauffolgenden Osterunruhen 1968, die Zehntausende junger Leute in der ganzen Bundesrepublik auf die Straßen brachten. Die Studentenrevolte blieb nicht auf Deutschland beschränkt: in Warschau, Prag und Rom gab es Demonstrationen, die Mai-Unruhen 1968 führten Frankreich in eine Staatskrise. Eine besondere Erscheinung stellt in diesem Zusammenhang die amerikanische Anti-Vietnam-Bewegung dar; sie war keine bloß emotionale, vorübergehende Massenbewegung, sondern verfolgte ein konkretes politisches Ziel.

In unmittelbarem Zusammenhang mit den Berliner Unruhen entwickelten sich die beiden wichtigsten Organisationsformen antiautoritärer Erziehung: *Kinderladen* und *Kommune*. Während die Gründung von Kommunen auf eine Veränderung der Gesellschaft in ihren Grundfesten — in ihrem Reproduktionsorgan, der bürgerlichen Familie — abzielte und damit programmatisch-utopischen Charakter hatte, war die Einrichtung von Kinderläden von Anfang an stärker von praktischen Bedürfnissen bestimmt: die Aktivität der Berliner Studenten führte zwangsläufig dazu, die Stellung der Frau in politischen Bewegungen zu überdenken. Studentinnen und Studentenfrauen, soweit sie eigene Kinder zu versorgen hatten, fanden sich im Vergleich zu den Männern in ihrer politischen Aktivität behindert. Innerhalb des Berliner SDS konstituierte sich ein „Aktionsrat zur Befreiung der Frau", der in einem Flugblatt formulierte:

„Die Repressivität der Gesamtgesellschaft entlädt sich nach wie vor auf die Frau, die ihrerseits die von der übrigen Gesellschaft empfangene Aggressivität an die Kinder weitergibt... Es gibt ein akutes Bedürfnis nach einer Organisationsform, die den Müttern zu bestimmten Zeiten ihre Kinder abnimmt, um arbeiten zu können." (Berliner Autorengruppe 1971, S. 27)

Als organisatorische Geburtsstunde des Kinderladens wird der Berliner Anti-Vietnam-Kongreß 1968 bezeichnet. Vertreter der Kinderladenbewegung schildern das Geschehen folgendermaßen:

„Die Frauen der Genossen konnten und durften sich dem Ereignis nicht verweigern. Sie hatten ihre Kinder einfach mitgebracht. In der Vorhalle des Hörsaals spielte eine Gruppe von etwa 40 Kindern. Nicht wie sonst auf Demonstrationen und teach-ins vereinzelt und verängstigt im Gedränge verloren, hatten sie sich aus Stoffetzen und Stöcken Fahnen gemacht und spielten Demonstration. Die Begeisterung der Erwachsenen hatte sie mitgerissen. Mitglieder des Aktionsrates und Eltern wechselten sich in der Betreuung der Kinder ab." (ebd. S. 28)

In verschiedenen Stadtteilen wurden nun Stätten für Kinder eingerichtet, die eine emanzipatorische, revolutionäre Kindererziehung verwirklichen wollten. Als räumliche Unterkunftsmöglichkeit boten sich die zahlreichen, leerstehenden Läden von Einzelhändlern an, deren Geschäfte den Supermärkten zum Opfer gefallen waren. Von daher ergab sich der Name „Kinderladen", der sich bald allgemein durchsetzte.

Hier ist bereits vorgreifend eine interpretierende Bemerkung einzuschalten. Der alte, von Fröbel geprägte Name „Kindergarten" signalisierte ein pädagogisches Konzept: das Kind als Pflanzen- und Knospenwesen in „Gottes Garten", umgeben von der hegenden Sorge des Gärtner-Erziehers (vgl. G. Bittner 1971). Daß sich für die neuen Einrichtungen der Kleinkinderziehung der Name „Kinderladen" so schnell durchgesetzt hat, mag als Indiz dafür gelten, daß sich auch in diesem Begriff eine tieferliegende Phantasie ausdrückt: gerade das Gegenteil der romantisch-idyllischen Gottesgarten-Vorstellung — denn ein „Laden" liegt mitten in der Stadt, ist offen zur Straße, kann von jedem betreten werden; er ist also alles andere als ein Schonraum, in dem die Kinder abgeschieden von der Welt vom Gärtner-Erzieher gehegt und gepflegt werden. Und vielleicht schwingt auch noch die andere Vorstellung vom „Laden" mit: der „Kinderladen" ist der Ort, wo man seine Kinder „loswird", wenn man sie gerade nicht brauchen kann (Diese Funktion erfüllte der alte Kindergarten zwar ebenfalls; er drückte den Sachverhalt jedoch euphemistischer aus).

So fing man also an. „Wir hatten zwar nicht die geringsten Vorstellungen," schreibt eine Berliner Kinderladengruppe, „wie eine sozialistische Kindererziehung durchzuführen sei, aber wir waren uns einig darüber, daß alle bestehenden Erziehungsmodelle unsere Kinder zu ebenso reprimierten, autoritätsfixierten, unfreien Typen machen mußten, wie wir es selbst sind. Gleichzeitig war es uns klar, daß wir als erstes mit unserer eigenen Emanzipation zu beginnen hatten" (Berliner Autorengruppe 1971, S. 39 f.). Ähnlich improvisierend rutschte auch der Stuttgarter Kinderladen in seine Aktivitäten hinein. „Es ging also darum, eine sinnvolle Basisarbeit zu finden. Ohne zunächst davon genaue Vorstellungen zu haben, war ein Ziel Intelligenzförderung der Kinder. Ebenso diskutierten wir die Möglichkeiten nichtautoritärer Erziehungsmethoden im Zusammenhang mit Erfahrungen, die Alexander S. Neill in seiner Internatsschule Summerhill gemacht hatte" (Bott 1970, S. 15).

Typisch für alle Kinderladengründungen war das improvisierende Moment, das betont unprofessionelle Herangehen an die Erziehungsaufgabe — die Zuversicht, alles weitere werde sich schon finden, wenn man nur erst einmal anfange. Und wirklich fanden sich mit der Zeit gewisse theoretische Orientierungspunkte: außer Alexander S. Neill mit seinem Summerhill-Buch waren es vor allem Wilhelm Reich und Siegfried Bernfeld, die beiden bedeutendsten Vertreter einer sozialistisch orientierten Psychoanalyse in den zwanziger Jahren. Eng damit verbunden ist die Wiederentdeckung der psychoanalytischen Erziehungsversuche jener Zeit. Vor allem übte das Moskauer Kinderheim-Laboratorium der Wera Schmidt eine starke Faszination aus: „Die Wiederentdeckung des Experiments von Wera Schmidt", schreibt das Berliner Autorenkollektiv, „bedeutete ... zugleich die Entdeckung der überragenden Bedeutung der kindlichen Sexualität und der Notwendigkeit ihrer Befreiung für eine fortschrittliche Erziehung" (Berliner Autorengruppe 1971, S. 29).

Hier wird sich dem Psychoanalytiker, der sich für die Anwendung seiner Wissenschaft auf erzieherische Probleme interessiert, die Frage aufdrängen, was die antiautoritäre Bewegung eigentlich mit der Psychoanalyse angefangen, was sie aus ihr gemacht habe? Und weiter: welche Folgerungen sich aus den Erfahrungen der antiautoritären Erziehung, eines — wie wir wiederum vorgreifend bemerken — letzten Endes gescheiterten Versuchs, nach psychoanalytischen Einsichten zu erziehen — welche Folgerungen also sich für künftige Anwendungen der Psychoanalyse im pädagogischen Bereich aus diesem gescheiterten Experiment ziehen lassen.

2. Proklamierte oder praktizierte Psychoanalyse?

Die Psychoanalyse versteht sich primär als eine therapeutisch-klinische Disziplin. Das bedeutet, daß psychoanalytische Theorie-Sätze stets auf eine bestimmte Methode seelischer Krankenbehandlung bezogen sind, und zwar in doppeltem Sinne: sie sind aus Beobachtungen abgeleitet, die mit dieser Behandlungstechnik gewonnen wurden, und umgekehrt sind sie auch nur insoweit sinnvoll, als sie sich wieder in Behandlungstechnik umsetzen lassen, das heißt geeignet sind, in den therapeutischen Prozeß zum Zwecke der Heilung psychisch kranker Menschen eingebracht zu werden. Psychoanalytische Theorie wird ja nicht in erster Linie um der Theorie willen, sondern im Dienste therapeutischer Praxis betrieben. Von daher müssen Theorie und Behandlungstechnik in der Psychoanalyse als notwendig aufeinander bezogen gesehen werden: „rein theoretische" Aussagen, die sich nicht in Praxis umsetzen lassen, haben in der Psychoanalyse keinen Sinn.

Analoges müßte auch von der Anwendung der Psychoanalyse im pädagogischen Bereich gelten. Eine psychoanalytische Aussage über einen pädagogischen Sachverhalt muß sich daran als sinnvoll erweisen, daß sie ein verändertes und verbessertes pädagogisches Handeln ermöglicht. Und darin scheint der schwerwiegendste Mangel in der Anwendung der Psychoanalyse durch die antiautoritäre Bewegung zu liegen, daß es nicht gelang, den praxisbezogenen, „technischen" Aspekt psychoanalytischer Aussagen zu erschließen. Die antiautoritäre Bewegung hat aus der Psychoanalyse lediglich den Stoff für ihre pädagogischen Utopien genommen. Dagegen ist an sich nichts einzuwenden, denn jede Erziehung ist auf Utopien, auf ideelle Zielvorstellungen angewiesen; und auch die Psychoanalyse hat durchaus ihre utopische Dimension. Doch als psychoanalytisch im strengen Sinne hätte sich antiautoritäre Erziehung erst erwiesen, wenn sie imstande gewesen wäre, die Schritte, die zur Erreichung dieser utopischen Ziele getan werden müssen — ihre „Technik" also — unter psychoanalytischen Kategorien zu formulieren.

Dieses Versagen antiautoritärer Erziehung an dem Punkte, an dem es gelten würde, psychoanalytische Einsichten in erzieherische Methode umzusetzen, soll im folgenden an drei Fallbeispielen aus der Kinderladen-Praxis erörtert werden. Das erste ist dem von G. Bott herausgegebenen Bändchen „Erziehung zum Ungehorsam" entnommen (Bott 1970, S. 43 f.).

IV. Die Erziehungsfelder

„Ein Teil der Kinder sitzt am Tisch beim Mittagessen. Ich stehe daneben, da kommt Ina zu mir und streichelt meine Knie, dann geht sie höher und krabbelt unter meinen Rock. Ich lächle sie an und sage: ‚Das kitzelt ja so. Ist es denn da so schön warm? Macht das denn so Spaß?' Sie sagt ‚Ja, ich will dich mal kitzeln' — und sie streichelt meine Schenkel, rauf und runter."

Das ist eine halbe Einladung von seiten der Betreuerin, weiterzumachen: freundliches, ermutigendes Lächeln; und es kitzelt, also macht es offenbar Spaß. Zugleich wird vorsichtig eine Reserve formuliert: „Ist es denn wirklich so schön?" Also, fragt man sich, was sollen die Kinder — aufhören oder weitermachen? Sie machen weiter.

„Nina hat uns von Anfang an genau beobachtet; als sie meine Reaktion sah, legte sie den Löffel aus der Hand und kommt auch zu uns. Sie will auch unter meinem Rock kitzeln. Der Rock rutscht immer höher, ich stehe praktisch in der Unterhose da, da kommt auch Annette Z., und wir vier haben einen Mordsspaß daran, wie sie unter meinem Rock herumfummeln ... Das zieht sich so ungefähr 20 Minuten hin ... Das Ganze geht sehr gelöst vor sich, und jeder ist der Meinung, daß es jedem Spaß macht."

Das mag wohl sein, daß es allen Spaß macht — und in dieser Form „paradiesischer Unschuld" erscheint die ganze Szene auch unbedenklich. Der Betreuerin gelingt es offenbar, Kind unter Kindern zu sein, und die Situation mit den Kindern zusammen ohne Schuldgefühle — 20 Minuten lang! — zu genießen. Vorläufig spielt sich das Ganze noch unter Mädchen ab, und in diesem Rahmen bleibt es mehr ein Spiel mit Zärtlichkeiten, mit Neugier auch — doch nicht Sexualität im engeren genital-heterosexuellen Wortsinne. Nun aber kommen die Jungen dazu:

„Utku kommt ... und fängt an, an meinem Rock herumzureißen. Er ist ganz aufgeregt und ruft: ‚Die Hose muß runter, ich ziehe die Hose runter.' Er reißt wild an meinen Kleidern herum, leckt meinen Bauch und beißt in die Haut. Ich sage, daß es mir kalt sei, und daß ich keine Lust hätte, mich ausziehen zu lassen ... Das wird nicht akzeptiert, und er reißt weiter an meinen Kleidern. Dann ist seine Hand in meiner Hose, und er reißt an meinen Schamhaaren. Da nehme ich seine Hand heraus und sage, daß es mir weh tut, und daß ich das nicht gut fände."

Die Betreuerin hat offenbar etwas von Nicht-Unterdrücken der kindlichen Sexualität gehört und daß man Kinder gewähren lassen, aber wohl auch, daß man irgendwie und irgendwann „Grenzen setzen" solle. Und da sie offenbar nicht recht weiß, wann sie das eine und wann das andere tun müßte, setzt sie jetzt, wo die Jungen kommen und es ernst wird, auf ihre Art „Grenzen": „Du tust mir weh." Das ist der Gestus des unerfahrenen Mädchens, das die jungen Männer reizt, mit ihnen spielt, und dann tief erstaunt und gekränkt ist, wenn sie nun auch noch das Letzte wollen. „Du tust mir weh" — wenn es schon soweit gekommen ist, warum ziert sie sich jetzt? Ist das konsequent? Inzwischen wird der Trubel immer größer:

„Martin ist dazugekommen und interessiert sich sehr dafür, was hier passiert. Er will Utku einerseits wegjagen, andererseits interessiert es ihn brennend, was Utku in meiner Hose macht."

Nun ist die ödipale Dreieckskonstellation vollständig, die Rivalität der „Männer" um die Frau. Nur: der Mann, der „Rivale", ist ja selbst nur ein kleiner Junge; er kann dem andern auch keinen Weg aus seinem Dilemma zeigen, wie es der Vater dem Sohn gegenüber im günstigen Falle könnte. Letzten Endes gelingt es der Betreuerin dann doch, sich der beiden kleinen Männer zu erwehren, und dies ist der Schluß:

„Martin steht jetzt abseits und spricht mit Tiki (Pädagogin). Er sagt zu ihr: ‚Du, helf mir doch mal, ich kriege meine Hose nicht zu. Manchmal, da habe ich einen ganz steifen Pimmel, und das tut dann auch oft weh.' Da sagt Tiki: ‚Da mußt du ihn streicheln.' Er: ‚Ja, das habe ich schon oft gemacht.' " (Bolt 1970, S. 44)

Die Szene erinnert an die Geschichte vom Paulinchen, das mit den Streichhölzern spielte. Und zum Schluß sieht sich der kleine Martin mit seinen Erektionsnöten wieder an eine Frau verwiesen, die ihm auch keinen besseren Rat geben kann als den, seinen Pimmel selbst zu streicheln. Das ist in der gegebenen Situation wohl auch das einzig Vernünftige. Nur haben die beiden Jungen vorweg die Erfahrung machen müssen, daß Frauen mächtige, unberechenbare Wesen sind, die einen reizen und dann abwehren, wenn es anfängt weh zu tun; daß keinerlei realistische Selbsteinschätzung zu gewinnen ist, was „kleine" und was „große" Männer mit Frauen tun können — und daß es letzten Endes doch am besten ist, sich selbst zu versorgen.

Ein weiteres Beispiel:
(Die Kinder spielen in der oberen Etage eines Doppeldeckerbusses.) Fahrgäste, die eigentlich nicht gestört werden, und der Busfahrer wollen den Kindern das verbieten. Die aber spielen ungerührt weiter. An einer Haltestelle kommt der Busfahrer hoch und sagt, er werde nicht weiterfahren, wenn die Kinder nicht aussteigen. Darauf gehen die Kinder und ich nicht ein. ‚Dann holen wir die Polizei.' " (Autorenkollektiv, S. 110 f.)

Das ist ein origineller Gedanke, im leeren Oberstock eines Doppeldeckerbusses mit den Kindern Runden durch die Stadt zu drehen, und im Grundsatz auch sicher richtig: man muß erfinderisch sein, wenn man in der verödeten Stadtwelt für die Kinder Aktionsraum erschließen und sie nicht in das Ghetto der ohnehin zu sparsam bemessenen Spielplätze einsperren will. Ein wunderbarer Gedanke — nur der Busfahrer und die Fahrgäste finden ihn nicht wunderbar. Der Busfahrer mag seine guten Gründe haben: ganz ungefährlich ist es ja nicht, in einem fahrenden Bus zu spielen; und wer zahlt den Fahrpreis? Und was geschieht, wenn ein Kontrolleur kommt usw.?

Nach einer langen Wartezeit erscheint ein Streifenwagen. Die Kinder gehen auf die Polizisten zu und rufen: „Wir können hier ruhig spielen. Haut ab. Wir wollen doch nur spielen. Das kann man doch, wenn Platz ist."

Die Kinder haben von ihrem Standpunkt aus recht: warum sollen sie nicht spielen dürfen, wo Platz vorhanden ist? Das ist wohl eine der pädagogischen Grunderfahrungen, die uns die antiautoritäre Bewegung vermittelt hat: daß Kinder oft einfach recht haben, daß sie wissen, was für sie gut ist, und daß sie gerade das, was sie brauchen, sich mit Selbstverständlichkeit und traumwandlerischer Sicherheit nehmen, wenn es ihnen die Erwachsenen nicht rechthaberisch verwehren. Doch genau besehen, erhält der Satz „Kinder wissen selbst, was für sie gut ist" wiederum nur eine halbe Wahrheit. Schon um die Jahrhundertwende hatte die italienische Pädagogin Maria Montessori eine ähnliche Erfahrung gemacht. Auch sie fand, daß Kinder selbst wählen und entscheiden können — doch unter einer bestimmten Bedingung: die Kinder müssen zur „Konzentration" gekommen sein, die es ihnen erst ermöglicht, ihre wirklichen Bedürfnisse zu erkennen und nicht momentane Launen für solche zu halten.

Doch halten wir fest, daß die Kinder, von ihrem Standpunkt aus betrachtet, offenbar recht haben. Indessen sind da noch andere Standpunkte: des Busfahrers, der Fahrgäste, der Polizisten. Und die Betreuerin hätte eigentlich die Aufgabe, zwischen diesen Standpunkten zu vermitteln. Die Streitfrage besteht darin, ob man überall, wo Platz ist, spielen kann; und diese Frage wäre zu klären.

Statt dessen tut die Betreuerin etwas recht Seltsames: sie plustert sich auf wie eine Glucke, die ihre Küken schützen will.

„Ein Polizist herrscht mich an: ‚Sie wissen ja, was wir von Ihnen erwarten!' Ich: ‚Rühren Sie ja kein Kind an. Sie wissen, was dann passiert!' Die Kinder rufen, die Bullen seien doof und sollten gehen ...
Die Polizisten zogen unverrichteter Dinge wieder ab, der Bus fuhr weiter — mit den Kindern."

War das nun ein Erfolg — und wenn ja: wessen Erfolg? Vielleicht haben die Polizisten eingesehen, daß die Kinder recht hatten, und sind deshalb abgezogen? Oder sie kamen sich lächerlich bei ihrem Unterfangen vor, gegen kleine Kinder eine Staatsaktion zu starten? In beiden Fällen wäre es ein Erfolg für die Kinder und man könnte zufrieden sein.

Doch die Kinderladen-Initiatoren selbst haben sich offenbar noch anderes erhofft. „Der Kinderladen soll ein experimentelles Übungsfeld für Solidarität im Kindesalter darstellen und der Heranbildung einer Charakterstruktur dienen, die für den späteren politischen Kampf nötig ist" (ebd. S. 109). War die Szene geeignet, entsprechende Erfahrungen zu vermitteln? Wenn die Kinder gelernt haben, daß kleine Kinder in solidarischer Aktion Polizisten zum Abzug bewegen können, indem sie rufen: „Haut ab, ihr Bullen" — dann haben sie wohl bestenfalls eine Erfahrung gemacht, die manchmal zutrifft, manchmal auch nicht. Sie haben einen Scheinerfolg errungen: ähnlich wie ein kleiner Junge, der seinen Vater bloß anzutippen braucht, um ihn umzuwerfen. Sie haben eine Erfahrung gemacht, die nicht dem wirklichen Kräfteverhältnis zwischen Kindern und Polizisten entspricht.

Und wer hat den Sieg letzten Endes errungen — die Kinder oder die Betreuerin? Müssen die Kinder nicht ahnen, daß ihre eigenen schwachen Kräfte für diese Konfrontation nicht ausgereicht hätten, daß es vielmehr letzten Endes ein Kräftemessen zwischen den Erwachsenen war, das lediglich auf ihrem Rücken ausgetragen wurde, ähnlich einem schlecht inszenierten Familienkrach, bei dem die Mutter den Vater anschreit: „Rühr mir ja das Kind nicht an!" — obwohl dieser offenbar gar nichts dergleichen im Sinn hat? Wird durch solche Erfahrungen wirklich eine Charakterstruktur begünstigt, die zum politischen Kampf disponiert — oder nicht eher eine, die geneigt ist, sich im Konfliktfall zu den stärkeren Bataillonen zu schlagen?

Eine dritte und letzte Geschichte aus einem Kinderladen (Berliner Autorengruppe 1971, S. 60 ff.) könnte man überschreiben: Mißtrauen gegen unverhofften Erfolg. Der achtjährige Frank ist im Kinderladen besonders gewalttätig und bereitet große Schwierigkeiten. Man erfährt über diesen Jungen, daß er seinen Vater sehr bewundert, der im Krieg „Bomberpilot" war. Auf Grund einer organisatorischen Panne ist Frank eines Tages zufällig der einzige, der zur Hausaufgabenbetreuung erschienen ist. Der betreuende Student, der sich an diesem Tage Frank ausschließlich widmen kann, macht mit ihm einige seltsame Erfahrungen. Zunächst einmal dreht Frank durch:

„Er weigert sich, auch nur eine Zeile zu schreiben oder zu lesen, tobt durch den Klassenraum, schmeißt dabei Stühle und Bänke um, schreit, läßt sich von mir fangen und auf seinen Platz setzen, um sich dann wieder loszureißen und neuen Trubel zu beginnen ... Mir meiner antiautoritären Ohnmacht bewußt werdend, drehe ich wohl selbst ein wenig durch und gebe Frank eine ziemlich heftige Ohrfeige. Aber selbst das bewirkt noch keine Änderung in seinem Verhalten."

Diese „antiautoritäre Ohnmacht" beruht wohl einerseits auf der Unkenntnis des pädagogischen „know-how", andererseits aber auch auf einer Unklarheit über die psychodynamischen Zusammenhänge. Wir haben erfahren, daß Frank seinen Vater sehr liebt und zugleich dessen aggressive, zerstörende Seite („Bomberpilot") introjiziert hat. Er fordert den Studenten unbewußt heraus, das gleiche mit ihm zu tun wie der Vater.

Der Junge ist gekränkt wegen der Ohrfeige, und der Student bekommt in seinem antiautoritären Gewissen erhebliche Schuldgefühle.

„Ich male ein großes Strichmännchen an die Tafel, schreibe meinen Namen darunter ... ,Bist du das, Sie Arschloch?' fragt er mich. Ich bestätige es ihm und erkläre, daß er damit machen könne, was er wolle. Eine krumme Nase malen, einen Fuß oder einen Arm abhacken oder aber ganz auslöschen. Frank trommelt daraufhin wie wild mit seinen Fäusten auf die Tafel ein ... Ein breites, befreites Grinsen geht über sein Gesicht. Es scheint, als ob sich plötzlich ein verkrampfter Knoten gelöst hätte und seine vorherige Wut und sein Trotz nie dagewesen wären. Wir gehen zusammen auf den Spielplatz und haben noch eine unheimlich gute Stunde miteinander. Als Frank nach Hause geht, umarmt er mich ganz heftig."

Aus seinem Gefühl schlechten Gewissens heraus hat der Student rein intuitiv etwas recht Fruchtbares getan: er hat dem Jungen erlaubt, gegen sein Konterfei an der Tafel aggressiv zu sein und ihm damit die Ohrfeige heimzuzahlen. Damit war der Weg frei, um miteinander auf den Spielplatz zu gehen und eine „gute Stunde" zu haben. Es nimmt nicht wunder, daß der Student auf die gelungene Versöhnung gefühlsmäßig ebenso stark reagiert wie der Junge. Sicher stellt sich die Frage, wie die Beziehung sich weiter entwickeln wird, und ob der Student auch auf längere Sicht in der Lage ist, mit den — psychoanalytisch gesprochen — latent homosexuellen Angeboten des Jungen angemessen umzugehen. Immerhin, der Anfang war nicht schlecht, und wir möchten dem Studenten sein Hochgefühl — wiederum psychoanalytisch gesprochen: seine intensive Gegenübertragungsreaktion — nicht verargen.

Anders die Verfasser des Kinderladenberichts. Sie macht „die Euphorie des Studenten ... mißtrauisch", denn: „durch das Verhalten des Studenten motiviert, schafft sich das Kind eine neue Vater-Sohn Beziehung. Würde diese Beziehung weiter dadurch aufrechterhalten, daß dem Kind hier erlaubt ist, seine Emotionen abzureagieren, ... wäre eine Konkurrenz zum realen Vater-Sohn-Verhältnis aufgebaut" — und das würde, so meinen die Verfasser, folgenschwere Konflikte ergeben.

Hier offenbart sich mit aller Deutlichkeit die Unzulänglichkeit einer theoretischen Reflexion, die sich auf psychoanalytische Einsichten zu gründen vorgibt: mit Konflikten hat es die psychoanalytische Therapie ebenso wie die Pädagogik auf psychoanalytischer Grundlage nun einmal zu tun. Man sollte zwar genau wissen, was man tut, wenn man sich als Pädagoge auf die Interaktion mit einem Kinde auf der Konfliktebene einläßt. Doch was soll man von einer antiautoritären „Erziehungstheorie" halten, die sogleich zum Rückzug bläst, wenn sie einmal einer „psychoanalytischen" Erfahrung in der Praxis begegnet?

3. Was bleibt?

Die Orientierung der antiautoritären Pädagogik an der Psychoanalyse blieb lückenhaft und einseitig. Eigentlich waren es nur zwei psychoanalytische Theorie-Sätze, die zum Tragen kamen: die Lehre von der frühkindlichen Sexualität und ihrer Unterdrückung durch die repressive Kultur sowie die aus der Ödipuskonstellation erwachsende Autoritäts-Thematik. Doch schon die psychoanalytische Ödipustheorie wurde nur noch unvollständig rezipiert: Zur Autoritätskritik bot vor allem die Lehre vom „positiven" Ödipuskonflikt die notwendige Stütze; daß die Psychoanalyse in Gestalt des „negativen" Ödipuskonflikts eine durchaus gegenläufige psychische Strömung beschreibt, wurde kaum zur Kenntnis genommen.

In diesem Sinne stellen auch die psychoanalytischen Quellenschriften der linken Bewegung eine ganz bestimmte Auswahl dar: kennzeichnend ist die Vorliebe für Autoren der älteren Psychoanalytikergeneration vor der Einführung der Ich-Psychologie. In Raubdrucken verbreitet wurden z. B. Arbeiten von Melanie Klein, Sandor Ferenczi und Karl Abraham, vor allem aber die Schriften von Siegfried Bernfeld, Wilhelm Reich und Wera Schmidt. Aichhorn und Zulliger blieben unbeachtet; auch von Anna Freud fand nur die Studie über Kinder im Konzentrationslager Verbreitung, dagegen keine ihrer theoretisch weitaus wichtigeren ich-psychologischen Schriften. Von den neueren Theorie-Ansätzen der Psychoanalyse wurden fast nur solche aus dem Umkreis der alten und neuen Frankfurter Schule rezipiert.

Die zuvor skizzierten Beispiele antiautoritärer Erziehungspraxis spiegeln das bruchstückhafte theoretische Verständnis: so zeigt der erste Fall den Versuch eines nicht-unterdrückenden Umgangs mit der frühkindlichen Sexualität, der abgebrochen wird, weil die Erzieherinnen sich letzten Endes selber nicht klar sind, was sie gewähren und was sie versagen wollen; im zweiten Falle wird der Autoritätskonflikt thematisiert, wobei wiederum keine klare praktische Lösung gefunden wird; und der dritte Fall schließlich hat mit Übertragungs-Gegenübertragungsrelationen im Erziehungsprozeß zu tun — einem psychoanalytischen Theorie-Stück, das in der antiautoritären Rezeption der Psychoanalyse gänzlich fehlt. Die antiautoritäre Pädagogik ist demnach, so weit sie die Psychoanalyse pädagogisch anwenden wollte, ein Torso geblieben. Sie hat Erfahrungen artikuliert, die sie nicht zu deuten, und Konflikte bewußtgemacht, die sie nicht zu lösen vermochte.

Was bleibt dann von der antiautoritären Erziehung?

1. eine Utopie der „befreiten Gesellschaft", die sich nicht in pädagogisches Handeln zu konkretisieren wußte. Dieses Versagen ist schlimm wegen des zu erwartenden Gegenschlages: nicht wenige gerade der linken Gruppen sind eben dabei, zu einer engen, kleinbürgerlich-prüden und leistungsbetonten Erziehung zurückzukehren, weil sich der Traum vom besseren Leben der Kinder so nicht verwirklichen ließ, wie sich die antiautoritäre Bewegung das vorstellte. Diesem drohenden Rückfall sollte energischer Widerstand entgegengesetzt werden, und die Utopie der antiautoritären Bewegung — die „befreite Gesellschaft" — sollte nicht wieder der Vergessenheit anheimfallen, selbst wenn die, welche die Erinnerung an sie wachhalten, als Weltverbesserer denunziert werden. Es wäre dies nicht der schlimmste Schimpf, der einen treffen könnte.

2. eine Emanzipationsaufgabe, deren psychosoziale Verflochtenheit nicht bewußt wurde: die kollektive Auseinandersetzung mit jeder Form der Herrschaft von Menschen über Menschen. Die Verwundbarkeit durch solche Herrschaft ist in der ödipalen Konstellation in der Familie angelegt, doch wurde die Zweipoligkeit dieser Ödipusthematik vielfach übersehen: der Vater wird nicht nur gefürchtet, sondern auch geliebt, und die Frage bleibt ungelöst, wie man in der „vaterlosen Gesellschaft" ohne die Liebe des Vaters und ohne seinen Schutz überdauern wird. Unsere drei Beispiele zeigen auch diese spezifische Schwierigkeit antiautoritärer Erziehung: die väterliche Autorität zu negieren, ohne zugleich ein wichtiges Stück männlicher Identität mit preiszugeben — die Liebe zum Vater und damit zugleich die Selbstliebe und Selbstachtung des heranwachsenden Jungen. Liebe zum Vater und Liebe zur Mutter — „homosexuelle" und „heterosexuelle" Liebe — scheinen in der menschlichen Natur auf recht komplizierte Weise ausbalanciert zu sein: wo der Vater allzu entschieden negiert wird, gerät man leicht unter die Herrschaft der Mutter, je antiautoritärer sich die Männer gebärden, desto phallischer und dominanter werden die Frauen. So wird de Sieg über die „Bullen" wahrlich zum Pyrrhussieg, wenn die Kinder dafür nur die Bevormundung durch die Betreuerin, ihre „große Mutter", eintauschen, vor der selbst Polizisten davonlaufen.

3. ein kritisches Prinzip, das seinerseits immer in Gefahr ist, doktrinär zu erstarren: das Prinzip des konkreten Ungehorsams gegen die konkret als solche erkannte willkürliche Herrschaft, die immer wieder und von jeder Gesellschaft produziert wird und die ein für allemal nicht anders als abstrakt und doktrinär negiert werden kann. Antiautoritäre Erziehung dagegen könnte heißen: Erziehung zum jeweils konkreten Ungehorsam, zur jeweils konkreten Übertretung willkürlicher Gebote.

Das Kind muß lernen, daß es oft gerade das tun muß, was verboten ist, auch wenn das Verbot grundsätzlich in Geltung bleibt — mag es sich um eine heimliche Entdeckungsreise, um die erste Zigarette oder um das erste Rendezvous handeln. Indem der Jugendliche Tabus übertritt, verschafft er sich die Gewißheit, daß Gebote von Menschen gemacht sind und nur menschliche Autorität beanspruchen dürfen (vgl. die ausführlichere Begründung in: Bittner 1970).

Nun mag ein großer Teil der Spannungen zwischen den Generationen daher rühren, daß den Jüngeren vieles als Tabu erscheint, was die Älteren für wohlbegründete Spielregeln des menschlichen Zusammenlebens halten. Dieser Widerspruch ist indessen unaufhebbar und gehört zu den treibenden Kräften gesellschaftlicher Entwicklung: jeder Generation wächst immer wieder neu die Aufgabe zu, „to test the limits", das heißt, die Grenze jenes Freiheitsspielraumes auszumessen, der in der konkreten geschichtlichen Situation zu gewinnen ist.

Literatur:

Autorenkollektiv Sozialistischer Kinderladen Charlottenburg, Kinder im Kollektiv. (Manuskriptdruck) o. J.
Berliner Autorengruppe Lankwitz, Kinderläden. Revolution der Erziehung oder Erziehung zur Revolution? Reinbek 1971.
Bittner, G.: Gehorsam und Ungehorsam. Neue Sammlung 10, 1970 (wieder abgedruckt in diesem Band).
Bittner, G.: Vorschulerziehung und kindliche Identität. Zeitschrift für Pädagogik 17, 1971 (wieder abgedruckt in diesem Band).
Bott, G.: Erziehung zum Ungehorsam. Frankfurt 1970.
Sozialistische Projektarbeit im Berliner Schülerladen Rote Freiheit. Frankfurt 1971.

Anhang

Erklärung von Fachausdrücken

Abwehr:
Sammelbegriff für alle jene psychischen Mechanismen, mit denen das Ich unangenehmes Erinnerungsmaterial unkenntlich macht, z. B. Verdrängung, Verleugnung, Verkehrung ins Gegenteil, Projektion, Introjektion.

Anamnese:
Vorgeschichte einer Krankheit nach den Angaben des Kranken.

Animismus:
Frühmenschliche Auffassungsweise, die die Naturkräfte und -ereignisse als beseelt (personifiziert) erlebt.

Archetypus:
Nach C. G. Jung eine ererbte, allgemein menschliche psychische Struktur, die sich in kollektiven Bildern und Symbolen manifestiert.

Behaviorismus:
Psychologische Forschungsrichtung, die vom beobachtbaren Verhalten als dem unmittelbar gegebenen Forschungsgegenstand ausgeht.

Depressive Position:
Nach Melanie Klein die zweite Stufe in der Entwicklung der frühesten Objektbeziehung, nach der paranoid-schizoiden Position. Die Mutter wird erstmals als ganzes Objekt erkannt, mit „guten" und „bösen" Anteilen. Libidinöse und feindselige Triebe sind nun auf das gleiche Objekt gerichtet. Damit entsteht die depressive Angst im Kind, es könne die Mutter durch eigenes Bösesein, eigene Schuld verlieren.

Empathie:
Einfühlungsvermögen

endogen:
(Bei seelischen Störungen) anlagebedingt, nicht durch äußere Einflüsse (auch nicht durch körperliche Schädigungen) entstanden. Gegenbegriffe exogen und psychogen.

enterozeptives System:
Gesamtheit der Sinnesorgane, die Empfindungen aus dem Körperinneren wahrnehmen (z. B. Schmerz-, Spannungs- und Lageempfindungen).

Extrasystole:
Innerhalb der normalen Herzschlagfolge auftretende vorzeitige Kontraktion, verursacht durch einen ungewöhnlichen (meist nervösen) Reiz.

Fixierung:
Festhalten der Libido an einer an sich lebensaltersmäßig nicht mehr entsprechenden Befriedigungsform.

Gegenübertragung:
Unbewußte Reaktionen des Analytikers auf den Analysanden, im besonderen Maße auf dessen Übertragungsäußerungen.

Homöostase:
Aufrechterhaltung des Gleichgewichts in einem System durch Regulationsmechanismen.

Hospitalismus:
Entwicklungsstörungen und -rückstände im psychischen wie im physischen Bereich, verursacht durch soziale Vernachlässigung (meist Heim- oder Klinikaufenthalte) während des Säuglingsalters.

Hypochondrie:
Übertriebene Beachtung der eigenen Körperempfindungen, daraus resultierend die Einbildung, an schweren Krankheiten zu leiden.

Identifizierung, Identifikation:
Das Ich übernimmt Züge oder Eigenschaften eines anderen Menschen (meist eines Elternteils) und wandelt sich unter Umständen vollständig nach diesem gewählten Vorbild um.
Individuation:
Selbstwerdung, Selbstverwirklichung.
Katharsis:
Abfuhr (Abreaktion) der krankmachenden Affekte.
Kompensieren:
Ausgleichen individueller Defekte oder Schwächen.
Libido, Libido-Entwicklung:
Zentralbegriffe der Psychoanalyse. Nach Freud ist Libido die Energie des Sexualtriebes. Dabei ist zu beachten, daß Sexualität im psychoanalytischen Verständnis anders definiert ist als in der Umgangssprache und die Gesamtheit aller menschlichen Luststrebungen umfaßt. Die Libido-Entwicklung vollzieht sich in Stufen oder Phasen, wobei jeweils eine bevorzugte sexuelle Reizzone im Vordergrund steht. (Beim Säugling der Mund — orale Phase, beim Kleinkind zur Zeit der Sauberkeitsgewöhnung der After — anale Phase, später um das fünfte oder sechste Lebensjahr das männliche Glied — phallische Phase.)
Mutismus:
Seelisch bedingte Sprachlosigkeit.
Narzißmus:
Eine Triebrichtung, bei der das Selbst (insbesondere der eigene Körper) als Liebesobjekt genommen wird.
Neurose:
Seelisch bedingte Erkrankung. Die klassischen Formen der Neurose sind Phobie, Hysterie und Zwangsneurose.
Ödipus-Komplex:
Von Freud beschriebene, psychosoziale Konstellation der frühen Kindheit, in der das Kind den gegengeschlechtlichen Elternteil liebt, den gleichgeschlechtlichen dabei als Rivalen empfindet und ihm den Tod wünscht.
Pattern:
Verhaltensmuster
Perinatal:
In den Zeitraum um die Geburt (kurz vorher, während bzw. kurz danach) fallend.
Pränatal:
In der Zeit vor der Geburt liegend.
Primär- und Sekundärprozeß:
Funktionsweisen des psychischen Apparats. Die primär-prozeßhafte Auffassungsweise verknüpft Geschehnisse nach deren gefühlsmäßiger Zusammengehörigkeit, während die sekundär-prozeßhafte sie nach logischen Zusammenhängen ordnet.
Projektion:
Eine Form der Abwehr, bei der das Subjekt Gefühle und Wünsche, die es bei sich selbst ablehnt, anderen Menschen zuschreibt.
Propriozeptives System:
Wie enterozeptives System, s. dort.
Psychohygiene:
Lehre von der Verhütung psychischer Krankheiten und der Förderung der psychischen Gesundheit.
Psychose:
Seelische Erkrankung mit Beziehungsstörungen und Wahnbildungen, die von der älteren Psychiatrie (im Unterschied zur Neurose) als anlagebedingt angesehen wurde. Die Abgrenzung zur Neurose ist heute fließend geworden.
Psychosomatische Erkrankung:
Körperliche Krankheit aus seelischer Ursache.
Psychosyndrom:
In typischer Kombination auftretende Gruppe von Krankheitszeichen einer psychischen Störung.

Reaktionsbildung:
Eine Verhaltensweise oder Gewohnheit, die in Abwehr eines verdrängten Wunsches gebildet wird. Sie verkehrt den Wunsch zumeist in sein Gegenteil.
Regression:
Rückgriff des Subjekts auf Erlebnisweisen und Formen der Weltbewältigung, die es entwicklungsmäßig bereits überwunden hat.
Reminiszenz:
Erinnerung
Sublimierung:
Ablenkung der Triebregungen von ihren primären Zielen und Umleitung auf sozial höherstehende, nicht mehr triebhafte Ziele.
Symbiose:
In der Biologie das Zusammenleben von Lebewesen verschiedener Art, wobei die in Symbiose lebenden Organismen einander nützen und bei der Anpassung unterstützen. Im psychologisch übertragenen Sinn die enge Verbundenheit von Mutter und Säugling, bei der die beiden, seelisch gesehen, gleichsam noch einen einheitlichen Organismus bilden.
Symptom:
Krankheitszeichen.
Trauma:
Ursprünglich Wunde, Verwundung; im psychologisch übertragenen Sinn ein Erlebnis, meist aus der frühen Kindheit, welches das seelische Gleichgewicht erschüttert hat.
Übertragung:
Reproduktion frühkindlicher Erlebnisweisen und Gefühlseinstellungen im Verlaufe der psychoanalytischen Behandlung. Dem Analytiker werden Einstellungen entgegengebracht, die eigentlich dem Vater oder der Mutter galten.
Verdrängung:
Ein Abwehrvorgang, bei dem das Subjekt angstbesetzten Vorstellungen den Zugang zum Bewußtsein verwehrt.
Visceral:
Die Eingeweide betreffend.
Wiederholungszwang:
Tendenz des Subjekts, eine traumatische Situation in nur wenig variierter Form zwanghaft immer wieder herbeizuführen. Dient dem Ziel, der seelischen Verwundung Herr zu werden.

Quellennachweise

Entwicklung in tiefenpsychologischer Sicht. Erstmals unter dem Titel: „Entwicklung" erschienen in: Psychologie für Nichtpsychologen, hrsg. v. H. J. Schultz, Stuttgart 1974.
„Entwicklung" oder „Sozialisation". Neue Sammlung 14, 1974; ferner in: Mensch und Bildung. Jahrbuch der Fördergesellschaft für Forschung, Erziehung und Weiterbildung, Stuttgart 1974.
Früheste Erschütterungen: Erschrecken und Fallengelassenwerden. Erstmals erschienen unter dem Titel: „Über Erschrecken, Fallengelassenwerden und objektlose Reaktion" in Psyche 25, 1971.
Das „gespaltene Ich" des Kindes und seine Sprache. In: Halbfas — Maurer — Popp (Hrsg.): Sprache, Umgang und Erziehung. Neuorientierung des Primarbereichs, Bd. 3, Stuttgart 1975.
Gehorsam und Ungehorsam. Neue Sammlung 10, 1970.
Kinderängste. Erstmals unter dem Titel „Die Erziehung und die Angst", erschienen in: Die politische und gesellschaftliche Rolle der Angst, hrsg. v. H. Wiesbrock. Frankfurt 1967.
Zur pädagogischen Theorie des Spielzeugs. Blätter des Pestalozzi-Fröbel-Verbandes 15, 1964; ferner in: Erziehung in früher Kindheit, hrsg. v. G. Bittner u. E. Schmid-Cords, München [6]1976.
Über die sogenannte „Sozialisation" in der Familie. Neue Sammlung 14, 1974.
Vorschulerziehung und kindliche Identität. Zeitschrift für Pädagogik 1971; ferner in: Individuum und Gesellschaft, hrsg. von der Stuttgarter Akademie für Tiefenpsychologie und analytische Psychotherapie, Stuttgart 1973 und in: K. Meiers (Hrsg.), Vorschulerziehung. Klinkhardts Pädagogische Quellentexte, Bad Heilbrunn 1973.
Was bleibt von der „antiautoritären Erziehung"? In: Freiheit — ohne Autorität? Hrsg. v. W. Bitter, Stuttgart 1972.